财务会计类专业精品课程规划教材

# 会计基础

（第四版）

● 主编　郑在柏

苏州大学出版社
Soochow University Press

图书在版编目(CIP)数据

会计基础 / 郑在柏主编. ――4版. ――苏州：苏州大学出版社,2023.7(2025.7重印)
ISBN 978-7-5672-4154-1

Ⅰ.①会… Ⅱ.①郑… Ⅲ.①会计学-高等职业教育-教材 Ⅳ.①F230

中国版本图书馆 CIP 数据核字(2022)第 248079 号

会计基础(第四版)

郑在柏　主编

责任编辑　薛华强

苏州大学出版社出版发行
(地址：苏州市十梓街1号　邮编：215006)
扬州市文丰印刷制品有限公司印装
(地址：扬州北郊天山镇兴华路25号　邮编：225653)

开本 787 mm × 1 092 mm　1/16　印张 14.75　字数 360 千
2023 年 7 月第 4 版　2025 年 7 月第 4 次印刷
ISBN 978-7-5672-4154-1　定价：52.00 元

图书若有印装错误，本社负责调换
苏州大学出版社营销部　电话：0512-67481020
苏州大学出版社网址　http://www.sudapress.com
苏州大学出版社邮箱　sdcbs@suda.edu.cn

# 第四版前言

根据"江苏联合职业技术学院教材建设与管理实施办法"文件精神和学院会计专业指导委员会2022年对五年制高职会计类专业院本教材建设工作会议的具体要求，在对《会计基础》第三版教材使用情况进行充分调研的基础上，对本教材的政治性、先进性、科学性、特色性、实用性进行再次论证和研讨，并于2022年10月对教材进行第四版修订。本版修订的重点主要在以下几个方面：

（1）着力推进习近平新时代中国特色社会主义思想进课程、进教材，充分融入课程思政要求，培育会计从业人员树立"敬业、诚信、公正、法治"等中国特色社会主义核心价值观、人生观。根据"会计基础"课程教学目标，增加了"会计职业素养"内容，以《会计法》《会计基础工作规范》《会计人员管理办法》等为依据，总结提炼了包括"会计职业道德""会计职业精神""会计职业技能""会计职业价值观"等在内的会计职业素养内容。结合本课程专业知识、专业能力和专业素质的培养定位，以"会计职业精神"为重点，通过细化会计职业精神元素，以举例和案例资料形式融入教材各学习项目的教学内容中，与专业知识、专业技能的学习进度有机结合，培养学生的"边界""敏感""谨慎""好学"等会计职业意识、职业习惯、职业作风和职业行为。

（2）充分体现会计职业教育类型特色，及时融入会计信息化发展规范要求和会计行业标准。依据新修订的《会计基础工作规范》和《关于规范电子会计凭证报销入账归档的通知》等文件，将电子会计凭证、机制记账凭证、机制账簿、电子会计档案等会计信息化规范内容新增到教材中，更新原始凭证、记账凭证、账簿、会计处理程序等教材内容。

（3）遵循五年制高职学制特点和学生身心发展规律，凸显一体化培养理念，注重知识紧密衔接、技能贯通培养，体现五年制高职会计类专业"会计基础"课程建设实践成果。在教材内容编排上，通过"重点提示""案例引导""知识链接"等，与后续即将学习的专业课程、会计行业标准和制度规范相衔接，开拓学生学习视野，重视启发学生自主学习思维和培养学生运用知识的能力。

本书由徐州财经分院郑在柏教授修订，江苏联合职业技术学院会计专业指导委员会对本教材的修订提出了很好的意见和建议。本次修订也得到苏州大学出版社薛华强等同志的指导和支持，在此一并感谢。

恳切地欢迎使用本教材的老师和学生提出宝贵意见，以使本教材更加系统、科学、先进、完善、实用。

主编电子邮箱：zhengzaibai719@126.com。

2023 年 1 月

# 前言

本书是为适应五年制高等职业教育会计类专业课程改革和基础会计精品课程建设,在会计专业人才培养方案和基础会计课程标准的基础上,由江苏联合职业技术学院会计专业协作委员会开发编写的精品课程教材。本书在编写过程中,力求以"能力本位"观课程论为主导,坚持理论与实践一体化的原则,以知识和能力训练两条教学主线的融合为切入点,以重构课程知识体系和能力训练体系为要求,体现时代性、立体性和动态性,达到以学生为主体,有所创新、突出特色、适应高职财经专业教学的开发目标。

本书按照职业认知、专业基本技能、专业基本知识、专业基本实务、专业基本理论、从业资格考核等结构顺序优化整合了课程内容体系,并增加了专业认知和专业岗位的相关内容。本书采取单元模块模式组合和多样性的文本格式,建立了立体、层次性教学内容体系,增加学生的自学能力和学习兴趣,丰富知识体系和认识会计实践。

本书在下列几个方面进行了创新和探索:

一是增加"会计职业""会计基本技能""经济业务与原始凭证"等章节,使本教材的教学内容更加贴近会计实践活动现实,构建了以能力为本位的教学内容结构体系。

二是以原始凭证实图体现经济业务内容,根据原始凭证实图形成会计分析语言和业务文字表述,编制会计分录。淡化了学科性教学内容的描述,使教学内容和教学过程更符合理论与实践一体化。

三是建立了立体、层次性教学内容体系,通过大量的重要提示、知识链接、案例资料等教学内容编排,使教材具有可读性、趣味性、实践性,层次性明显增强,有利于培养学生的学习兴趣和自学能力,也为教师教学提供了大量教案素材和教学思路。

四是建立了动态的学习引导内容体系,在重要的知识点上,都配有"即学即思",力图实现以学生为主体、教师为主导的教学过程引导。

本教材共分13章及附录。由徐州财经分院郑在柏副教授制定本课程的课程标准,提出编写思路,设计教材编写方案,组织教材编写、论证工作,总纂定稿。第一、第七章、附录及各章案例资料、知识链接由郑在柏编写,第二章由徐州生物工程分院孟娟编写,第三章由常州刘国钧分院沈晓莉编写,第四章由镇江机电分院徐蓓、陈利军、马殷春编写,第五章由徐州财经分院张勇编写,第六章由常州旅游商贸分院刘振华编写,第八章由无锡旅游商贸分院陆钰编写,第九章由南京市财经学校冯欣编写,第十章由苏州旅游与财经分院朱爱华编写,第十一章由泰州机电分院杨海民编写,第十二章由徐州经贸分院邹澍华编写,第十三章由连云港财经分院李春萍编写。全书由徐州财经分院院长曹华祝副教授主审。

本书是在江苏联合职业技术学院领导的关心、支持和精心指导下立项编写的。徐州财经分院的贺满萍、陆群老师也为本书资料收集和整理做出了贡献。在此一并表示衷心感谢。

本书主要适用于五年制教育财经类专业,也可适用于三年制高等职业教育、中等职业教育财经类专业,还可以作为会计从业人员的学习用书。由于时间仓促,编写水平有限,书中难免存在不足之处,望广大同仁不吝赐教,在此深表谢意。

编　者

# CONTENTS 目录

| | | |
|---|---|---|
| **项目一** | **认知会计职业** | **001** |
| 任务1 | 认知会计 | 002 |
| 任务2 | 认知会计职业 | 009 |
| 任务3 | 认知会计职业素养 | 012 |
| **项目二** | **熟记会计要素** | **019** |
| 任务1 | 理解会计要素 | 020 |
| 任务2 | 把握会计等式 | 028 |
| **项目三** | **运用账户与复式记账** | **034** |
| 任务1 | 理解会计科目与账户 | 035 |
| 任务2 | 运用借贷记账法 | 040 |
| 任务3 | 认知账户的类别 | 052 |
| **项目四** | **识别经济业务与原始凭证** | **060** |
| 任务1 | 辨析企业经济业务活动 | 061 |
| 任务2 | 识别原始凭证 | 064 |
| **项目五** | **核算企业基本经济业务** | **080** |
| 任务1 | 核算资金进入企业业务 | 081 |

| | | |
|---|---|---|
| 任务 2 | 核算企业采购业务 | 084 |
| 任务 3 | 核算企业生产业务 | 090 |
| 任务 4 | 核算企业销售业务 | 099 |
| 任务 5 | 核算企业财务成果业务 | 106 |

## 项目六　填制记账凭证　　113

| | | |
|---|---|---|
| 任务 1 | 识别记账凭证 | 114 |
| 任务 2 | 填制和审核记账凭证 | 117 |
| 任务 3 | 传递与保管会计凭证 | 125 |

## 项目七　登记会计账簿　　128

| | | |
|---|---|---|
| 任务 1 | 认知会计账簿 | 129 |
| 任务 2 | 设置和登记会计账簿 | 134 |
| 任务 3 | 理解记账规则与更正错账 | 147 |
| 任务 4 | 对账与结账 | 153 |
| 任务 5 | 管理账簿 | 156 |

## 项目八　实施财产清查　　159

| | | |
|---|---|---|
| 任务 1 | 认知财产清查 | 160 |
| 任务 2 | 理解财产盘存制度 | 161 |
| 任务 3 | 运用财产清查方法 | 165 |
| 任务 4 | 处理财产清查结果 | 172 |

## 项目九　编制财务会计报告　　178

| | | |
|---|---|---|
| 任务 1 | 认知财务会计报告 | 181 |
| 任务 2 | 编制资产负债表 | 183 |
| 任务 3 | 编制利润表 | 188 |

## 项目十　应用会计处理程序　　193

| | | |
|---|---|---|
| 任务 1 | 认知会计处理程序 | 194 |
| 任务 2 | 应用记账凭证会计处理程序 | 195 |
| 任务 3 | 应用科目汇总表会计处理程序 | 196 |

## 项目十一　理解会计原则与会计法规　　204

任务1　理解会计基本假设　　205
任务2　理解会计核算要求　　208
任务3　认知会计法律制度体系　　213
任务4　认知会计档案　　216

## 附录　需熟记的基本经济业务会计分录　　220

# 项目一

# 认知会计职业

 **项目目标**

认知会计职业特点,把握会计的基本概念、职能和会计基本目标;认知会计工作岗位及会计职业范围;理解从事会计职业所必备的会计基本技能和会计职业精神,激发对会计专业的学习兴趣,初步树立正确的会计职业观;能初步进行自己的职业生涯规划。

 **解决问题**

会计的定义,会计的职责;会计的基本方法;会计职业范围及相关岗位;会计职业从业要求和会计职业精神。

 **技能训练**

1. 会计职业环境认知;
2. 会计职业生涯规划制定。

 **案例资料1-1**

学生小张考入某财经院校会计专业学习,开学之初她对会计职业一点认识也没有,于是在老师的提示下,她上网查找有关会计职业的相关资料。经过查找相关资料,知道了会计行业按工作性质可分为三种:第一种是"做会计的",即从事会计信息核算、披露和价值管理的会计人员;第二种是"查会计的",包括注册会计师以及政府和企事业单位审计部门的审计人员、资产清算评估人员等;第三种是"管会计的",也就是总会计师,又称"CFO"。再进一步收集资料,她体会到对一个财会人来说,会有很多条职业发展道路:做会计,考初级会计师、注册会计师(CPA),当CFO和考公务员……于是她在会计老师的指导下,制定了自己的学习规划和职业生涯规划。

案例资料1-1
参考答案

### 议一议

1. 你为什么选择会计类专业？你认为小张的做法值得借鉴吗？
2. 上网查一查,在会计类职业中,初级会计师、CMA、CPA、CFO、CPV各代表的是什么？

## 任务1　认知会计

### 一、什么是会计

会计是以货币为主要计量单位,采用专门方法和程序,对企业和行政、事业、社会团体等单位的经济活动进行完整的、连续的、系统的核算、监督和价值管理,以提供经济信息和提高经济效益为主要目的的经济管理活动。

> **重要提示**
>
> **会计基本特征**
>
> 会计是一种经济管理活动;
> 会计是一种经济信息系统;
> 会计以货币作为主要计量单位;
> 会计具有核算和监督的基本职能和进行价值管理的扩展职能;
> 会计采用一系列专门的方法进行活动。

从事会计工作的人员被称为会计人员。现实生活中,人们也往往把会计人员简称为"会计"。

 **知识链接**

会计界对会计有三种不同的认识和观点:
一是"工具论",即认为会计是经济管理或经济核算的工具。
二是"信息系统论",即认为会计是一个信息系统,它向利害攸关的各个方面传输一家企业或其他个体的富有意义的经济信息。
三是"管理活动论",即认为会计是一种经济管理活动。

## 二、现代会计的构成

会计是社会生产发展到一定阶段的产物。它随着社会生产的发展而产生,并适应经济管理的客观需要而不断发展、完善。

现代会计由财务会计、预算会计和管理会计等组成。在现代信息化时代背景下,随着"财务机器人"的出现,财务会计、预算会计将主要由"财务机器人"承担,会计人员的工作重心将逐步转移到管理会计工作领域。

**即学即思** 请查一查:"财务机器人"是什么?

财务会计是会计的基本分支,是指以货币为主要计量单位,对单位(包括企业、行政、事业、社会团体等单位,下同)已经发生或完成的经济活动进行全面系统的核算与监督,生成财务信息并以为单位外部提供财务信息作为主要目标而进行的经济管理活动。

预算会计是指对政府预算资金活动过程及其结果所实施的一种管理活动,是各级财政部门和行政事业单位用来核算、反映和监督政府预算执行情况的会计。

管理会计是会计的重要分支,主要服务于单位内部管理需要,以财务信息为基础,是通过利用相关信息,有机融合财务与业务活动,在单位规划、决策、控制和评价等方面发挥重要作用的管理活动。

> **重要提示**
> **财务会计与管理会计的功能区别**
>
> 从功能上划分,财务会计是生成财务信息并向单位及单位外部(主要是与单位有经济利益关系的投资人、债权人、政府等)提供财务信息的会计活动;管理会计是以财务会计为基础,对单位内部经营活动进行价值管理的会计活动。

"会计基础"主要是指"财务会计基础",所讲述的主要是财务会计基础知识、基础理论和基本技能。

 **知识链接**

### 中国会计发展史

在会计产生与发展的长河中,中国会计主要经历了七个重要时期:西周、秦汉、唐宋、明清、清末民初、中华人民共和国计划经济时代和市场经济时代。其中西周、秦汉、唐宋、明清是中国会计发展史的重要阶段,归纳如表 1-1 所示,新中国会计发展历程归纳如表 1-2 所示。

表1-1　　　　　　　　　　　　中国会计发展的重要阶段

| 会计特征 | 时期 | 政治经济背景 | 会计人物及事件 |
|---|---|---|---|
| 单式簿记 | 西周 | 西周是我国奴隶社会的鼎盛时期，也是我国奴隶社会会计发展的高潮时代 | 西周时期出现了会计工作者——"司会"，而且出现了"会计"一词（《周礼·天宫》）。这是"会计"在我国历史文献中第一次出现 |
| 单式簿记 | 秦汉 | 秦汉是我国商品货币经济发展的繁荣时期，也是我国民间会计发展的辉煌时代 | 秦汉时期出现了早期会计账簿的雏形——籍书。"入－出＝余"的基本结算公式在秦代得到明确的运用 |
| 单式簿记 | 唐宋 | 唐宋是我国封建经济发展的高峰时期，也是我国会计的全面发展时期，尤其以记账方法的发展最为突出 | 唐宋时期，会计有了专门的结账方法——四柱清册法；唐人李吉甫所著的《元和国计簿》是我国最早的会计专辑 |
| 复式簿记 | 明末清初 | 明清时期，社会经济发生变化，新的生产方式、经营方式和新的剥削关系开始产生，与之相适应，新的经营管理制度和新的会计核算方法应运而生；自1840年鸦片战争后，中国沦为半封建半殖民地社会，借贷复式簿记随着外资企业在中国的开办而传入中国 | ① 明末清初有了我国最早的复式记账法——龙门账，它还是一种不成熟的复式记账；② 清末我国引进西文复式簿记，当时它与中式簿记并存，后来又出现了《中式改良簿记》；③ 借贷记账法正式传入我国始于1905年（清光绪三十一年），其开端是我国学者蔡锡勇所写的《连环账谱》一书的出版发行 |

表1-2　　　　　　　　　　中华人民共和国会计发展历程的重要标志

| 时期（阶段） | 建设发展 | 重要标志事件 |
|---|---|---|
| 计划经济下会计的发展（1949—1979） | 财务会计 | 1. 1949年开始借鉴苏联会计体系构建新中国计划经济会计体系；<br>2. 1952年颁布《国营企业统一会计科目》《国营企业统一会计报表》，标志着新中国会计制度体系已具雏形；<br>3. 建立"资金占用＝资金来源"会计等式；<br>4. 1964年推出"增减记账法"，借贷记账法基本退出中国会计的舞台 |
| 计划经济下会计的发展（1949—1979） | 预算会计 | 1. 1963年出台《各级财政机关总预算会计制度》和《行政事业单位预算会计制度》，形成了新中国预算会计制度体系；<br>2. 确立"收付记账法"为预算会计的记账方法 |
| 计划经济下会计的发展（1949—1979） | 管理会计 | 构建以成本为核心的内部责任会计 |
| 中国特色社会主义市场经济体制建设下会计的发展（从1979年起） | 财务会计 | 1. 1985年5月1日正式实施的《中华人民共和国会计法》标志着我国第一部关于会计工作的基本法律性文件诞生；<br>2. 1992年推行《企业会计准则》《企业财务通则》和13项各行业会计制度、10项各行业财务制度的"两则、两制"会计制度体系，废除"资金占用＝资金来源"会计等式，实行"资产＝负债＋所有者权益"会计等式，实行借贷记账法；<br>3. 1993年和1999年修订《会计法》，适应范围扩大到所有单位；<br>4. 1995年整顿会计工作秩序，"不做假账"校训出台；<br>5. 2002—2005年会计国际化步伐加快，2006年企业会计基本准则、38项具体准则和相关应用指南构成的新企业会计准则体系推出 |

续表

| 时期(阶段) | 建设发展 | 重要标志事件 |
|---|---|---|
| 中国特色社会主义市场经济体制建设下会计的发展（从1979年起） | 政府会计 | 1. 1997—1998年颁布"一则三制"，标志着我国政府会计确立了财政总预算会计、行政单位会计、事业单位会计"三分天下"的基本架构；<br>2. 2015—2018年颁布《政府会计准则——基本准则》及8项具体准则，颁布新的《政府会计制度》，形成准则与制度并行的政府会计法规体系 |
| | 管理会计 | 1. 2014年发布《关于推进全面建设管理会计体系的指导意见》，中国现代管理会计建设进入顶层设计阶段；<br>2. 2016年发布《管理会计基本指引》，标志着管理会计落地实施；<br>3. 2017年开始，公布系列《管理会计应用指引》，管理会计指引形成体系 |
| | 注册会计师 | 1. 1980年《关于成立会计顾问处的暂行规定》的发布，标志着注册会计师制度开始起步重建；<br>2. 1981年1月1日，上海成立了注册会计师制度恢复重建后全国第一家会计师事务所——上海会计师事务所；<br>3. 1986年7月《中华人民共和国注册会计师条例》的颁布，第一次确立了注册会计师的法律地位；<br>4. 1994年1月1日《中华人民共和国注册会计师法》实施；<br>5. 1995年发布了第一批《中国注册会计师独立审计准则》 |

## 三、会计职能

会计是干什么的？在日常生活中，人们很简洁地回答为：会计就是记账、算账、用账、报账。从理论上概括这个问题，就是会计的职能和作用。

会计的职能是指会计在单位经济管理中具有的客观功能。一般认为，会计具有会计核算和会计监督两个基本职能。

### （一）会计核算

会计核算是指会计通过确认、记录、计量、报告等程序，反映单位经济活动的过程和结果，并为经济管理提供有用的信息。会计核算是会计的最基本职能，贯穿于经济活动的全过程。

> **重要提示**
>
> 会计核算职能的特点：
> （1）以货币为主要计量单位，核算各单位的经济活动情况。货币度量是会计最主要的计量尺度，实物量度和劳动量度是会计货币度量的辅助。
> （2）会计的任何记录和计量都必须以会计凭证为依据。
> （3）会计核算具有完整性、连续性和系统性。完整性，是指对所有的经济活动都要进行确认、记录、计量、报告，不能有任何遗漏；连续性，是指对会计对象的确认、记录、计量、报告要连续进行，而不能有任何中断；系统性，是指要采用科学的核算方法对会计信息进行加工处理，保证所提供的会计数据资料能够成为一个有序的整体，从而可以揭示客观经济活动的规律性。

**即学即思**　1. 人们经常采用的计量单位主要有实物量度、劳动量度和货币量度三种,请举例说明。
　　　　　　　2. 什么是发票？发票有什么作用？

## （二）会计监督

会计监督是指会计按照管理的目的和要求,查明会计核算资料是否真实、合法、合理、有效,并对不正确的经济行为进行必要的干预,以保证经济活动的合法性、合理性,制止各种违反财经纪律的行为。监督的依据包括各种法规、制度、计划、预算。

> **重要提示**
>
> 会计监督包括事后监督、事中监督及事前监督。
>
> 事后监督是对已经发生的经济活动以及相应的核算资料进行的审查、分析。
>
> 事中监督是对正在发生的经济活动的过程及取得的核算资料进行审查,并以此纠正经济活动过程中的偏差及失误。
>
> 事前监督是在经济活动开始前进行的监督,即审查未来的经济活动是否符合有关法令、政策的规定,是否符合商品经济规律的要求,在经济上是否可行。

会计的核算职能与监督职能是相辅相成的,会计核算是会计监督的基础,而会计监督是会计核算的保证。

 **案例资料1-2**

A公司出纳会计李强在办理报销时,发现采购部送来报销的3张由销货方开具的发票有更改现象,其中2张发票分别更改了数量和用途,另外1张发票更改了金额；该3张发票的更改处均盖有A公司采购部的业务印章。虽然3张发票已经由公司总经理、财务部部长签字同意,但李强认为发票更改处的印章应该是开具发票的销货方印章方才有效。于是李强拒绝给予报销,要求采购部与销货方联系,重新换取无更改的发票。

 **议一议**

1. 李强拒绝给予报销说明了什么？
2. 发票是什么？

案例资料1-2
参考答案

 **知识链接**

### 管理会计职能

会计具有会计核算和会计监督两个基本职能,主要指的是财务会计的基本职能。管理会计的职能主要有：

分析报告职能：对财务会计所提供的资料做进一步的加工、分析，有机融合财务与业务活动，"捕捉"和呈报经济活动的管理信息。

预测职能：依据会计已有的核算资料及其他经济资料，运用一定的技术方法，对经济活动各个方面的未来发展趋势或状况进行估计和测算。

决策职能：可参与单位的经营决策。

控制职能：通过制度、预算(计划)、定额等手段，对经济活动进行事前、事中、事后的控制和调节，以实现经济活动的预期目的。

## 四、会计作用

会计的作用是指会计职能在会计工作中运用所产生的客观效果，或者说是指会计职能在实践中所产生的社会效果。会计的作用主要可概括为以下三个方面。

### （一）保护单位财产安全完整

会计对单位各项财产物资的购入、使用、消耗、报废等事项，通过适当的会计方法加以有效的反映和监督，明确各项财产物资的利用是否合法、合理，保管是否妥善，有无侵吞、丢失、损坏等现象，从而对单位的财产起到保护作用。

### （二）提供会计信息

会计通过对经济活动的确认、记录、计量、报告等程序，为会计信息使用者决策提供有用的信息。

### （三）经济核算

会计能对单位活动进行经常的、连续的、全面的、系统的记录和计算，并加以比较、分析、检查，这对于改善经济管理、加强经济核算、提高经济效益具有积极作用。

**即学即思** 查一查，什么是会计信息？

## 五、会计方法

会计方法是实现会计职能、发挥会计作用和达到会计目的的手段与措施。会计方法体系是由会计核算方法、会计监督方法、会计决策方法、会计控制方法和会计分析方法等组成的。

### （一）会计核算方法

会计核算方法是指以统一的货币单位为量度标准，连续、系统、完整地对会计对象进行计量、记录、计算和核算的方法。它主要包括设置会计科目和账户、复式记账、填制凭证、登记账簿、成本计算、财产清查和编制会计报表七种专门方法。

**重要提示**

会计核算方法贯穿本书学习内容的始终,是学习的重点内容,也是今后学习其他会计专业课程的必备内容,在今后的学习中务必掌握有关各种会计核算方法的知识和技能。

 **知识链接**

### 会计核算方法体系

七种会计核算方法之间相互联系,构成了一个完整的会计核算方法体系。当经济活动发生以后,要根据经济活动的实际情况填制和审核会计凭证,按照规定的会计科目进行分类核算,并运用复式记账法在有关账簿中进行登记;对于经济活动过程中发生的各项费用,要按照一定的对象进行成本计算;对账簿登记的结果要通过财产清查加以核实,最后在账实相符的基础上,根据账簿记录定期编制会计报表。

### (二)会计监督方法

会计监督方法是指以我国《会计法》及有关财经法规为依据,对会计凭证、会计账簿和会计报表等会计资料的真实性、合法性、正确性进行检查的方法。它包括复算、核对、调节、审阅、盘点、抽查等具体方法。

会计监督贯穿于会计工作的全过程,对于发挥会计职能、完成会计任务,起着十分重要的作用。

 **知识链接**

### 现代中国会计名家

1. 中国第一位会计师——谢霖(1885—1969)
2. 中国会计之父——潘序伦(1893—1985)
3. 改良中式簿记的创始人——徐永祚(1891—1959)
4. 现代政府会计制度的设计者——雍家源(1898—1975)
5. 最早介绍西方现代会计理论的学者——赵锡禹(1901—1970)
6. 移植苏联国营会计方法的专家——余肇池(1892—1968)
7. 主管全国会计事务的首位官员——安绍芸(1900—1976)
8. 自学成才的会计专家——顾准(1915—1974)
9. 中国会计制度的奠基人——杨纪琬(1917—1999)

项目一 认知会计职业

# 任务2 认知会计职业

案例资料1-3

### 国际四大会计师事务所

目前,在国际上最具有影响力的会计师事务所有四家,我们常称之为"四大",分别是普华永道(PWC)、毕马威(KPMG)、德勤(DTT)和安永(EY),如表1-3所示。

表1-3　　　　　　　　　　国际四大会计师事务所

| 公司名称 | 普华永道（Price Waterhouse Coopers） | 毕马威（KPMG） |
| --- | --- | --- |
| 在中国业务 | 到1998年年底为止,普华永道国际会计公司在中国北京和上海有两家中外合作会计师事务所。此外,1996年12月,普华国际会计师公司吸收北京的张陈会计师事务所为其中国成员所。1997年11月,永道国际会计公司吸收广州羊城会计师事务所为其联营所 | 1983年10月在北京设立了第一家常驻代表机构,在广州、上海和深圳设有常驻代表处。1992年7月毕马威国际会计公司与北京华振会计师事务所合作开办了齐创辉会计师事务所,并于1998年12月在上海设立了上海分所 |
| 公司名称 | 德勤（Deloitte） | 安永（Ernst & Young） |
| 在中国业务 | 1983年10月在北京设立了第一家常驻代表机构。在广州、大连、天津、南京都有常驻代表处。1992年12月与上海会计师事务所在上海合作开办了中外合作会计师事务所沪江德勤会计师事务所,并于1998年6月在北京设立了北京分所 | 1992年7月,安永国际会计公司与北京华明会计师事务所在北京合作开办安永华明会计师事务所 |

查一查

我国的四大会计师事务所是哪几家?

按照会计岗位工作目标和作用的不同,会计职业可划分为两类:一类是单位会计;另一类是公共会计。

案例资料1-3
参考答案

## 一、单位会计职业

单位会计职业俗称"做会计的",是指企业、事业、政府机关、社会团体等单位的会计,其主要工作任务是会计核算、会计监督、价值管理等。

### (一) 企业(公司)会计的岗位

(1) 财务会计岗位。工作任务是记账、算账、报账及会计监督等。主要有记账员、主办会计(主管会计)、会计主管、总会计师等。

(2) 管理会计岗位。工作任务是进行成本和费用的计算、预算的制定和执行、部门业绩的考核等。主要有车间记账员、成本会计、预算编制员、预算监督主管、资本预算会计等。

(3) 财务管理岗位。工作任务是进行企业经营资金的筹措、资金运用分析和决策、企业并购和资本运作。主要有现金出纳和银行出纳、财务分析员、信用分析经理、风险控制经理、财务部主管、税务会计主管、财务总监(首席财务官)等。

(4) 内部审计岗位。工作任务是监督企业资金应用的状况、制定和监督内部控制系统、评估企业资本等。主要有内部审计员、审计项目经理、分部审计专员、审计部经理、内部审计总监(首席审计官)等。

(5) 会计相关岗位。主要有企业信息系统维护员、系统保障经理、仓管员、仓储部经理、工会会计、餐厅会计、债款催讨员、债款催讨经理、财经文秘等。

**即学即思** 工商企业是指哪些企业？请列举5个以上的企业。

### (二) 金融企业会计岗位

金融企业主要是指银行、证券行业、保险行业和其他金融机构。它包含的会计岗位及与会计相关的岗位有：

(1) 银行会计和财务部门会计岗位、信贷岗位等；贷款审核、信用评估、贷款风险分析、信贷跟踪管理等；内部稽核部门、信贷推销、营业部门、财务分析、金融产品开发、理财顾问等。

(2) 证券交易所、证券公司、保险公司、基金管理公司、信托投资公司的财务部门会计、内部稽核等。

(3) 保险精算师、证券市场分析师、委托理财经理、营业部管理人员、项目评估员、保险理赔估价员等。

### (三) 政府、事业单位、社会团体的会计岗位

政府与事业单位是指政府各部门以及各种不以营利为目标的事业单位，如政府机关、学校、医院、福利慈善机构等。所对应的会计岗位主要是这些单位的会计工作和内部审计工作岗位。

**即学即思** 1. 你能列举出哪些政府部门？请列举5个以上你所知道的社会团体名称。
2. 上网查一查，我国的证券交易所有哪些？

## 二、公共会计职业

公共会计职业俗称为"管会计的"，是指为社会各界服务的会计，即社会审计。从事公共会计的人员主要是注册会计师，因此，也称为注册会计师审计。

## （一）公共会计职业特征

执行会计业务的注册会计师（简称为 CPA），受企业等当事人的委托，对该单位的会计凭证、账簿、会计报表等进行检查。一般是为了鉴定企业的财务报表是否恰当、真实地反映其财务状况和经营成果，也有的是为了其他特定目的如查核舞弊行为等。

公共会计的基本职能是经济监督、评价与鉴证。

注册会计师审计的对象是被审计单位的财务活动和业务经营管理活动。审计最基本的方法是，按一定程序搜集、整理和验证审计证据，以确定被审计事项的真相，并对照一定的审计标准加以判断，做出评价，客观地写出审计报告。

 **知识链接**

**注册会计师的非法定业务**

除审计业务之外，注册会计师从事的业务还包括：验证企业的投入资本，担任会计顾问，提供会计、财务、税收和经济管理咨询，代理纳税申报，协助拟定合同、章程和其他经济文件等，办理企业解散、破产的清算事项，参与解决企业的经济纠纷，协助鉴别经济案件证据等。

## （二）注册会计师职业入门

从事注册会计师职业，必须取得注册会计师考试全科合格证，并在会计师事务所从事审计工作两年以上，申请注册取得执业资格，才能独立承担审计业务。未取得职业资格的，作为注册会计师的助理人员。注册会计师考试是重要的执业资格考试。

我国《注册会计师法》规定，具有高等专科以上学历，或者具有会计或相关专业中级以上技术职称的人，可以报名参加注册会计师全国统一考试。

目前，我国注册会计师考试科目设为"6 + 1"模式，分两个层级：第一层级为专业阶段考试，主要有"会计""审计""财务成本管理""经济法""税法""公司战略与风险管理"等；第二层级为综合阶段考试，考试科目为职业能力综合测试（试卷一、试卷二）。考试采用闭卷、计算机化考试（简称机考）方式。值得注意的是，考试科目和考试内容逐年都可能有些调整。

 **知识链接**

目前可在国内参加考试、国外认证的会计师资格证书主要有五种：
1. 英国特许公认会计师认证（ACCA）；
2. 国际会计师专业资格证书（AIA）；
3. 加拿大注册会计师（CGA）；
4. 美国管理会计师协会（IMA）；
5. 澳大利亚注册会计师协会（ASCPA）。

**即学即思** 注册会计师与单位会计有何区别？

#### 注册会计师行业发展规划(2021—2025 年)摘录

截至 2020 年 12 月 31 日,全国有会计师事务所 9 800 余家(含分所 1 200 余家),其中,业务收入过亿元的有 51 家。中注协个人会员总数达 28 万余人,其中,执业会员 11 万余人,非执业会员 17 万余人。全行业收入从 2015 年的 689 亿元增长到 2019 年的 1 108 亿元,年均增长超过 10%。行业持续服务企事业单位达 420 万家,同时,深度参与国家"一带一路"建设,为 1.1 万家中国企业在全球 200 多个国家和地区设点布局提供强有力的专业支持。

"十四五"时期,行业进入高质量发展新阶段。面对前所未有的机遇和挑战,行业迫切需要由注重规模和速度的外延式扩张向注重质量和效益的内涵式发展转型,即行业人才建设着力向素质提升转型、会计师事务所着力向做优做特和做专做精转型、行业业务着力向做好传统审计鉴证服务和拓展增值服务并重转型、行业信息化建设着力向数字化转型、行业国际化发展着力向服务国内市场和中国企业"走出去"并重转型。

资料来源:中国注册会计师协会关于印发《注册会计师行业发展规划(2021—2025 年)》的通知. 中国注册会计师协会网,https://www.cicpa.org.cn/.

1. 执业注册会计师与非执业注册会计师有何区别?
2. 本地区有哪些注册会计师事务所?

案例资料1-4
参考答案

## 任务 3  认知会计职业素养

会计职业素养是指会计职业内在的规范和要求,是会计人员在从事职业过程中表现出来的综合品质,主要包含会计职业道德、会计职业精神、会计职业技能等方面。

### 一、会计职业道德

会计职业道德是指会计人员在会计工作中应当遵循的道德规范。为推进会计诚信体系建设,提高会计人员职业道德水平,财政部制定了《会计人员职业道德规范》。其内容主要包括:

(1) 坚持诚信,守法奉公。牢固树立诚信理念,以诚立身、以信立业,严于律己、心存敬畏。学法知法守法,公私分明、克己奉公,树立良好职业形象,维护会计行业声誉。

(2) 坚持准则,守责敬业。严格执行准则制度,保证会计信息真实完整。勤勉尽责、爱岗敬业,忠于职守、敢于斗争,自觉抵制会计造假行为,维护国家财经纪律和经济秩序。

(3) 坚持学习,守正创新。始终秉持专业精神,勤于学习、锐意进取,持续提升会计专业能力。不断适应新形势新要求,与时俱进、开拓创新,努力推动会计事业高质量发展。

> **重要提示**
>
> 后续开设的"初级会计师专业技术资格证书考试辅导"课程中,专门有"财经法规与会计职业道德"课程,会详细学习会计职业道德的具体内容和相关案例。

## 二、会计职业精神

会计从业人员应树立"敬业、诚信、公正、法治"等中国特色社会主义核心价值观、人生观,养成"边界""敏感""谨慎""好学"等会计职业意识、职业习惯和职业行为。

> **重要提示**
>
> 会计职业精神的培养贯穿于后续开设的各专业课程中,在本课程中仅以举例、案例形式体现应认知的会计职业精神元素,如表1-4所示。

表1-4　　　　　　　　　　会计职业精神元素及内容举例

| 会计职业精神 | 会计职业精神元素 | 会计职业精神元素内容举例 |
| --- | --- | --- |
| "边界"职业意识 | 会计职业边界 | 1. 财务会计与管理会计在工作范围、目标、职能、法规依据、责任等方面有区别边界;<br>2. 单位会计与公共会计在工作范围、目标、职能、法规依据、责任等方面有区别边界。 |
| | 会计主体边界 | 1. 会计是为特定主体服务的,会计主体限定了会计活动的时空范围(参看本教材案例资料11-1);<br>2. 会计人员应当保守本单位的商业秘密;<br>3. 会计凭证、会计账簿、会计报表、印章、现金、有价证券、支票簿、发票、文件、其他会计资料和物品不得外借。 |
| | 会计岗位边界 | 1. 单位根据会计业务需要设置多个不同的会计工作岗位(如主管、出纳、核算、往来结算、总账报表、稽核、档案管理等),每个岗位有清晰的职责权限范围。<br>2. 会计人员在岗位授权内工作(参看本教材案例资料11-3)。<br>3. 出纳人员不得兼管稽核、会计档案保管,以及收入、费用、债权债务账目的登记工作(参看本教材案例资料6-1)。<br>4. 实行回避制度:单位领导人的直系亲属不得担任本单位的会计机构负责人、会计主管人员;会计机构负责人、会计主管人员的直系亲属不得在本单位会计机构中担任出纳工作。<br>5. 会计人员的工作岗位应当有计划地进行轮换。<br>6. 会计人员岗位变动、工作调动或者因故离职,要按移交清册逐项移交,必须有监交人负责监交。 |

续表

| 会计职业精神 | 会计职业精神元素 | 会计职业精神元素内容举例 |
|---|---|---|
| "边界"职业意识 | 会计岗位边界 | 7. 会计人员临时离职或者因病不能工作且需要接替或者代理的,会计机构负责人、会计主管人员或者单位领导人必须指定有关人员接替或者代理,并办理交接手续。恢复工作的,应当与接替或者代理人员办理交接手续(参看本教材案例资料11-3)。 |
| | 会计公私边界 | 1. 公私现金管理分离,出纳员不得将自己的现金放入单位现金保险柜内,不得因私挪用单位现金(参见本教材案例资料8-2、11-3); <br> 2. 会计凭证、会计账簿、会计报表、印章、现金、有价证券、支票簿、发票、文件、其他会计资料和物品应按照规定专人保管或接触; <br> 3. 会计软件及密码、会计软件数据磁盘(磁带等)及有关资料、实物应按照规定专人保管或接触; <br> 4. 公私业务分离(参见本教材案例资料4-1、8-1); <br> 5. 不得利用单位账号、票据结转与单位无关的资金收付。 |
| | 会计时空边界 | 1. 经济业务发生或完成的时空确认,如收入、费用的归属期确认,收入与其成本配比的时空确认等(参见本教材案例资料5-6)。 <br> 2. 经济业务会计核算处理的时空上的归属确认(参见本教材案例资料8-3、10-1、11-6)。 <br> 3. 信息披露时空确认:会计财务报告必须按照规定的时间向规定的报表使用者报送;上市公司必须在规定的时间和有关证券交易所信息平台上披露财务会计报告和审计报告等信息。 |
| | 会计监督边界 | 1. 会计监督在岗位授权下进行,不同岗位会计监督的权限和范围不同。 <br> 2. 对原始凭证进行审核和监督:对不真实、不合法的原始凭证,不予受理;对弄虚作假、严重违法的原始凭证,在不予受理的同时,应当予以扣留,并及时向单位领导报告,请求查明原因,追究当事人的责任;对记载不准确、不完整的原始凭证,予以退回,要求经办人员更正、补充(参看本教材案例资料1-2)。 <br> 3. 对账簿进行监督,对实物、款项进行监督,对财务报告进行监督,对财务收支进行监督,对预算、财务计划、经济计划、业务计划的执行情况进行监督都有明确的边界规定[详查《会计基础工作规范》(2019年修订)》]。 |
| | 会计法规边界 | 1. 企业财务会计遵守的行政法规制度体系主要包括《企业会计基本准则》《企业会计具体准则》《企业会计制度》等; <br> 2. 政府会计遵守的行政法规制度体系主要包括《政府会计基本准则》《政府会计具体准则》《政府会计制度》等; <br> 3. 管理会计的规范指引体系主要包括《管理会计基本指引》《管理会计应用指引》《管理会计案例库》等。 |

续表

| 会计职业精神 | 会计职业精神元素 | 会计职业精神元素内容举例 |
| --- | --- | --- |
| "边界"职业意识 | 法律责任的边界 | 1. 对违反国家统一的财政、财务、会计制度规定的财务收支,不予制止和纠正,又不向单位领导提出书面意见的,应当承担责任(参看本教材案例资料9-3、11-3);<br>2. 因发生与会计职务有关的违法行为被依法追究刑事责任的人员,单位不得任用(聘用)其从事会计工作;<br>3. 因违反《会计法》有关规定受到行政处罚五年内不得从事会计工作的人员,处罚期届满前,单位不得任用(聘用)其从事会计工作;<br>4. 会计人员承担会计法律责任依据下列情况存在不同程度边界:舞弊和错误、重大错账与非重大错账、对单位领导主导的错弊事项积极参与或提出反对书面意见等(参看本教材案例资料11-3)。 |
| "敏感"职业习惯 | 数字的敏感性 | 1. 会计是与"数字"打交道的,对于会计核算中的数字能高度敏感、及时、准确地把握(参看本教材案例资料4-6);<br>2. 能阅读和准确判断会计数据所体现的经济活动信息内容(参看本教材案例资料9-1);<br>3. 能对会计信息数据波动所体现的经济活动风险提出预警。 |
| | 单据的敏感性 | 1. 原始凭证合法性、真实性识别是财务会计核算的起点,也是会计准确真实地记账、算账,提供真实可靠会计信息的起点(参看本教材案例资料4-6);<br>2. 对具有支付结算功能的票据(如支票、汇票、本票、银行卡、汇兑、托收承付、委托收款、信用证等结算方式等),要严格遵守《票据法》《支付结算办法》等系列法规制度,保持管理的高度敏感性;<br>3. 对电子会计凭证管理与使用应依据财政部《关于规范电子会计凭证报销入账归档的通知》,保持高度敏感性。 |
| | 会计信息的保密性 | 1. 除法律规定和单位领导同意外,不能私自向外界提供或者泄露单位的会计信息;<br>2. 遵守内部牵制制度,会计岗位之间的会计信息传递按照规定的会计处理程序和岗位权限进行。 |
| | 政策的敏感性 | 1. 及时关注国家财税、金融等财经政策的调整与变化,并运用到会计工作中去;<br>2. 及时、灵敏地运用财税、金融等优惠政策,及时准确地享有国家政策优惠和支持是最佳的理财之道(参看本教材案例资料11-5)。 |
| "谨慎"职业作风 | 工作谨慎 | 1. 严守岗位职责权利,按照规则处理会计事项,对经手的任何工作处理应保证有清晰的审计轨迹;<br>2. 谨慎保管好经管的票据、印章和其他实物、工作私章、相关信息等;<br>3. 对会计业务审核保持合理怀疑的工作习惯。 |
| | 理财谨慎 | 1. 做好与财会岗位相对应的风险评估和规避;<br>2. 遵守谨慎性财务会计基本原则。 |

续表

| 会计职业精神 | 会计职业精神元素 | 会计职业精神元素内容举例 |
| --- | --- | --- |
| "好学"职业作为 | 继续教育学习 | 1. 按照国家有关规定参加会计业务的继续教育培训；<br>2. 学习和准确应用新的财税、金融、会计政策及制度。 |
|  | 职业成长生涯学习 | 参加会计专业技术职务晋升的资格考试(参看本教材案例资料1-1)。 |
|  | 会计信息化学习 | 跟上会计信息化发展步伐。 |

## 三、会计职业技能

会计从业技能是指会计职业入门所需要具备的特有的技术和能力,包括心智技能和肢体技能。这是对会计职业活动的客观要求。

根据财政部《中华人民共和国会计法》和《会计基础工作规范》所规定的知识和技术要求,会计职业入门所需要的基本专业技能主要有珠算技能、点钞技能、假钞鉴别技能、票据录入技能、会计实务技能、会计软件应用技能等。

**案例资料1-5**

李平是一名高职会计专业的在校新生,在学校技能大赛表彰大会上,他看到很多优秀的上届学生在省、全国财会专业技能大赛上取得佳绩受到表彰,有的学兄学姐因技能竞赛成绩突出还被推荐免试上"专转本",有的学兄学姐因专业技能强,提前被银行等单位录用,很是羡慕。又听说出纳工作是该专业毕业生就业应聘时的主要和首选岗位,同时也因为出纳工作是会计岗位最基础的工作,要想在会计职业上有所建树,必须先将出纳工作做好、做扎实。李平通过向专业课教师咨询,知道了出纳岗位所必备的最基本技能主要有珠算技能、点钞技能、假钞鉴别技能、票据录入技能等。李平认为,应早做准备,决定从现在开始苦练会计技能,争取练得一身过硬的本领,积极参加各类财会技能大赛,取得佳绩,多拿技能证书,为今后成为一个出色的会计人员做好充足的准备。

1. 查一查,什么是"专转本"。
2. 你在专业技能学习和训练方面有何打算？

案例资料1-5
参考答案

### (一)珠算技能

珠算是以算盘为工具,运用手指拨珠,进行数字运算的一门计算技术。

会计职业入门的珠算技能要求是,能运用珠算的基础知识、方法、技巧,熟练掌握加、减、乘、除运算以及账表算、传票算,具备《全国珠算技术等级鉴定标准》五级以上水平。

**即学即思** 明确学校要求同学们取得的全国珠算技术等级证书是几级。

### 知识链接

**珠算技能鉴定等级的类型**

珠算技术等级分为两等十二级,即能手级六个级别(按从高到低的级别排列:能手一、二、三、四、五、六级)和普通级六个级别(按从高到低的级别排列:普通一、二、三、四、五、六级)。

#### (二)点钞技能

点钞是运用手持式点钞法或点钞机进行准确、快速清点钞券的一门技术。

会计职业入门的点钞技能要求是,能掌握运用点钞机点钞、验钞的技能,能熟练运用手持式点钞法,掌握单指单张点钞、多指多张点钞、扇面式点钞等点钞技能和方法。

**即学即思** 查一查,什么是单指单张点钞、多指多张点钞、扇面式点钞?

#### (三)真假币鉴别技能

假钞鉴别就是通过"看、摸、听、比、测"或借助仪器等,准确、快速地识别假钞的一门技术。

会计职业入门的假钞鉴别技能要求是,能运用"看、摸、听、比、测"鉴别真假币。看,看票面的颜色、轮廓、花纹、线条、图案、水印、安全线等;摸,针对票面光滑程度等反复抚摸,发现假币;听,以手指弹击票币,或用手捏住票面的一端甩动票币,仔细听票币发出的声响;比,用真币和可疑票币的局部、图案、花纹进行对比,仔细观察,还可以从纸质、墨色、印刷技术方面进行对比;测,就是用尺衡量钞票规格尺寸。

**即学即思** 在日常活动中,你是否收到过假钞?你是怎样判断真假币的?

#### (四)票据录入技能

这是指运用小键盘,按照熟练的指法进行电脑数字录入以及账表算、传票算的一门技术。会计职业入门的票据录入技能要求是,掌握正确的小键盘数字录入指法和传票翻打方法,能根据传票快速、准确地录入数字。

**即学即思** 你知道什么是小键盘吗?

#### (五)会计实务技能

会计实务技能是会计从业技能体系中的核心技能。会计实务就是准确运用会计准则和会计制度进行记账、算账、用账、报账的一门技术。

会计职业入门的会计实务技能要求是,能正确、及时地进行原始凭证填制与审核,记账凭证填制与审核,登记账簿,编制会计报表,凭证汇总装订、活页账簿整理、装订,其他会计档案整理、归档等。

### (六) 会计软件应用技能

会计软件应用技能是使用计算机及相关外部设备和会计软件处理会计工作基本业务的方法和技能。

会计职业入门的会计软件应用技能要求是,能独立熟练地应用会计软件完成会计建账及日常会计核算业务工作。

目前,会计软件应用技能的要求和鉴定标准,已由人力资源和社会保障部制定(《会计软件应用技能培训和鉴定标准》),进行会计电算化员(操作员级)、会计电算化师(操作师级)两个级别的职业资格鉴定。

> **重要提示**
>
> 上述所讲的会计从业技能,将会在相关课程中学习和训练,有些技能需要参加社会技能鉴定或证书考核。

**议一议**

了解目前全国、省、市、校内外举办的财会项目技能大赛的情况,争取参加。

# 项目二

# 熟记会计要素

 项目目标

理解会计要素的概念、特征和分类,熟知会计要素的性质;理解会计等式的不同表现形式和平衡性理念,提升会计哲学观认知能力,掌握会计事项引起资产和权益增减变化的四种类型;会运用会计基本原理解决会计业务。

 解决问题

会计要素的概念、特征、分类;会计等式;会计事项;会计事项对会计等式的影响;会计要素所体现的平衡理念和会计哲学观。

 技能训练

列举会计要素在企业经济业务中对应的现实案例;会计要素的判断。

 案例资料2-1

ABC公司是由李明和王方合资兴建的生产服装的小型企业,李明投入80万元,王方投入120万元,另向银行借款100万元。他们用180万元兴建了厂房,购买了机器设备,其余资金用于购买布匹、支付工人工资、支付电费及其他费用。经过一年的经营,生产服装4.2万余套,其中出售了4.1万套,取得销售收入820万元。经会计核算,取得利润260万元,年末上缴税收部门税费60万元,李明分红所得40万元,王方分红所得60万元。他们还准备在下一年扩大生产规模,进一步做大企业。

案例分析

该企业经济活动过程由下列几个部分组成:
1. 李明投入80万元,王方投入120万元,另向银行借款100万元的活动,会计上叫作

资金投入。

2. 用 180 万元兴建厂房,购买机器设备,其余资金用于购买布匹、支付工人工资、支付电费及其他费用,生产服装 4.2 万余套,出售 4.1 万套,取得销售收入 820 万元等活动,会计上叫作资金运用。

3. 上缴税收部门税费 60 万元,李明分红所得 40 万元,王方分红所得 60 万元等活动,会计上叫作资金退出。

## 任务 1　理解会计要素

### 一、会计对象

会计对象就是指会计核算和监督的具体内容,即单位经济活动的过程和结果。凡是单位能用货币表现的经济活动,都是会计对象。

> **重要提示**
>
> 任何单位要从事经营活动,必须拥有一定数量的财产物资,这些财产物资的货币表现就称为资金。而资金随着经营活动的不断变化就称为价值运动或资金运动。由于会计主要是运用货币计量单位对单位经济活动的过程和结果进行会计核算和监督,故经济活动过程及结果的货币体现,在会计上称为资金运动,即资金运动构成了会计核算和会计监督的具体内容。因此,会计对象就是单位的资金及资金运动。

资金运动包括各特定对象的资金投入、资金运用、资金退出等过程。

#### (一)资金投入

资金投入也指企业的资金筹集。企业资金筹集主要有两个渠道:一是投资者投入的资金,又称为自有资金,是企业在经营活动期间能长期使用的资金;二是向金融机构或其他单位和个人借入的,需要在约定日期偿还并还本付息的资金,又叫借入资金。

#### (二)资金运用

资金运用是指企业运用筹集到的资金进行系列的生产经营活动。在经营活动中,资金的形态会不断发生变动,如购买生产用的原材料时,资金就会由货币形态转化为物资储备形态;将原材料加工生产成产品时,资金由物资储备形态转化为产成品形态;将产品出售时,则资金又从产成品形态转化为货币形态。会计上把资金形态的不断变化叫作资金运用。

#### (三)资金退出

资金退出是指资金退出企业生产经营活动。资金退出一般有三个渠道:一是因经营活动上交给政府部门的各项税费;二是借入的资金到期还本付息;三是向投资者分配利润所得(分红)。

在不同的企事业单位中,资金运动有较大差异;即使同样是企业,工业、商业、交通运输业、建筑业及金融业等行业也均有各自的资金运动特点,即具体会计对象不同。例如,工业企业的会计对象是工业企业再生产过程中的资金(或资本)运动,商品流通企业的会计对象是商品流通企业商品流通过程中的资金(或资本)运动(图2-1)。

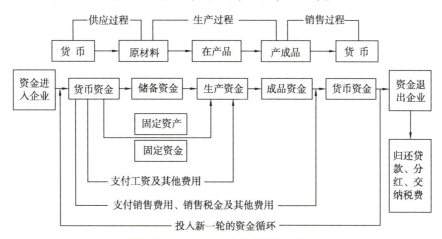

图2-1 工业企业的资金运动示意图

**即学即思** 根据工业企业的资金运动示意图,你能不能对商业企业的资金运动做一个示意图?

资金运动是一个抽象的概念,这就需要对抽象的资金运动做进一步的分类,于是就有了会计要素。

## 二、什么是会计要素

会计要素是指对会计对象进行的基本分类,是会计核算对象的具体化,也是对单位的资金运动进行具体分类,它是会计对象最基本的组成部分。

我国企业会计的会计要素共分为资产、负债、所有者权益、收入、费用和利润六项。

## 三、会计要素的具体内容

### (一) 资产

1. 资产的概念

资产是指企业过去的交易或者事项形成的、由企业拥有或者控制的、预期会给企业带来经济利益的资源。

**即学即思** 企业的资产主要有:库存现金、银行存款、原材料、包装物、在产品、库存商品、厂房、机器、设备等。请说明这些资产在资金上的状态,如库存现金、银行存款是货币资金。

## 2. 资产的特征

资产具有以下基本特征：

（1）资产是由过去的交易或者事项所形成的。也就是说，资产必须是现实资产，而不是预期的资产，未来交易或未来事项以及没有发生的交易或事项可能产生的结果不能确认为企业的资产。

### 知识链接

经济交易（简称交易）是指企业与其他单位和个人之间发生的各种经济利益的交换。

经济事项（简称事项）是指在企业内部发生的具有经济影响的各类事件。

**即学即思** 企业8月份与销售方签订购买一台设备的合同，但该台设备实际是在11月份购买的，思考企业能否在8月份将该台设备确认为资产。

（2）资产是企业所拥有或控制的。一般情况下，企业要将一项资源确认为资产，必须对该项资源拥有所有权。

特殊情况下，企业对某一资源虽然不拥有所有权但能对其实际控制的，也应当将其确认为企业的资产。

### 知识链接

"拥有"是指企业拥有该项资源的所有权，企业可以自由地使用和处置该项资源，未经企业同意，任何单位和个人不得使用或处分该项资源。

"控制"是指企业虽然不拥有该项资源的所有权，但实际上可以在较长时间内控制该项资源的使用。如融资租入的固定资产，在法律上企业不具有其所有权，但该项资产的租赁期较长（有时接近该项资产的使用寿命），租赁期满一般可以由承租企业优先购买，所以可以视同企业自有资产入账。

（3）资产能够给企业带来未来经济利益。一般来讲，资产都应能够为企业带来经济利益，如企业出售库存商品可获得经济利益。那些已经没有经济价值、不能给企业带来经济利益的货物，就不能继续确认为企业的资产。

**即学即思** 企业原有的一台机器设备因为水灾而提前报废，思考企业能否将该台设备确认为资产。

## 3. 资产的分类

资产按其流动性，可分为流动资产和非流动资产。

**即学即思** 资产的流动性是什么含义？

流动资产是指预计在一个正常营业周期中变现、出售或耗用，或者主要为交易目的而持有的资产等。流动资产主要包括货币资金、交易性金融资产、应收债权、存货等。

**知识链接**

货币资金有库存现金、银行存款、其他货币资金等。

交易性金融资产主要是指以赚取差价为目的而持有的股票、债券和基金等。

应收债权有应收票据、应收账款、预付款项、应收利息、应收股利、其他应收款等。

存货有原材料、库存商品、产成品和在产品等。

非流动资产是指流动资产以外的资产。主要包括长期股权投资、固定资产、在建工程、无形资产等。

 **知识链接**

长期股权投资是指企业持有的对其子公司、合营企业及联营企业的权益性投资以及企业持有的对被投资单位不具有控制、共同控制或重大影响,并且在活跃市场上没有报价、公允价值不能可靠计量的权益性投资。

固定资产是指同时具有以下特征的有形资产:(1) 为生产商品、提供劳务、出租或经营管理而持有的;(2) 使用寿命超过一个会计年度。

无形资产是指企业拥有或者控制的没有实物形态的可辨认非货币性资产。例如,专利权、非专利技术、商标权、著作权、土地使用权、特许权等。

## (二) 负债

### 1. 负债的概念

负债是指过去的交易或事项形成的、预期会导致经济利益流出企业的现时义务,如向银行的借款、欠其他单位的货款、应付未付给职工的薪酬等。

**重要提示**

负债的特征:

(1) 负债是由于过去的交易或事项所形成的。也就是说,会计上确认的负债必须是已经发生的交易或事项,如购买货物会产生应付账款,向银行借款会产生偿还借款等。

(2) 负债的清偿预期会导致经济利益流出企业。负债通常是在未来某一日期清偿。负债有确切的收款人和偿还日期。偿还的方式有:以资产偿还;以劳务偿还;两者兼而有之。

(3) 负债是企业承担的现时义务。所谓现时义务是指企业在现行条件下已承担的义务。对于企业正在筹划的未来交易或事项,如企业的借款计划等,并不构成企业的负债。

 **案例资料 2-2**

ABC 公司 2022 年年底有关情况如下:

1. 1月5日,向银行借入的一年期借款100万元,将要到期,尚未偿还。

2. 5月,从甲公司购入商品一批,价款156万元,货款尚未支付。

3. 10月,乙公司向法院起诉本企业,要求赔偿20万元,法院尚未审理宣判。

4. 10月,公司财务处做出2023年银行借款计划,计划向银行借款500万元。

5. 11月,应向职工发放工资129万元,因资金紧张,至年底尚未发放。

案例资料2-2
参考答案

上述哪些属于ABC公司的负债?哪些不属于?为什么?

**即学即思** 你能否再列举一些企业所发生的负债?

2. 负债的分类

负债按流动性,可分为流动负债和非流动负债。

流动负债是指将在1年(含1年)或者超过1年的一个营业周期内清偿的债务,或者自资产负债表日起1年内应予以清偿的债务,以及企业无权自主地将清偿推迟至资产负债表日后1年以上的债务。

**即学即思** 查一查,一个营业周期是什么意思?资产负债表日是什么日期?

流动负债包括短期借款、应付账款、应付票据、预收账款、应付职工薪酬、应交税费、其他应付款和一年内到期的长期借款等。

非流动负债是指流动负债以外的债务。包括长期借款、应付债券、长期应付款等。

## (三)所有者权益

1. 所有者权益的概念

所有者权益又称为净资产,是指企业资产扣除负债后由所有者享有的剩余权益,即

$$所有者权益 = 资产 - 负债$$

公司的所有者权益又称为股东权益。

任何企业,其资产形成的资金来源不外乎两种:一种是债权人提供(对企业而言,即为负债);一种是所有者提供(对企业而言,即为所有者权益)。

 **知识链接**

### 所有者权益与负债的区别

负债是对内和对外所承担的经济责任,企业负有偿还的义务,而所有者权益在一般情况下不需要企业将其归还给投资者。

负债所形成的资产只能在约定的较短时间内使用,而所有者权益所形成的资产企业可以永久性使用。

使用负债所形成的资金通常需要支付报酬,如借款利息支出等,而使用所有者权益形成

的资金则不需要支付费用。

在企业清算时,负债拥有优先清偿权,而所有者权益只有在清偿所有的负债后,才返还给投资者,但投资人可以参与企业经营决策及利润的分配,而债权人则不能。

**即学即思** 资产与所有者权益有什么关系?

2. 所有者权益的内容

所有者权益包括实收资本(或股本)、资本公积、盈余公积和未分配利润等。

实收资本是指所有者投入的构成企业注册资本或者股本部分的金额。

资本公积包括企业收到投资者出资超过其在注册资本或股本中所占份额的部分以及直接计入所有者权益的利得和损失等。

直接计入所有者权益的利得和损失,是指不应计入当期损益的、会导致所有者权益发生增减变动的、与所有者投入资本或者向所有者分配利润无关的利得或者损失。

盈余公积和未分配利润则是企业在生产经营过程中所实现的利润留存企业所形成的部分,因而又统称为留存收益。

**知识链接**

利得是指由企业非日常活动所形成的、会导致所有者权益增加的、与所有者投入资本无关的经济利益的流入。

损失是指由企业非日常活动所发生的、会导致所有者权益减少的、与向所有者分配利润无关的经济利益的流出。

**即学即思** 联合公司原由A、B两人投资,各投入50万元。一年后C想加入,经协商,A、B、C三人各拥有50万元的资本,但C必须投入60万元的银行存款才可拥有50万元的资本。假设C已经用60万元投入联合公司,并办妥了增资手续。请思考在该项经济业务中"银行存款""实收资本""资本公积"账户分别应该记入的金额。

### (四)收入

1. 收入的概念

收入是指企业在日常活动中形成的、会导致所有者权益增加的、与所有者投入资本无关的经济利益的总流入。收入是企业盈利的前提条件。

> **重要提示**
>
> 收入具有以下特征:
> (1)收入是指从企业的日常活动中产生的,而不是从偶发的交易或事项中产生的。
> (2)收入能引起所有者权益增加。
> (3)收入的取得会导致经济利益流入企业。
> (4)收入只包括本企业经济利益的流入,不包括为第三方或客户代收的款项。
> (5)收入与所有者投入资本无关。

**案例资料2-3**

ABC公司12月有关资料如下：
1. 销售本企业生产的甲产品一批，售价210万元，货款存入银行。
2. 销售本企业生产的甲产品一批，售价60万元，货款尚未收回。
3. 取得B公司向本企业的赔款共5万元，存入银行。
4. 收到D公司要求本公司代购特种材料的款项共20万元，存入银行。

案例资料2-3
参考答案

根据收入特征判定，上述事项是否属于该企业的收入？

**即学即思** 商品已经销售，货款尚未收回，企业确定了收入，依据是什么？请在本书项目五和项目十一中查找答案。

2. 收入的分类

按日常活动在企业所处的地位，收入分为主营业务收入和其他业务收入。

主营业务收入是指企业经常发生的、主要业务所产生的收入，它一般占企业营业收入的比重很大。

其他业务收入是指从日常经济活动中取得的主营业务以外的兼营收入，它一般占企业营业收入的比重不是很大。

**即学即思** 1. 举例说明企业主营业务收入与其他业务收入有哪些。
2. 收入在一般情况下表现为资产要素增加，请举例说明。

**（五）费用**

1. 费用的概念

费用是指企业在日常活动中发生的、会导致所有者权益减少的、与向所有者分配利润无关的经济利益的总流出。费用一般表现为资产的耗费，有时也表现为负债的增加。

> **重要提示**
>
> 费用的特征有：
> （1）费用是在企业日常经济活动中发生的。
> （2）费用会导致经济利益流出企业。表现为企业资产的减少或负债的增加，或者两者兼而有之。
> （3）费用会导致企业所有者权益的减少。
> （4）与所有者分配利润无关。

2. 费用的分类

工业企业一定时期的费用通常由产品生产成本和期间费用两部分组成。产品生产成本由直接材料、直接人工和制造费用三个成本项目组成，期间费用包括管理费用、财务费用和销售费用三项。费用是收入的扣除项目。

**即学即思**
1. 关于管理费用、财务费用和销售费用具体包括的内容将在项目五中学习，可以先到项目五查一查。
2. 同学们在看电视时，经常会看到有关企业的广告，想一想，企业为什么花钱做广告？企业支出的广告费属于什么费用？

### （六）利润

利润是指企业在一定期间的经营成果。利润包括收入减去费用后的净额、直接计入当期利润的利得和损失等。

利润金额取决于收入和费用、直接计入当期利润的利得和损失金额的计量。

**重要提示**

利润有营业利润、利润总额和净利润之分。

营业利润是营业收入减去营业成本、营业税费、期间费用（包括管理费用、销售费用和财务费用）、资产减值损失，加上公允价值变动净收益、投资净收益后的金额。

利润总额是指营业利润加上营业外收入，减去营业外支出后的金额。

净利润是指利润总额减去所得税费用后的金额。

**知识链接**

#### 营业外收入和营业外支出

营业外收入和营业外支出是指企业发生的与其生产经营活动无直接关系的各项收入和各项支出，如固定资产盘盈利得、捐赠利得、罚款收入，固定资产盘亏支出、罚款支出、公益性捐赠支出等。

1. 营业外收入和营业外支出一般彼此相互独立，不具有因果关系；
2. 营业外收支通常意外出现，企业难以控制；
3. 营业外收支通常偶然发生，不重复出现，企业难以预见；
4. 营业外收支与企业经营努力无关。

## 四、会计要素的分类

会计上将上述六个要素通常划分为以下两类。

### （一）反映财务状况的会计要素

财务状况是指企业一定日期的资产和权益的情况，是资金运动的静态表现。反映财务状况的会计要素包括资产、负债和所有者权益三项。

### （二）反映经营成果的会计要素

经营成果是指企业在一定时期内从事生产经营活动所取得的最终成果,是资金运动的动态表现。反映经营成果的会计要素包括收入、费用和利润三项。

**即学即思** "一定日期"与"一定时期内"有何区别?

## 任务2 把握会计等式

在会计核算中反映各个会计要素数量关系的等式,称为会计等式,又称会计方程式、会计平衡公式。

### 一、资产、负债和所有者权益的会计等式

企业从事生产经营活动,必须拥有一定数量的经济资源,如现金、房屋、机器设备、运输设备、场地等。企业所拥有的这些经济资源在会计上称为资产。企业的这些资产是从一定来源渠道取得的。一是由所有者(投资人)提供,如向企业投入资金、机器、厂房等,称为主权资金;二是由债权人提供,如向银行借款、向社会公众发行债券等,称为借入资金。因为企业的所有者(投资人)和债权人为企业提供了全部资产,所以都对企业资产享有一定的权利,这种权利在会计上总称为权益。其中属于债权人的部分称为债权人权益,即负债;属于所有者(投资人)的部分称为所有者权益。

资产和权益是同一资金的两个不同侧面,资产表示企业拥有的经济资源,权益则表示这些经济资源是从哪里取得的。资产和权益必须同时存在,没有资产也就无所谓权益;没有权益也就谈不上存在资产。从数量上看,有一定数量的资产,就有一定数量的权益;有一定数量的权益,也就必定有一定数量的资产。资产总额和权益总额必然相等(图2-2、图2-3)。通常可用公式表示如下:

$$资产 = 权益$$

图2-2 资产=权益

图2-3 资产=负债+所有者权益

由于权益由债权人权益和所有者权益两部分组成,所以上述公式可进一步表述为:

资产 = 债权人权益 + 所有者权益

又由于债权人权益在会计上称为负债,所以上述公式又可以表述为:

资产 = 负债 + 所有者权益

> **重要提示**
>
> 资产 = 负债 + 所有者权益,在会计上称为会计基本等式。
>
> 会计基本等式反映了资产、负债和所有者权益三个会计要素之间的数量关系,不仅反映了企业的财务状况,而且还是设置账户、复式记账、试算平衡和编制资产负债表的理论依据。

会计基本等式的平衡关系,可以用下列一张简化的资产负债表来反映。

**例 2-1** 联合公司 12 月 31 日有关资产、负债和所有者权益的情况见表 2-1。

表 2-1　　　　　　　　　　　　　资产负债表

12 月 31 日　　　　　　　　　　　　　　　　金额单位:元

| 资　产 | 金　额 | 权益(负债及所有者权益) | 金　额 |
|---|---|---|---|
| 库存现金 | 10 000 | 短期借款 | 200 000 |
| 银行存款 | 350 000 | 应付账款 | 100 000 |
| 应收账款 | 150 000 | 实收资本 | 1 300 000 |
| 原材料 | 390 000 | | |
| 固定资产 | 700 000 | | |
| 合　计 | 1 600 000 | | 1 600 000 |

由表 2-1 可知,联合公司该年年末会计基本等式表示如下:

资产(1 600 000) = 负债(300 000) + 所有者权益(1 300 000)

### 案例资料 2-4

ZH 公司为有限责任公司。公司开业前收到所有者投资的出资款 600 000 元,存入银行;从银行取得短期借款 40 000 元,已划转至本公司账户;购置设备一台,以银行存款支付价款 300 000 元;购入原材料一批,价款共计 80 000 元,货款尚未支付;从银行提取现金 10 000 元,以备零星开支。

### 做一做

1. ZH 公司资产总计为_____元。

   其中:固定资产的设备_____元。

   　　　属于存货的原材料_____元。

   　　　现金_____元。

   　　　银行存款_____元。

2. ZH 公司负债总计为_____元。

其中：属于负债的短期借款_____元。

应付账款_____元。

3. ZH 公司所有者投资为_____元。

4. "资产 = 负债 + 所有者权益"可以表示为：_____。

案例资料 2-4
参考答案

## 二、收入、费用和利润的会计等式

企业在生产经营活动中还会发生各种收入和费用，将一定时期内所获得的收入扣除所发生的费用后的余额，称为利润。通常可用公式表示如下：

利润 = 收入 − 费用

此公式也称会计等式，它反映了企业在一定时期内的经营成果，是编制利润表的依据。

## 三、全部会计要素之间的关系

企业通过生产经营取得利润，是其最终目的，也是投资人对企业投资的基本目的。在会计核算中，企业缴纳所得税费用后的利润又称净利润，也称净收益。企业的净收益归投资人所有，是投资的回报，是资本的增值，因而是所有者权益的组成内容。由此可见，"资产 = 负债 + 所有者权益"和"收入 − 费用 = 利润"这两个会计等式有着密切联系，这种联系也可用公式表示如下：

资产 = 负债 + 所有者权益 + (收入 − 费用)

或：

资产 = 负债 + 所有者权益 + 净收益

> **重要提示**
>
> 在会计上，一般将公式"资产 = 负债 + 所有者权益"称为静态会计公式，因为该公式反映的是企业在某一时点上资产、负债和所有者权益之间的等量关系；将公式"利润 = 收入 − 费用"称为动态会计公式，因为该公式反映的是企业在一定期间内收入、费用和利润之间的等量关系。

全部会计要素之间的关系可用表 2-2 概括。

表 2-2　　　　　　　　　　会计要素之间的关系

| 时间点 | 等　式 | 资金运动状态 |
| --- | --- | --- |
| 会计期初 | 资产 = 负债 + 所有者权益 | 相对静止：既没有收入，又没有费用 |
| 会计期间 | 资产 = 负债 + 所有者权益 + (收入 − 费用) | 显著变动：取得收入，发生费用 |
| 会计期末（结账前） | 资产 = 负债 + 所有者权益 + 利润 | 显著变动：将收入和费用进行配比，计算出利润 |
| 期末结账后 | 资产 = 负债 + 所有者权益 | 相对静止：将利润分配后，又回到期初形式 |

**即学即思** 查一查本书后几个项目内容,回答:什么是会计期间、会计期初、会计期末?

## 四、经济活动对会计基本等式的影响

企业在生产经营活动中会发生各种各样的经济活动,这些经济活动,在会计上又叫会计业务。这些经济业务的发生都会引起资产、负债和所有者权益这三个会计要素在数量上发生增减变化。但无论怎样变化都不会破坏会计基本等式的平衡关系,即企业在任何时点资产总额始终等于负债和所有者权益总额。

**即学即思** 关于经济业务的概念将在项目四中学习,你可以先自学:什么是经济业务?

举例说明如下:

接例2-1,联合公司1月份发生下列经济业务:

**例2-2** 5日,公司接受投资者投入资本250 000元,存入银行。

该项经济业务发生后,使资产方的银行存款项目增加了250 000元,权益方的实收资本项目也增加了250 000元。由于资产和权益分别在会计等式的两边同时增加相等的金额,所以资产总额仍然等于负债和所有者权益总额。用会计基本等式表示如下:

资产(1 600 000 + 250 000) = 负债(300 000) + 所有者权益(1 300 000 + 250 000)

即:　　　资产(1 850 000) = 负债(300 000) + 所有者权益(1 550 000)

**例2-3** 18日,公司收回某单位前欠货款30 000元,存入银行。

该项经济业务发生后,使资产方的应收账款项目减少了30 000元,资产方银行存款项目增加了30 000元。由于资产方一个项目减少而另一个项目增加,且增减金额相等,所以资产总额不变,即资产总额仍然等于负债和所有者权益总额。用会计基本等式表示如下:

资产(1 850 000 + 30 000 - 30 000) = 负债(300 000) + 所有者权益(1 550 000)

即:　　　资产(1 850 000) = 负债(300 000) + 所有者权益(1 550 000)

**例2-4** 20日,公司以银行存款100 000元,偿还到期的银行短期借款。

该项经济业务发生后,使资产方的银行存款减少100 000元,权益方的短期借款也减少100 000元。由于资产和权益分别在会计等式的两边同时减少相等的金额,所以资产总额仍然等于负债和所有者权益总额。用会计基本等式表示如下:

资产(1 850 000 - 100 000) = 负债(300 000 - 100 000) + 所有者权益(1 550 000)

即:　　　资产(1 750 000) = 负债(200 000) + 所有者权益(1 550 000)

**例2-5** 26日,公司向银行借入短期借款60 000元,当即用于归还前欠供应单位的货款。

该项经济业务发生后,使权益方的短期借款增加了60 000元,权益方的应付账款减少了60 000元。由于权益方一个项目增加而另一个项目减少,且增减金额相等,所以权益总额不变,即资产总额仍然等于负债和所有者权益总额。用会计基本等式表示如下:

资产(1 750 000) = 负债(200 000 + 60 000 - 60 000) + 所有者权益(1 550 000)

即:　　　资产(1 750 000) = 负债(200 000) + 所有者权益(1 550 000)

通过上面的举例分析，我们可以看出任何经济业务的发生对会计等式的影响可概括为表 2-3 所示的四种类型。

**表 2-3　　　　　　　　　　资产和权益增减变化的四种类型**

| 经济业务类型 | | 资产 | = | 权益 |
|---|---|---|---|---|
| 第一种类型 | 【例 2-2】 | + | = | + |
| 第二种类型 | 【例 2-4】 | − | | − |
| 第三种类型 | 【例 2-3】 | + − | | |
| 第四种类型 | 【例 2-5】 | | | + − |

以上四种类型经济业务对会计基本等式的影响如图 2-4 所示。

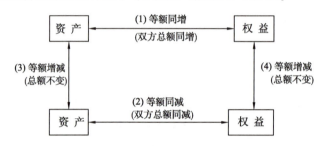

**图 2-4　四种类型经济业务对会计等式的影响**

## 案例资料 2-5

联合公司 1 月份除了发生上述经济业务外，还发生以下业务：

(1) 15 日，公司购买价值 20 000 元的材料一批，材料已经验收入库，货款尚未支付。

(2) 17 日，公司将资本公积 600 000 元转为实收资本。

(3) 20 日，公司因缩小经营规模，经批准减少注册资本 30 000 元，并以银行存款发还给投资者。

(4) 23 日，公司与债权人协商并经有关部门批准，将所欠 20 000 元应付账款转为资本。

(5) 30 日，公司经研究决定，向投资者分配利润 10 000 元。

要求：如果把权益分为负债和所有者权益两个会计要素，则经济业务对会计等式的影响就扩展为九种类型，请根据案例资料 2-5 动手完成表 2-4。

案例资料 2-5
参考答案

## 项目二 熟记会计要素

表 2-4  资产、负债和所有者权益增减变化的九种类型图示

| 经济业务类型 | | 资　产 | = | 负债 + 所有者权益 | | 业　务 |
|---|---|---|---|---|---|---|
| 第一种类型 | （1） | | | | | 【例 2-2】 |
| | （2） | | | | | |
| 第二种类型 | （3） | | | | | 【例 2-4】 |
| | （4） | | | | | |
| 第三种类型 | （5） | | = | | | 【例 2-3】 |
| | （6） | | | | | |
| 第四种类型 | （7） | | | | | 【例 2-5】 |
| | （8） | | | | | |
| | （9） | | | | | |

 知识链接

### 政府会计要素和会计等式

政府会计由预算会计和财务会计构成。政府预算会计要素包括预算收入、预算支出与预算结余。其会计基本等式是：预算收入 – 预算支出 = 预算结余。政府财务会计要素包括资产、负债、净资产、收入和费用。其会计等式是：

会计基本等式：资产 = 负债 + 净资产

会计要素动态等式：资产 = 负债 + 净资产 + 收入 – 费用

# 项目三

## 运用账户与复式记账

### 项目目标

理解会计科目、账户的概念与分类,能逐步运用会计科目和账户;熟练掌握借贷记账法的基本规律,能编制会计分录和试算平衡表;形成会计信息真实性、及时性的会计职业理念。

### 解决问题

会计科目的意义、分类、设置原则;账户概念、意义和账户结构;复式记账的概念、特点、种类;借贷记账法的含义、记账规律;会计科目、会计分录、试算平衡、平行登记所体现的会计信息真实性本质。

### 技能训练

1. 账户的熟记与使用训练;
2. 借贷记账法的运用;
3. 会计分录的列示及会计分录的经济意义的理解能力训练;
4. 试算平衡表编制的训练;
5. 总分类账户与明细分类账户的开设与登记及试算平衡的方法训练。

### 案例资料 3-1

某人准备投资创建一家企业,他首先从各种渠道筹集到资金 100 万元,其中本人投入资金 70 万元,向银行借入 3 年长期借款 30 万元,然后,他拿这笔资金购买了机器设备 25 万元、小汽车 15 万元,采购原材料 30 万元,支付工资 10 万元。到月末,他在银行的存款数为 20 万元。

案例资料 3-1
参考答案

请为他建立相应的账户。

# 任务1　理解会计科目与账户

## 一、会计科目的含义

会计科目是对会计要素按经济内容和会计管理要求进一步分类后形成的项目,是对会计要素的具体内容进行分类核算的项目,也是账户的名称。会计科目和账户是有着密切联系的两个概念。

## 二、会计科目的设置

### （一）会计科目的设置原则

会计科目的设置应符合会计核算工作基本要求,以保证会计核算的质量。为此,各单位对会计科目的设置应遵循以下原则。

1. 合法性原则

所设置的会计科目应当符合国家统一的会计制度的规定。

2. 相关性原则

会计科目的设置,应为提供有关各方所需要的会计信息服务,满足对外报告与对内管理的要求。

3. 实用性原则

在合法性的基础上,应根据企业自身特点,设置符合企业需要的会计科目。

> **重要提示**
> 
> 在实际工作中,会计科目是由国家财政部门统一规定的,企业主管部门可在财政部规定的范围内根据本行业的实际情况进行增设或合并；会计子目、细目除统一规定外,企业可根据本单位规模大小、业务特点、管理要求等实际情况自行设置。

### （二）会计科目表

我国《会计准则应用指南——会计科目》中常用会计科目分类排列和编号的情况如表3-1 所示。

表 3-1　　　　　　　　　　　　企业会计科目表

| 序 号 | 编 号 | 会计科目名称 | 序 号 | 编 号 | 会计科目名称 |
|---|---|---|---|---|---|
| | | 一、资产类 | ★31 | 1602 | 累计折旧 |
| ★1 | 1001 | 库存现金 | 32 | 1603 | 固定资产减值准备 |
| ★2 | 1002 | 银行存款 | ★33 | 1604 | 在建工程 |
| 3 | 1015 | 其他货币资金 | 34 | 1605 | 工程物资 |
| 4 | 1101 | 交易性金融资产 | 35 | 1606 | 固定资产清理 |
| 5 | 1121 | 应收票据 | ★36 | 1701 | 无形资产 |
| ★6 | 1122 | 应收账款 | 37 | 1702 | 累计摊销 |
| 7 | 1123 | 预付账款 | 38 | 1703 | 无形资产减值准备 |
| 8 | 1131 | 应收股利 | 39 | 1700 | 商誉 |
| 9 | 1132 | 应收利息 | 40 | 1801 | 长期待摊费用 |
| ★10 | 1231 | 其他应收款 | 41 | 1811 | 递延所得税资产 |
| 11 | 1241 | 坏账准备 | 42 | 1901 | 待处理财产损溢 |
| 12 | 1401 | 材料采购 | | | 二、负债类 |
| ★13 | 1402 | 在途物资 | ★43 | 2001 | 短期借款 |
| ★14 | 1403 | 原材料 | 44 | 2101 | 交易性金融负债 |
| 15 | 1404 | 材料成本差异 | 45 | 2201 | 应付票据 |
| ★16 | 1406 | 库存商品 | ★46 | 2202 | 应付账款 |
| 17 | 1407 | 发出商品 | 47 | 2205 | 预收账款 |
| 18 | 1410 | 商品进销差价 | ★48 | 2211 | 应付职工薪酬 |
| 19 | 1411 | 委托加工物资 | ★49 | 2221 | 应交税费 |
| 20 | 1412 | 周转材料 | ★50 | 2231 | 应付股利 |
| 21 | 1461 | 存货跌价准备 | ★51 | 2232 | 应付利息 |
| 22 | 1521 | 持有至到期投资 | 52 | 2411 | 预计负债 |
| 23 | 1522 | 持有至到期投资减值准备 | 53 | 2501 | 递延收益 |
| 24 | 1523 | 可供出售金融资产 | ★54 | 2601 | 长期借款 |
| 25 | 1524 | 长期股权投资 | 55 | 2602 | 应付债券 |
| 26 | 1525 | 长期股权投资减值准备 | 56 | 2801 | 长期应付款 |
| 27 | 1526 | 投资性房地产 | 57 | 2802 | 未确认融资费用 |
| 28 | 1531 | 长期应收款 | 58 | 2811 | 专用应付款 |
| 29 | 1541 | 未实现融资收益 | 59 | 2901 | 递延所得税负债 |
| ★30 | 1601 | 固定资产 | | | 三、所有者权益类 |

续表

| 序号 | 编号 | 会计科目名称 | 序号 | 编号 | 会计科目名称 |
|---|---|---|---|---|---|
| ★60 | 4001 | 实收资本 | 72 | 6101 | 公允价格变动损益 |
| 61 | 4002 | 资本公积 | 73 | 6111 | 投资收益 |
| ★62 | 4101 | 盈余公积 | ★74 | 6301 | 营业外收入 |
| ★63 | 4103 | 本年利润 | ★75 | 6401 | 主营业务成本 |
| ★64 | 4104 | 利润分配 | ★76 | 6402 | 其他业务成本 |
| 65 | 4201 | 库存股 | ★77 | 6405 | 税金及附加 |
|  |  | 四、成本类 | ★78 | 6601 | 销售费用 |
| ★66 | 5001 | 生产成本 | ★79 | 6602 | 管理费用 |
| ★67 | 5101 | 制造费用 | ★80 | 6603 | 财务费用 |
| 68 | 5202 | 劳务成本 | 81 | 6701 | 资产减值损失 |
| 69 | 5301 | 研发支出 | ★82 | 6711 | 营业外支出 |
|  |  | 五、损益类 | 83 | 6801 | 所得税费用 |
| ★70 | 6001 | 主营业务收入 | 84 | 6901 | 以前年度损益调整 |
| ★71 | 6051 | 其他业务收入 |  |  |  |

注：顺序号前有"★"的，为基础会计学习时所运用的重要会计科目。

**即学即思** 请同学们及时将"★"号标注的会计科目记熟，这对以后的学习有好处。

### 知识链接

会计科目的编号是根据会计科目的分类和排序确定的。一般采用四位数字编号，即第一位数字表示科目的大类，第二位数字表示科目的小类，第三、第四位数字表示各小类之下科目的顺序号。会计科目的编号除了表明它们的类别和具体名称外，还有助于填制会计凭证、登记账簿及实现会计电算化。

## 三、会计科目的分类

### （一）按经济内容分类

所谓会计科目的经济内容，就是会计科目核算和监督的会计对象的具体内容，也就是会计要素的具体内容。一般将会计科目分为资产、负债、共同、所有者权益、成本、损益六大类。损益类会计科目根据企业经营损益形成的内容进一步划分为收入类和费用类会计科目。

📢 **重要提示**

按经济内容对会计科目进行分类,是对会计科目最直接最基本的分类标志,是账户分类的基础。

### (二) 按提供指标的详细程度分类

会计科目按所提供指标的详细程度分类,可分为总分类科目、子目和细目。

总分类科目是会计对象具体内容的总括分类项目,亦称一级科目;前述会计科目表中所列会计科目均为总分类科目。子目、细目是各项具体内容的明细项目,所以亦称为明细分类科目或二级科目、三级科目。

📢 **重要提示**

在会计处理上,企业应按统一的会计制度的规定,根据总分类科目设置相应的总分类账户,所进行的核算称为总分类核算,所提供的核算指标是某类会计要素有关项目的总括性指标。

企业可以在总分类科目下,根据本单位的实际情况和管理工作的需要自行设置明细科目。企业应按明细分类科目设置明细分类账户进行明细分类核算,所提供的核算指标是某类会计要素有关项目更为具体和详细的指标。

现举例说明会计科目的级次,如表 3-2 所示。

表 3-2　　　　　　　　ZH 公司对原材料的会计科目分类

| 总分类科目(一级科目) | 明细分类科目 | |
|---|---|---|
|  | 子目(二级科目) | 细目(三级科目) |
| 原材料 | 木　料 | 原　材 |
|  |  | 板　材 |
|  |  | 方　木 |
|  | 钢　材 | 圆　钢 |
|  |  | 角　钢 |
|  |  | 扁　钢 |

**即学即思** 根据表 3-2,请同学们分析总分类科目与明细科目的联系和区别。

💼 **案例资料 3-2**

ZH 公司会计要素具体项目如下:

(1) 房屋及建筑物;(2) 工作机器及设备;(3) 运输汽车;(4) 库存生产用钢材;

(5)库存燃料;(6)未完工产品;(7)库存完工产品;(8)存放在银行的款项;(9)由出纳人员保管的现金;(10)应收某厂的货款;(11)暂付职工差旅费;(12)从银行借入的款项;(13)应付给光华厂的材料款;(14)欠交的税金;(15)销售产品的价款;(16)投资者投入的资本;(17)预收的押金;(18)欠付的利润;(19)发生的销售费用;(20)销售产品的成本;(21)发生的办公费;(22)应付职工的工资。

**做一做**

根据上述资料,从会计要素的角度分析其所属会计科目的类别。

## 四、账户及其结构

案例资料3-2
参考答案

### (一)账户的概念

账户是根据会计科目设置的,具有一定格式和结构,用于分类反映会计要素增减变动情况及其结果的记账单元。设置账户是会计核算的重要方法之一。

**重要提示**

各单位在会计核算工作中必须依据会计科目开设账户。一方面,应当根据会计科目按经济内容分类开设账户;另一方面,应当根据会计科目按提供核算指标的详细程度分别开设总分类账户和明细分类账户,以全面地反映会计对象的具体内容,为经济管理提供各种各样的核算资料。

**知识链接**

#### 账户与会计科目的联系和区别

二者的联系是:会计科目是账户的名称,二者反映的经济业务内容是一致的,都是用来分门别类地反映会计要素的具体内容。二者的区别是:会计科目没有结构,只是表明某一会计事项归属的分类项目;而账户则具有一定结构形式,通过账户可以记载会计事项,连续、系统、全面地反映某项经济业务内容的增减变动情况及其结果。账户在会计科目按照经济内容分类的基础上,还可以按照用途结构分类。

### (二)账户的结构

账户具有一定的格式,账户的格式就是账户的结构。

尽管企业的经济活动错综复杂,但经济业务所引起的各项会计要素的变动,从数量上看不外乎增加和减少两种情况。为了清晰地反映各项经济业务的增减变动,通常将账户划分为左、右两方,分别登记增加数和减少数。作为账户的基本结构,通常应包括下列内容:

(1)账户的名称(即会计科目);
(2)日期(记录经济业务的日期);

(3)凭证号数(表明账户记录所依据的会计凭证);
(4)摘要(简要说明经济业务的内容);
(5)增加和减少的金额及余额;
(6)页码(账簿必须连续编号)。
账户的一般格式如表3-3所示。

表3-3　　　　　　　　　　账户名称(会计科目)

第　页

| 年 | | 凭证 | | 摘要 | 借方 | 贷方 | 借或贷 | 余额 |
|---|---|---|---|---|---|---|---|---|
| 月 | 日 | 字 | 号 | | | | | |
| | | | | | | | | |
| | | | | | | | | |
| | | | | | | | | |
| | | | | | | | | |

为了教学和学习方便,常常使用一种简化账户的格式,该格式只突出账户主要结构,即账户名称和左方右方,将其他部分略去,该简化格式形似英文字母"T",所以称之为"T"字形账户,如图3-1所示。

左方(借方)　　　　　账户名称(会计科目)　　　　　右方(贷方)

图3-1　"T"字形账户

> **重要提示**
> 
> 账户的最基本功能是用于记录经济业务增减变动的内容,每个账户的本期增加发生额和本期减少发生额都应分别记入各该账户左右两方的金额栏,以便分别计算增减。至于用哪一方登记增加金额,用哪一方登记减少金额,则取决于所采用的记账方法和该账户所记录的经济内容。

## 任务2　运用借贷记账法

### 一、记账方法

所谓记账方法,就是在账户中登记各项经济业务的方法。记账方法按其记录经济业务方式的不同,可以分为单式记账法和复式记账法。

## （一）单式记账法

单式记账法是指对发生的每一项经济业务,只在一个账户中进行登记的记账方法。一般只对现金的收与付和往来账户中的应收与应付做登记,而不登记实物的增加和减少。

例如：企业用现金购买原材料,金额1 000元。只登记库存现金减少1 000元,不登记原材料增加1 000元。

## （二）复式记账法

复式记账法是以资产与权益平衡关系作为记账基础,对于每一笔经济业务都要以相等的金额在两个或两个以上相互联系的账户中进行登记,系统地反映资金运动变化结果的一种记账方法。

**重要提示**

复式记账法是建立在会计等式的基础之上的,它是以会计等式为依据设计的一种记账方法。它以记账内容之间所表现出的数量上的平衡关系作为记账基础,而这个基础则是会计基本等式,即资产=权益,或资产=负债+所有者权益,它从会计等式的平衡关系开始,经过经济业务的千变万化,最终仍以会计等式的平衡而结束。

例如：ZH公司用现金购买原材料,金额1 000元。不仅要登记库存现金减少1 000元,同时要登记原材料增加1 000元。

它反映了企业资金运动的规律："有始(点)""有终(点)",即至少一个账户反映"始点",至少另一个账户反映"终点"。

**即学即思** 下列业务,分别在单式记账法和复式记账法下如何记账？

（1）企业用银行存款1 000元购买原材料。
（2）企业购买原材料1 000元,材料款未付。
（3）企业销售商品1 000元,销售商品款未收到。

我国《会计基本准则》规定,各企业、机关、事业单位和其他组织统一使用借贷记账法。

**知识链接**

### 复式记账方法种类

在中国会计历史上,复式记账法主要有借贷记账法、增减记账法、收付记账法三种。借贷记账法：15世纪形成于意大利,是以"借""贷"作为记账符号的一种记账方法,现为世界各国广泛采用。增减记账法：是在20世纪60年代由我国设计提出的一种记账方法,是以"增""减"作为记账符号的一种记账方法。收付记账法：它是用"收""付"作为记账符号的一种记账方法,是我国古老的一种记账方法。

## 二、借贷记账法

借贷记账法是指以"借""贷"作为记账符号,对发生的每一项经济业务,都以借贷相等的金额在两个或两个以上的账户中相互关联地进行登记的一种复式记账方法。

### 知识链接

借贷记账法在清朝末期的光绪年间从日本传入中国。在各种复式记账法中,借贷记账法是产生最早,并在当今世界各国应用最广泛、最科学的记账方法。在我国当代会计实践中,曾使用过增减记账法和收付记账法,但由于二者在会计核算中的不足而被借贷记账法替代。目前,我国的企业、行政事业单位会计记账都采用借贷记账法。

### (一)借贷记账法的记账符号

"借"和"贷"是借贷记账法的记账符号,用以指明记账的增减方向、账户之间的对应关系和账户余额的性质等。这与这两个文字的字义及其在会计史上的最初含义无关,不可望文生义,不能简单地从字面上去理解,"借""贷"不是谁欠了谁,它只是一种符号而已,没有实在的意义。

### 重要提示

"借""贷"不可望文生义,例如"万人空巷"并不是说住一万人的巷子现在空了,"借""贷"符号的意义也是如此,它只是一种符号而已。"借"和"贷"是会计的专门术语,并已经成为通用的国际商业语言。

### (二)借贷记账法的账户结构

在借贷记账法下,任何账户都分为借、贷两个基本部分,一般左方为借方,右方为贷方。其格式如图3-2所示。

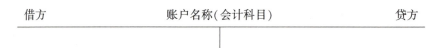

图3-2 借贷记账法的格式

借方和贷方分别用来表示金额的相反变化,即一方登记增加额,另一方登记减少额。至于哪一方登记增加额,哪一方登记减少额,则取决于账户的性质,是资产与费用,还是负债、所有者权益与收入。

1. 资产账户的结构

资产类账户,增加金额记入账户的借方,减少金额记入账户的贷方,账户若有余额,通常为借方余额,表示期末资产金额。资产类账户的结构如图3-3所示。

| 借方 | 账户名称(会计科目) | 贷方 |
|---|---|---|
| 期初余额 | | |
| 本期增加额 | | 本期减少额 |
| 本期借方发生额 | | 本期贷方发生额 |
| 期末余额 | | |

图3-3 资产类账户结构

资产账户的期末余额 = 借方期初余额 + 借方本期发生额 − 贷方本期发生额

2. 成本、费用类账户

费用类账户的记录方法与上述资产类账户相同,费用的增加金额记入账户的借方,减少金额记入账户的贷方,期末没有余额,如有余额,一般应为借方余额。其账户结构如图3-4所示。

| 借方 | 账户名称(会计科目) | 贷方 |
|---|---|---|
| 本期增加额 | | 本期减少额 |
| 本期借方发生额合计 | | 本期贷方发生额合计 |

图3-4 成本、费用类账户结构

3. 负债、所有者权益类账户的结构

负债、所有者权益类账户的增加金额记入账户的贷方,减少金额记入账户的借方,账户若有余额,一般为贷方余额,表示期末负债、所有者权益余额。负债、所有者权益类账户的结构如图3-5所示。

| 借方 | 账户名称(会计科目) | 贷方 |
|---|---|---|
| | | 期初余额 |
| 本期减少额 | | 本期增加额 |
| 本期借方发生额 | | 本期贷方发生额 |
| | | 期末余额 |

图3-5 负债、所有者权益类账户结构

负债、所有者权益账户的期末余额 = 期初贷方余额 + 本期贷方发生额 − 本期借方发生额

4. 收入类账户结构

收入类账户的结构与上述所有者权益类账户结构基本相同,收入的增加金额记入账户的贷方,收入的减少金额记入借方;期末,本期贷方发生额减去本期借方发生额后的差额,转入"本年利润"账户,所以收入类账户一般没有期末余额。其账户结构如图3-6所示。

| 借方 | 账户名称(会计科目) | 贷方 |
|---|---|---|
| 本期减少额 | | 本期增加额 |
| 本期借方发生额 | | 本期贷方发生额 |

图3-6 收入类账户结构

> **重要提示**
>
> 总的来讲，可以将账户借方和贷方所记录的经济业务内容归纳如下：
> 借方记录：资产增加、费用增加、负债减少、所有者权益减少、收入减少；
> 贷方记录：负债增加、所有者权益增加、收入增加、资产减少、费用减少。

### (三) 运用借贷记账方法举例

**例3-1** ZH公司2022年5月发生下列部分业务：

1. 公司填制现金支票向银行提款7 000元。

| 借 | 银行存款 | 贷 | | 借 | 库存现金 | 贷 |
|---|---|---|---|---|---|---|
| 期初余额：670 000 | | | | 期初余额：1 000 | | |
| | 发生额(−)7 000 | → | | 发生额(+)7 000 | | |
| 期末余额：663 000 | | | | 期末余额：8 000 | | |
| 资产(−) | | → | | 资产(+) | | |

2. 投资者A向公司投入资金100 000元，已存入银行。

| 借 | 实收资本 | 贷 | | 借 | 银行存款 | 贷 |
|---|---|---|---|---|---|---|
| | 期初余额：10 000 000 | | | 期初余额：663 000 | | |
| | 发生额(+)100 000 | → | | 发生额(+)100 000 | | |
| | 期末余额：10 100 000 | | | 期末余额：763 000 | | |
| 所有者权益(+) | | → | | 资产(+) | | |

3. 公司归还银行短期借款50 000元，已从银行付出。

| 借 | 银行存款 | 贷 | | 借 | 短期借款 | 贷 |
|---|---|---|---|---|---|---|
| 期初余额：763 000 | | | | | 期初余额 180 000 | |
| | 发生额(−)50 000 | → | | 发生额(−) 50 000 | | |
| 期末余额：713 000 | | | | | 期末余额：130 000 | |
| 资产(−) | | → | | 负债(−) | | |

4. 公司采购原材料150 000元，50 000元开出支票付讫，另100 000元尚欠。

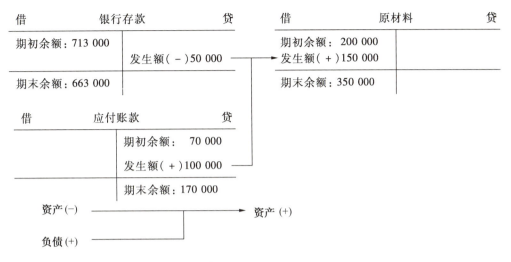

### （四）借贷记账法的记账规则

记账规则，是指运用记账方法正确记录会计事项时必须遵守的规律。记账规则是记账的依据，也是对账的依据。

借贷记账法的记账规则是："有借必有贷，借贷必相等。"即对发生的每一项经济业务都要在两个或两个以上的账户中以相等的金额将其相互联系地加以登记。

> **重要提示**
>
> 在运用借贷记账法进行记账时，应注意以下几个要点：
> 1. 一项经济业务发生后，首先要确定涉及哪两个或两个以上的账户。
> 2. 所确定的账户性质如何，即属于上述哪类会计要素。
> 3. 根据不同性质的账户，确定其记账方位，增加记哪方，减少记哪方。
> 4. 记入各方的金额各是多少。
> 5. 如有期初余额，先登记期初余额，期末，再结出期末余额，本期期末余额即为下期期初余额。

**即学即思** 某企业20××年7月1日发生下列业务，依照以上所述借贷记账法的要点填空：

1. 购入设备一台，价款400 000元，用银行存款支付。
    ① 涉及的账户：_____
    ② 账户性质：_____
    ③ 记账方向：_____
    ④ 登记金额：_____
2. 用银行存款偿还银行的短期借款500 000元。
    ① 涉及的账户：_____
    ② 账户性质：_____
    ③ 记账方向：_____

④ 登记金额：_____
3. 收到某合伙人投资 100 000 元存入银行。
① 涉及的账户：_____
② 账户性质：_____
③ 记账方向：_____
④ 登记金额：_____

## 三、会计分录

### （一）会计分录的含义

会计分录简称分录，它是对每项经济业务（会计事项）指出应登记的账户和记账方向与金额的一种记录。会计分录必须具备三个要素：账户名称，记账方向，记账金额。

以前面所举的四项经济业务为例（例 3-1），说明会计分录的编制方法。

（1）公司填制现金支票向银行提款 7 000 元。

借：库存现金　　　　　　　　　　　　　　　　　　　7 000
　　贷：银行存款　　　　　　　　　　　　　　　　　　7 000

（2）投资者 A 向公司投入资金 100 000 元，已存入银行。

借：银行存款　　　　　　　　　　　　　　　　　　　100 000
　　贷：实收资本　　　　　　　　　　　　　　　　　　100 000

（3）公司归还银行短期借款 50 000 元，已从银行付出。

借：短期借款　　　　　　　　　　　　　　　　　　　50 000
　　贷：银行存款　　　　　　　　　　　　　　　　　　50 000

（4）公司采购原材料 150 000 元，50 000 元开出支票付讫，另 100 000 元尚欠。

借：原材料　　　　　　　　　　　　　　　　　　　　150 000
　　贷：银行存款　　　　　　　　　　　　　　　　　　50 000
　　　　应付账款　　　　　　　　　　　　　　　　　　100 000

### （二）会计分录类别

1. 简单会计分录

它是指一项经济业务发生以后，只在两个账户中记录其相互联系的两个经济因素的数量变化情况的会计分录。即：借方有一个账户，贷方有一个账户。

2. 复合会计分录

它是指经济业务发生后，需要应用三个或三个以上的账户，记录其相互联系的多种经济因素的数量变化情况的会计分录。即：一借多贷、一贷多借、多借多贷。

**即学即思** 1. 判断一下，例 3-1 的会计分录中，哪些属于简单会计分录？哪些属于复合会计分录？

2. 总结一下编制会计分录的基本步骤。

### 重要提示

一般情况下,一笔复合分录可以由若干笔简单分录组合而成,为了使账户的对应关系更清晰,我们也可以将复合分录分割成若干简单分录。如上述例3-1(4)复合分录可以分割为:

借:原材料　　　　　　　　　　　　　　　　　　　50 000
　　贷:银行存款　　　　　　　　　　　　　　　　　　　　50 000
借:原材料　　　　　　　　　　　　　　　　　　　100 000
　　贷:应付账款　　　　　　　　　　　　　　　　　　　　100 000

需要指出的是,除特殊情况外,一般不编制多借多贷的复合会计分录,因为从多借多贷的会计分录中无法看出账户的对应关系,也无法了解一项经济业务的来龙去脉。

## (三)账户对应关系

借贷记账法下,根据"有借必有贷,借贷必相等"的记账规则登记每项经济业务时,在有关账户之间就发生了应借、应贷的相互关系。有关账户之间的这种相互关系,称作账户的对应关系。发生对应关系的账户,称作对应账户。

如:公司填制现金支票向银行提款7 000元。

在这项具体的经济业务中"库存现金"与"银行存款"这两个账户发生了应借应贷的相互关系,这两个账户在这笔经济业务中就成为对应账户。

企业采购原材料150 000元,50 000元开出支票付讫,另100 000元尚欠。编制的会计分录如下:

借:原材料　　　　　　　　　　　　　　　　　　　150 000
　　贷:银行存款　　　　　　　　　　　　　　　　　　　　50 000
　　　　应付账款　　　　　　　　　　　　　　　　　　　　100 000

这笔经济业务中,"原材料"和"银行存款""应付账款"发生了应借应贷的相互关系,"原材料"和"应付账款""银行存款"在这笔经济业务中是对应账户。

### 重要提示

通过账户的对应关系,可以了解到经济业务的来龙去脉,如在公司向银行提款7 000元这笔业务中,银行存款减少是由于提取现金,或者说因为提取现金才使得银行存款减少。而第二笔经济业务,负债(应付账款)的增加是由于购买了原材料未付款引起的,或者说由于购买了原材料,才使负债(应付账款)增加、银行存款减少。另外,通过账户的对应关系,我们还可以判断经济业务的处理是否正确。

**即学即思** 判断一下,在"公司采购原材料150 000元,50 000元开出支票付讫,另100 000元尚欠"这笔业务中,银行存款账户与应付账款账户是否存在账户对应关系?为什么?

## 四、试算平衡

### （一）试算平衡的基本原理

依照"有借必有贷，借贷必相等"的记账规则，每一笔经济业务下的会计分录，借贷两方的发生额必然相等。那么，将一定时期内（如一个月）全部经济业务的借贷方金额全部记入账户后，所有账户的借方发生额合计数与贷方发生额合计数也必然是相等的。依据"资产＝负债＋所有者权益"的平衡关系，所有账户的期末借方余额合计数与所有账户的期末贷方余额合计数也必然相等。如果不等，则说明账户记录有误。

试算平衡就是运用这一原理来检验账户记录是否正确的一种方法。

### （二）试算平衡的方法

在借贷记账法下，根据借贷复式记账的基本原理，试算平衡的方法主要有两种：本期发生额平衡法和余额平衡法。

> **重要提示**
>
> "发生额试算平衡"是依据借贷记账法的记账规则推出来的。"余额试算平衡"是依据会计恒等式推出来的。这两种方法一般是在会计期末结出各账户的本期发生额和期末余额后，通过编制试算平衡表来进行的。

1. 本期发生额试算平衡

发生额试算平衡是用来检验本期过入账户的全部借方发生额合计与贷方发生额合计是否相等，其平衡关系的公式如下：

全部账户的本期借方发生额合计＝全部账户的本期贷方发生额合计

2. 余额试算平衡

依据会计恒等式，所有账户的期末借方余额合计和所有账户的期末贷方余额合计应相等，其平衡关系的公式如下：

全部账户期末借方余额合计＝全部账户期末贷方余额合计

**例 3-2** ZH 公司 2022 年 5 月期初余额如下：

| 借 | 库存现金 | 贷 | 借 | 银行存款 | 贷 |
|---|---|---|---|---|---|
| 期初余额 12 000 | | | 期初余额 360 000 | | |

| 借 | 其他应收款 | 贷 | 借 | 固定资产 | 贷 |
|---|---|---|---|---|---|
| 期初余额 1 000 | | | 期初余额 250 000 | | |

| 借 | 原材料 | 贷 | 借 | 应付账款 | 贷 |
|---|---|---|---|---|---|
| 期初余额 127 000 | | | | | 期初余额 50 000 |

| 借 | 实收资本 | 贷 | | 借 | 短期借款 | 贷 |
|---|---|---|---|---|---|---|
| | | 期初余额 500 000 | | | | 期初余额 200 000 |

5月份根据该公司发生的经济业务做了以下会计分录：

① 购入设备一台，价值20 000元，用银行存款支付。

借：固定资产　　　　　　　　　　　　　　　　　　20 000
　　贷：银行存款　　　　　　　　　　　　　　　　　　20 000

② 购入原材料一批，价值5 000元，暂欠供货单位。

借：原材料　　　　　　　　　　　　　　　　　　　　5 000
　　贷：应付账款　　　　　　　　　　　　　　　　　　5 000

③ 用银行存款偿还银行的短期借款30 000元。

借：短期借款　　　　　　　　　　　　　　　　　　30 000
　　贷：银行存款　　　　　　　　　　　　　　　　　　30 000

④ 收到某合伙人投资80 000元存入银行。

借：银行存款　　　　　　　　　　　　　　　　　　80 000
　　贷：实收资本　　　　　　　　　　　　　　　　　　80 000

⑤ 向银行借入短期借款20 000元，偿还前欠购料款。

借：应付账款　　　　　　　　　　　　　　　　　　20 000
　　贷：短期借款　　　　　　　　　　　　　　　　　　20 000

有关账户记录如下：

| 借 | 库存现金 | 贷 | | 借 | 银行存款 | 贷 |
|---|---|---|---|---|---|---|
| 期初余额 12 000 | | | | 期初余额 360 000 | | ① 20 000 |
| 期末余额 12 000 | | | | ④ 80 000 | | ③ 30 000 |
| | | | | 本期发生额 80 000 | | 本期发生额 50 000 |
| | | | | 期末余额 390 000 | | |

| 借 | 其他应收款 | 贷 | | 借 | 原材料 | 贷 |
|---|---|---|---|---|---|---|
| 期初余额 1 000 | | | | 期初余额 127 000 | | |
| 期末余额 1 000 | | | | ② 5 000 | | |
| | | | | 本期发生额 5 000 | | |
| | | | | 期末余额 132 000 | | |

| 借 | 固定资产 | 贷 | | 借 | 短期借款 | 贷 |
|---|---|---|---|---|---|---|
| 期初余额 250 000 | | | | ③ 30 000 | | 期初余额 200 000 |
| ① 20 000 | | | | | | ⑤ 20 000 |
| 本期发生额 20 000 | | | | 本期发生额 30 000 | | 本期发生额 20 000 |
| 期末余额 270 000 | | | | | | 期末余额 190 000 |

| 借 | 应付账款 | 贷 |
|---|---|---|
| ⑤ 20 000 | 期初余额 50 000 | |
| | ② 5 000 | |
| 本期发生额 20 000 | 本期发生额 5 000 | |
| | 期末余额 35 000 | |

| 借 | 实收资本 | 贷 |
|---|---|---|
| | 期初余额 500 000 | |
| | ④ 80 000 | |
| | 本期发生额 80 000 | |
| | 期末余额 580 000 | |

根据上述有关账户记录编制试算平衡表如表3-4、表3-5所示。

**表3-4  本期发生额试算平衡表**

| 账户名称 | 借方发生额 | 贷方发生额 |
|---|---|---|
| 银行存款 | 80 000 | 50 000 |
| 原材料 | 5 000 | |
| 固定资产 | 20 000 | |
| 短期借款 | 30 000 | 20 000 |
| 应付账款 | 20 000 | 5 000 |
| 实收资本 | | 80 000 |
| 合　计 | 155 000 | 155 000 |

**表3-5  本期期末余额试算平衡表**

| 账户名称 | 借方余额 | 贷方余额 |
|---|---|---|
| 库存现金 | 12 000 | |
| 银行存款 | 390 000 | |
| 其他应收款 | 1 000 | |
| 原材料 | 132 000 | |
| 固定资产 | 270 000 | |
| 短期借款 | | 190 000 |
| 应付账款 | | 35 000 |
| 实收资本 | | 580 000 |
| 合　计 | 805 000 | 805 000 |

实际工作中，一般将"本期发生额试算平衡"与"期末余额试算平衡"合并，编制"总分类账户本期发生额及余额试算平衡表"（简称试算平衡表）。如表3-6所示。

**表3-6  总分类账户本期发生额及余额试算平衡表**

| 账户名称 | 期初余额 | | 本期发生额 | | 期末余额 | |
|---|---|---|---|---|---|---|
| | 借方 | 贷方 | 借方 | 贷方 | 借方 | 贷方 |
| 库存现金 | 12 000 | | | | 12 000 | |
| 银行存款 | 360 000 | | 80 000 | 50 000 | 390 000 | |
| 其他应收款 | 1 000 | | | | 1 000 | |
| 原材料 | 127 000 | | 5 000 | | 132 000 | |
| 固定资产 | 250 000 | | 20 000 | | 270 000 | |
| 短期借款 | | 200 000 | 30 000 | 20 000 | | 190 000 |
| 应付账款 | | 50 000 | 20 000 | 5 000 | | 35 000 |
| 实收资本 | | 500 000 | | 80 000 | | 580 000 |
| 合　计 | 750 000 | 750 000 | 155 000 | 155 000 | 805 000 | 805 000 |

**即学即思** "试算平衡表试算平衡，只能说明账户记录基本正确，而不能说明完全正确。"这句话你认为对吗？为什么？

## 五、总分类账户与明细分类账户

总分类账户亦称总账账户,明细分类账户亦称明细账户。总分类账是对其反映的经济内容进行总括分类核算;明细分类账是在总分类账的基础上,按某一总账科目所属的明细科目开设明细账户,并对其反映的经济内容进行详细、具体分类核算。

**重要提示**

总分类账与明细分类账所记录的经济业务内容是相同的,只是提供的核算资料详细程度不同。总分类账提供的总括核算资料对其所属明细分类账起着统驭作用,而明细分类账提供的详细核算资料对其总分类账则起着补充说明的作用。

### 案例资料 3-3

ZH 公司 2022 年 9 月末库存材料期末余额 23 万元,其中原材 4 万元,板材 9 万元,方木 5 万元,圆钢 3.3 万元,角钢 1.7 万元。则在账户登记中体现为:

1. ZH 公司 2022 年 9 月末库存材料有多少?由总分类账户反映:

| 借 | 原材料 | 贷 |
|---|---|---|
| 期末余额 230 000 | | |

2. ZH 公司 2022 年 9 月末还有板材多少?由明细分类账户反映:

| 借 | 原材料——木料——板材 | 贷 |
|---|---|---|
| 期末余额 90 000 | | |

3. ZH 公司 2022 年 9 月末还有多少方木?由明细分类账户反映:

| 借 | 原材料——木料——方木 | 贷 |
|---|---|---|
| 期末余额 50 000 | | |

4. ZH 公司 2022 年 9 月末还有多少圆钢?由明细分类账户反映:

| 借 | 原材料——钢材——圆钢 | 贷 |
|---|---|---|
| 期末余额 33 000 | | |

5. ZH 公司 2022 年 9 月末还有多少角钢?由明细分类账户反映:

| 借 | 原材料——钢材——角钢 | 贷 |
|---|---|---|
| 期末余额 17 000 | | |

由此,ZH 公司就要设置下列总分类账户和明细分类账户:

表 3-7　ZH 公司库存商品的总分类账户和明细分类账户

| 总分类账户（总账） | 明细分类账户 | |
|---|---|---|
| | 二级账户 | 明细账户 |
| 原材料 | 木料 | 原材 |
| | | 板材 |
| | | 方木 |
| | 钢材 | 圆钢 |
| | | 角钢 |

### 议一议

总分类账户与明细分类账户的关系是什么？

### 重要提示

总分类账户与明细分类账户的数量关系是：
总分类账户本期发生额＝所属明细分类账户本期发生额合计数
总分类账户期末余额＝所属明细分类账户期末余额合计数

案例资料 3-3
参考答案

### 知识链接

傅山，明末清初山西帮商人。他参考当时官厅会计的"四柱清册"记账方法，设计出一种适合于民间商业用的会计核算方法——"龙门账"。

"龙门账"的要点是将全部账目划分为进、缴、存、该四大类。"进"指全部收入；"缴"指全部支出；"存"指资产并包括债权；"该"指负债并包括业主投资。当时的民间商业一般只在年终才办理结算(称年结)，年结就是通过"进"与"缴"的差额，同时也通过"存"与"该"的差额，平行计算盈亏。"进"大于"缴"就是盈利，反之则为亏损。"进"与"缴"和"存"与"该"的差额相等，就是：进－缴＝存－该。

傅山将这种双轨计算盈亏，并检查账目平衡关系的会计方法，形象地称为"合龙门"，"龙门账"因此而得名。"龙门账"的诞生标志着我国复式簿记的开始。

## 任务 3　认知账户的类别

账户可以按不同标准，即从不同角度进行分类，但最主要的是按账户的经济内容和用途与结构来分类。

# 一、账户按经济内容分类

账户最基本的分类是按经济内容分类,因为账户之间最根本的区别就在于其反映的经济内容不同。

在我国的企业会计制度中,账户按其所反映的经济内容,分为资产类账户、负债类账户、共同类账户、所有者权益类账户、成本类账户、损益类账户六大类。

请注意,以下所列举的账户,仅是在会计基础课程学习阶段所需要掌握的账户。

## (一) 资产类账户

资产类账户是反映企业资产增减变动和结余情况的账户。按照资产的流动性,可以分为以下两类:

1. 反映流动资产的账户

流动资产账户主要包括"库存现金""银行存款""其他货币资金""应收票据""应收账款""其他应收款""原材料""库存商品"等账户。

2. 反映非流动资产的账户

非流动资产账户主要包括"长期股权投资""固定资产""累计折旧""在建工程""无形资产""长期待摊费用"等账户。

## (二) 负债类账户

负债类账户是反映企业负债增减变动及结余情况的账户。按负债的偿还期限(即负债的流动性),可以分为以下两类:

1. 反映流动负债的账户

流动负债账户主要包括"短期借款""应付账款""应付职工薪酬""应付股利""其他应付款""应交税费"等账户。

2. 反映长期负债的账户

长期负债账户主要包括"长期借款""长期应付款"等账户。

## (三) 所有者权益类账户

所有者权益类账户是用来反映企业所有者权益增减变动及结余情况的账户,包括"实收资本(或股本)"和"资本公积""盈余公积""利润分配""本年利润"等账户。

## (四) 成本类账户

成本类账户是用来对生产经营过程中发生的费用进行归集,并计算成本的账户,主要包括"生产成本""制造费用"等账户。

> **重要提示**
>
> 从某种意义上讲,成本类账户也是资产类账户,其期末借方余额属于企业的资产。如"生产成本"账户的借方期末余额为在产品成本,属于企业的存货。

### （五）损益类账户

损益类账户是用来反映与损益计算直接相关的账户，其核算内容主要为企业的收入和费用。该类账户可以分为以下三类：

1. 反映营业损益的账户

该账户包括"主营业务收入""主营业务成本""税金及附加""销售费用""管理费用""财务费用""其他业务收入""其他业务成本"等账户。

2. 反映营业外收支的账户

该账户包括"营业外收入""营业外支出"账户。

3. 反映扣减利润总额的账户

该账户包括"所得税费用"账户。

**知识链接**

#### 共同类账户

共同类账户是反映具有资产和负债双重性质的账户。主要有"衍生工具""套期工具""被套期项目"等账户。按共同类账户余额的方向分为反映资产的账户和反映负债的账户：
① 反映资产的账户，当"衍生工具""套期工具""被套期项目"账户的期末余额在借方时。
② 反映负债的账户，当"衍生工具""套期工具""被套期项目"账户的期末余额在贷方时。

## 二、账户按用途和结构分类

在借贷记账法下，账户按其用途和结构的不同，可以分为盘存账户、结算账户、资本类账户、集合分配账户、成本计算账户、收入账户、费用账户、财务成果账户、调整账户和计价对比账户等。

**重要提示**

账户的用途是指设置和运用账户的目的，即通过账户记录能够提供什么核算指标。账户的结构是指在账户中如何记录经济业务及已取得的各种必要的核算指标，也就是账户的借方核算什么内容，贷方核算什么内容，余额在哪方，表现什么内容。

下面分别说明各类账户的用途和结构特点。

### （一）盘存账户

盘存账户是用来核算和监督各项财产物资与货币资金的增减变动及其实存数的账户。属于这类账户的有"库存现金""银行存款""原材料""库存商品""固定资产"等。

盘存账户的借方登记各项财产物资和货币资金的增加数；贷方登记各项财产物资和货币资金的减少数；余额在借方，反映各项财产物资和货币资金的结存数。

盘存账户的结构如图3-7所示。

| 借方 | 盘存账户 | 贷方 |
|---|---|---|
| 期初余额：各项财产物资和货币资金的期初实存数 | | |
| 发生额：本期财产物资和货币资金的增加额 | 发生额：本期财产物资和货币资金的减少数 | |
| 期末余额：财产物资和货币资金期末结存数 | | |

图 3-7　盘存账户结构

## （二）结算账户

结算账户是用来反映和监督企业同其他经济主体在经济往来中发生结算关系而产生的债权、债务等方面的账户。由于债权与债务的性质不同，因此，结算账户又可以分为"债权结算账户""债务结算账户"两类。

1. 债权结算账户

债权结算账户亦称资产结算账户，是用来反映和监督企业同其他经济主体在经济往来中发生结算关系而产生的债权账户。

债权结算账户主要包括"应收账款""应收票据""预付账款""其他应收款"等账户。

该类账户的结构特点是：借方登记企业债权的增加数；贷方登记企业债权的减少数；余额在借方，表示企业尚未收回债权的实有数。

债权结算账户的结构如图 3-8 所示。

| 借方 | 债权结算账户 | 贷方 |
|---|---|---|
| 期初余额：期初尚未收回的应收款或尚未结算的预付款 | | |
| 发生额：本期应收款或预付款的增加数 | 发生额：本期应收款或预付款的减少数 | |
| 期末余额：尚未收回的应收款或尚未结算的预付款实有数 | | |

图 3-8　债权结算账户结构

2. 债务结算账户

债务结算账户是用来反映和监督企业同其他经济主体在经济往来中发生结算关系而产生的债务账户。

债务结算账户主要包括"应付账款""短期借款""应付职工薪酬""应交税费""应付股利""其他应付款""预收账款""长期借款"等账户。

该类账户的结构特点是：贷方登记各项债务的增加数；借方登记各项债务的减少数；余额在贷方，表示企业尚未清偿的债务的实有数。

债务结算账户的结构如图 3-9 所示。

| 借方 | 债务结算账户 | | 贷方 |
|---|---|---|---|
| 发生额：本期借入款项、应付款项、预收款项的减少数 | 期初余额：期初未偿还的借入款、应付款或尚未结算的预收款的实有数 | | |
| | 发生额：本期借入款项、应付款项、预收款项的增加数 | | |
| | 期末余额：期末尚未偿还的借入款、应付款项或尚未结算的预收款的实有数 | | |

图 3-9　债务结算账户结构

## （三）资本类账户

资本类账户是指用来核算和监督企业所有者权益的增减变动及其结余情况的账户。

资本类账户通常包括"实收资本""资本公积""盈余公积"等账户。

资本类账户的结构如图 3-10 所示。

| 借方 | 资本账户 | | 贷方 |
|---|---|---|---|
| 发生额：本期减少数 | 期初余额：期初企业所有者权益实存数 | | |
| | 发生额：本期增加数 | | |
| | 期末余额：期末企业所有者权益实存数 | | |

图 3-10　资本类账户结构

## （四）集合分配账户

集合分配账户是用来归集和分配企业生产经营过程中某个阶段所发生的应由多个成本计算对象共同负担的某种费用的账户。属于这类账户的有"制造费用"账户。集合分配账户是一种过渡账户。一般情况下当期费用在当期分配完毕，期末无余额。

集合分配账户的结构如图 3-11 所示。

| 借方 | 集合分配账户 | | 贷方 |
|---|---|---|---|
| 发生额：本期各种费用的发生数 | | | 发生额：本期各种费用的分配数 |

图 3-11　集合分配账户结构

**即学即思**　制造费用是如何分配的？请在项目五内查找一下。

## （五）成本计算账户

成本计算账户是用来反映和监督企业生产经营过程中某一阶段发生的，应计入成本的全部费用，并确定各个成本计算对象的实际成本的账户。

成本计算账户主要有"生产成本""在途物资""劳务成本"等账户。

成本计算账户的结构如图3-12所示。

| 借方 | 成本计算账户 | 贷方 |
|---|---|---|
| 期初余额：期初尚未结束生产或采购过程的成本计算对象的实际成本 | | |
| 发生额：生产经营过程中某一阶段发生的应计入成本的费用 | 发生额：结转已完成某一过程的成本计算对象的实际成本 | |
| 期末余额：尚未完成某一生产过程的成本计算对象的实际成本 | | |

图3-12 成本计算账户结构

### （六）收入账户

收入账户是用来核算与监督企业在一定会计期间内所取得的各项收入和利得的账户。

属于这类账户的有"主营业务收入""其他业务收入""营业外收入""投资收益"等账户。

收入类账户的结构如图3-13所示。

| 借方 | 收入账户 | 贷方 |
|---|---|---|
| 发生额：收入和利得的减少及期末转入"本年利润"账户的收入和利得 | 发生额：本期收入和利得的增加额 | |

图3-13 收入类账户结构

### （七）费用账户

费用账户是用来反映和监督企业在一定会计期间内所发生的、应当计入当期损益的各种费用的账户。

属于这类账户的有"主营业务成本""税金及附加""销售费用""管理费用""财务费用""其他业务成本""营业外支出""所得税费用"等账户。

费用类账户的结构如图3-14所示。

| 借方 | 费用账户 | 贷方 |
|---|---|---|
| 发生额：本期费用发生的增加额 | 发生额：本期费用发生的减少额及期末结转"本年利润"的费用数 | |

图3-14 费用类账户结构

### （八）财务成果账户

财务成果账户是用来核算和监督企业在一定会计期间内全部生产经营活动的最终成

果,并确定企业利润或亏损数额的账户。

属于这类账户的有"本年利润"账户。

财务成果账户的结构如图3-15所示。

| 借方 | 财务成果账户 | 贷方 |
|---|---|---|
| 期初余额：期初的累计亏损<br>发生额：期末从各费用账户转入的各项费用<br>期末余额：期末的累计亏损 | | 期初余额：期初的累计利润<br>发生额：期末从各收入账户转入的各项收入<br>期末余额：期末的累计利润 |

图3-15 财务成果账户结构

### (九) 调整账户

调整账户是用来调整被调整账户的期末余额以求出被调整账户实际余额的账户。

属于调整账户的有"累计折旧""坏账准备""利润分配"等账户。

通常调整账户依存于被调整账户,如果没有被调整账户,调整账户的存在也就失去了意义。调整账户按其调整方式不同,可以分为备抵账户、附加账户和备抵附加账户三类。

1. 备抵账户

备抵账户又称抵减账户,是用来抵减被调整账户余额,以求得被调整账户实际余额的账户。其调整方式可用下列计算公式表示：

被调整账户余额 – 调整账户余额 = 被调整账户的实际余额

所以,备抵账户的余额与被调整账户的余额必定方向相反：如果被调整账户的余额在借方(贷方),则备抵账户的余额一定在贷方(借方)。

按照被调整账户的性质,备抵账户又可以分为资产备抵账户和权益备抵账户两类。

(1) 资产备抵账户。资产备抵账户是用来抵减某一资产账户(被调整账户)的余额,以求得该账户实际余额的账户。

最典型的资产备抵账户是"累计折旧"账户。它对应的被调整账户是"固定资产"账户。

固定资产原值(借方余额) – 累计折旧金额(贷方余额) = 固定资产净值

属于资产备抵账户的还有"坏账准备"账户,它是"应收账款"账户的备抵账户。

(2) 权益备抵账户。权益备抵账户是用来抵减某一权益账户(被调整账户)的余额,以求得该账户实际余额的账户。例如,"利润分配"账户就是"本年利润"账户的备抵账户。此二者的关系,可用下式表示：

本年累计实现的利润数 – 本年累计已分配的利润数 = 本年尚未分配的利润数

2. 附加账户

附加账户是用来增加被调整账户的余额,以求得被调整账户实际余额的账户。其调整方式可用下列计算公式表示：

被调整账户余额 + 附加账户余额 = 被调整账户的实际余额

因此,被调整账户的余额与附加账户的余额一定在同一方向,即如果被调整账户的余额在借(贷)方,则附加账户的余额也在借(贷)方。

### 3. 备抵附加账户

备抵附加账户是指可以用来抵减,也可以用来附加被调整账户的余额,以求得被调整账户实际余额的账户。这是一种兼具备抵账户和附加账户功能的双重性质账户。它的调整方式可以用下列计算公式表示:

$$被调整账户余额 \pm 备抵附加账户余额 = 被调整账户的实际余额$$

当备抵附加账户的余额与被调整账户的余额方向相同时,该账户便起附加账户的作用;当备抵附加账户的余额与被调整账户的余额方向相反时,该账户便起备抵账户的作用。

> **重要提示**
> 
> 调整账户具有以下特点:
> 1. 调整账户与被调整账户反映的经济内容相同,但用途和结构不同。
> 2. 被调整账户反映会计要素的原始数字,而调整账户反映的是同一要素的调整数字。因此,调整账户不能脱离被调整账户而独立存在。
> 3. 调整方式是指原始数据与调整数据是相加还是相减,以求得有特定含义的数据。调整方式是相加还是相减则取决于被调整账户与调整账户的余额是在同一方向还是相反方向。

### (十)计价对比账户

在企业的生产经营过程中,对某些经济业务,如材料采购业务或产品生产业务,可以按照两种不同的计价标准计价,并将两种不同的计价标准进行对比,借以确定其差异,反映其业务成果。计价对比账户就是用来对上述业务按照两种不同的计价标准进行计价、对比,确定其业务成果的账户。

按计划成本进行材料日常核算的企业所设置的"材料采购"账户和按计划成本进行产成品日常核算的企业所设置的"生产成本"账户,就属于这类账户。

| 借方 | 计价对比账户 | 贷方 |
| --- | --- | --- |
| 发生额:核算业务的第一种计价贷差(第二种计价大于第一种计价的差额),转入差异账户的贷方 | | 发生额:核算业务的第二种计价借差(第一种计价大于第二种计价的差额),转入差异账户的借方 |

图3-16 计价对比账户结构

# 项目四

# 识别经济业务与原始凭证

 **项目目标**

认知基本经济业务活动类型,识别企业基本经济业务原理,能从会计角度把握体现经济业务的原始凭证,能判断对应经济业务所形成的会计原始凭证;理解原始凭证的概念和种类,能审核纸质原始凭证和电子原始凭证;形成原始凭证合法性、真实性识别是财务会计核算起点、财务会计信息真实基础的职业理念,具有判断原始凭证代表的经济业务性质的基本能力。

 **解决问题**

企业经济活动类型;经济业务与原始凭证的对应关系;原始凭证的种类、作用;原始凭证的填制与审核;电子原始凭证的认定和审核。

 **技能训练**

1. 经济业务与原始凭证对应识别训练;
2. 原始凭证的填制与审核。

 **案例资料 4-1**

某公司销售业务经理老张代表公司去上海参加汽车博览会,5 天后回公司,向财务处报销差旅费用,提交了往返火车票、在上海的住宿费发票、博览会会务费收据、购置资料费发票、购买服装发票、餐费发票、出租车发票等单据。会计人员对单据进行审核,告知老张,按照公司会计制度规定,本次出差所发生的往返火车票、在上海的住宿费发票、博览会会务费收据、购置资料费发票可报账,而购买服装发票、餐费发票、出租车发票不属于公务出差报销的范围,不予报销。老张在会计的指导下,把能够报销的单据按照要求进行整理,并填写了报销封面,经主管领导和财务经理签字后办理报销手续。

1. 什么是差旅费报销？能报销的火车票、住宿费发票、会务费收据、资料费发票等表示公司发生了什么业务？
2. 同学们上学途中的车票为什么找不到单位给予报销？

案例资料 4-1
参考答案

## 任务 1　辨析企业经济业务活动

企业是从事生产、流通、服务等经济活动，以生产或服务满足社会需要的经济组织。企业的经营活动，形成了繁多的经济业务，体现在会计确认和计量上，也引起会计要素的增减变动。

### 一、什么是经济业务

经济业务，也称会计事项，是被会计确认、计量、记录和报告的特定主体的资金运动的具体内容，是在经济活动中使会计要素发生增减变动的交易或诸事项。

企业经营过程中，采购材料为生产产品做准备，生产产品、支付购货款、收取销货款、出售生产的产品、发放给职工工资、向银行借款等，都是最常见的经济业务。

**即学即思**　请以一家超市为例，列举你所认为的经济业务。

### 二、经济业务的分类

经济业务可以划分为经济交易和经济事项两类。

经济交易（简称交易）是指企业与其他单位和个人之间发生的各种经济利益的交换，如销售商品、购买材料、支付工资、银行贷款等。

经济事项（简称事项）是指在企业内部发生的具有经济影响的各类事件，如计提固定资产折旧、领用材料、产品入库等。

**重要提示**

不论是交易还是事项，应当同时满足以下两个条件才能成为会计核算的经济业务：
（1）能够以货币计量；
（2）能够引起会计要素的增减变动。
这两个条件也可以作为是否需要进行会计核算处理的判断依据。

## 三、企业的经济业务活动

企业的经济业务活动主要包括以下几类。

### (一) 款项和有价证券的收付

1. 款项

款项是指货币资金,主要包括现金、银行存款以及视同现金和银行存款的其他货币资金。其他货币资金主要有:银行汇票存款、银行本票存款、信用卡存款、信用证保证金存款和各种备用金等。

> **即学即思** 请上网搜索我国现有信用卡的种类及其用途。

2. 有价证券

有价证券是指表示一定财产拥有权或支配权的证券。

> 有价证券可以划分为:
> (1) 债权性证券。即表明持有者拥有到期收取本金、利息的权利的证券,如国库券、企业债券、金融债券等。
> (2) 权益性证券。即表明持有者拥有对发行者的所有权的证券,如股票。
> (3) 混合型证券。即同时具备债权性证券和权益性证券双重属性的证券,如可转换公司债券。

款项和有价证券是流动性最强的资产。企业应当依照国家统一的会计制度的规定,及时、如实地核算款项和有价证券的收付及结存,保证企业货币资金的流通性、安全性,提高货币资金的使用效率。

> **即学即思** 资产的流动性是什么含义?

### (二) 财物的收发、增减和使用

财物是企业财产物资的简称,是企业进行生产经营活动且具有实物形态的经济资源。

> 财物主要有:原材料、燃料、包装物、低值易耗品、在产品、库存商品等流动资产,以及房屋、建筑物、机器、设备、运输工具等固定资产。

> **即学即思** 财物的最显著特征是什么?

财物在企业资产总额中往往占有很大比重。财物的收发、增减和使用,是会计核算中的经常性业务,也是发挥会计控制和降低成本、保证财物安全完整、防止资产流失等职能作用的重要方面。因此,企业必须加强对财物收发、增减和使用环节的核算,维护企业正常的生产经营秩序。

### （三）债权债务的发生和结算

1. 债权

债权是企业收取款项的权利，一般包括各种应收和预付款项等。一般企业债权主要有：应收账款、其他应收款、长期应收款、预付账款等。

2. 债务

债务即是企业的负债。一般企业债务主要有：应付账款、其他应付款、长期应付款、预收账款、短期借款、长期借款、应付债券、应付职工薪酬等。

债权和债务是企业日常活动中大量发生的经济业务事项。由于债权债务的发生和结算涉及本企业与其他单位或个人的经济利益，关系到企业资金周转，并会对企业其他生产经营活动产生重要影响，因此，必须及时、真实、完整地核算企业的债权债务。

### （四）资本的增减

资本是投资者对企业投入的资金。会计上的资本，专指所有者权益中的实收资本（或股本）和资本公积。资本是企业重要的资金来源。

资本的增减，一般都应以具有法律效力的合同、协议、董事会决议等为依据，企业必须严格遵守国家统一的会计制度和相关法律的规定进行资本核算。

**即学即思** 上网查一查：股东的含义。

### （五）收入、支出、费用、成本的计算

1. 收入

收入是指企业在日常活动中形成的、会导致所有者权益增加的、与所有者投入资本无关的经济利益的总流入。

**即学即思** 企业一般有哪些收入？

2. 支出

支出是企业实际发生的各项开支和损失。

3. 费用

费用是指企业在日常活动中发生的、会导致所有者权益减少的、与向所有者分配利润无关的经济利益的总流出。

4. 成本

成本是指企业为生产产品、提供劳务而发生的各种耗费，它总是与一定的产品或劳务相关，是对象化了的费用。

收入、支出、费用、成本都是计算和判断企业经营成果和盈亏状况的主要依据。企业应当按照国家统一的会计制度的规定，正确核算收入、支出、费用、成本。

**议一议**

1. 成本、费用、支出三者之间有联系吗？
2. 收入与成本、费用、支出有关联吗？

### （六）财务成果的计算和处理

财务成果主要是指企业在一定时期内的生产经营活动在财务上的体现,具体表现为盈利或亏损。财务成果的计算和处理一般包括利润的计算、所得税的计算和交纳、利润分配或亏损弥补等。

财务成果的计算和处理,涉及企业与企业所有者、企业与国家等多方面的利益关系,因此,必须按照国家统一的会计制度和其他法规制度的规定,正确计算和处理财务成果。

除上述六项以外的其他经济业务事项,凡是符合确认条件的,也应按照国家统一的会计制度的规定办理会计手续、进行会计核算。

 **案例资料 4-2**

假定 A 机床厂 2022 年 3 月发生下列部分经济业务：
1. 向银行借入三个月的短期借款 100 万元；
2. 销售产品取得收入 215 万元,存入银行；
3. 支付本月生产使用的水电费 25 万元；
4. 新建的厂房交付使用,厂房总价 1 200 万元；
5. 支付本月职工工资薪酬 25.16 万元；
6. 上交 3 月份应缴纳的所得税 46.7 万元。

案例资料 4-2 参考答案

 **做一做**

1. 上述经济业务属于哪类经济业务事项？
2. 利用前面所学习的内容,说明上述经济业务会导致哪些会计要素发生增减变动。

## 任务2　识别原始凭证

 **案例资料 4-3**

请根据下面几张票证(图 4-1—图 4-5),用文字叙述其所代表的含义：

项目四　识别经济业务与原始凭证

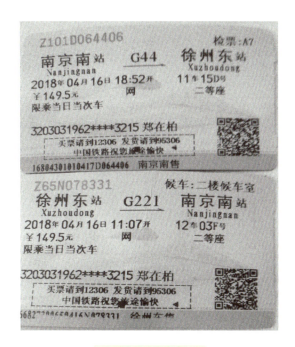

图 4-1　火车票

本票证证明了什么？_____

## 南京日报社广告费收款收据

2022 年 07 月 28 日　　　　　　　　　　　No. 2986605

| 客户名称 | 南京溶剂公司 | 收费细目 | 广告费 | 金　　额 ||||||||
|---|---|---|---|---|---|---|---|---|---|---|---|
| | | 项目 | 单位 | 单价 | 万 | 千 | 百 | 十 | 元 | 角 | 分 |
| 广告内容 | | 广告费 | 行 | | ¥ | 1 | 0 | 0 | 0 | 0 | 0 |
| 广告面积 | | 制版费 | 厘米$^2$ | | | | | | | | |
| 备注 | | 代收绘图费 | 幅 | | | | | | | | |
| | | 套红费 | | | | ¥ | 4 | 0 | 0 | 0 | 0 |
| | | | | | | | | | | | |
| 总金额 | （大写）人民币壹仟肆佰元整 | | | | ¥ | 1 | 4 | 0 | 0 | 0 | 0 |

第二联　交付款单位

记账：　　　　收款人：李路　　　　收款单位：印章　　南京日报社财务专用章

图 4-2　收款收据

根据本票证说一说发生了什么活动。_____

## 中国建设银行客户专用回单

币别：人民币　　　　　2022 年 05 月 12 日　　　　流水号 321020027J0500810032

| 付款人 | 全　称 | 扬州升合机械制造有限责任公司 | 收款人 | 全　称 | 扬州明华机械制造有限责任公司 |
|---|---|---|---|---|---|
| | 账　号 | 41764140346136 | | 账　号 | 41121456216705 |
| | 开户银行 | 中国建设银行扬州市广陵区支行 | | 开户银行 | 中国建设银行扬州市江都区支行 |
| 金　额 | | （大写）人民币壹拾贰万肆仟叁佰元整 | | （小写）¥ 124 300.00 | |
| 凭证种类 | | 网银 | 凭证号码 | | |
| 结算方式 | | 转账 | 用　途 | 支付购买固定资产款 | |
| | | | 打印柜员：321025584257 | | |
| | | | 打印机构：中国建设银行扬州市广陵区支行 | | |
| | | | 打印卡号：41764140346136 | | |

第一联　借方（回单）

打印时间：2022 - 05 - 12　　交易柜员：321025584268　　交易机构：321010555

图 4-3　银行回单

你看到过这种票据吗？它能证明什么业务呢？_____

---

3210183140　　　　江苏增值税专用发票　　　　No 00007818　　3210183140
　　　　　　　　　此联不作报销 抵扣凭证使用　　　　　　　　　　00007818

开票日期：2022 年 05 月 10 日

| 购买方 | 名　称 | 扬州利达机械制造有限责任公司 | 密码区 | 66 *3187 <4/+0256<+95 −59 + 7 <8437326 |
|---|---|---|---|---|
| | 纳税人识别号 | 913210034247443202 | | <0 −−>>− 6 > 525 < 659128 −>7 * 787 * |
| | 地址、电话 | 江苏省扬州市邗江区周瑞街朱秀路 87 号 0514-08487361 | | 3187 <4/+ 8490 < + 228319813920 +<+712/< |
| | 开户行及账号 | 中国建设银行扬州市邗江区支行 41285119239407 | | 1 +9016 >3912 ++>84 >760 <+95 −59 + |
| | | | | 7 <0135869 <0 −−>>−6 > |

| 货物或应税劳务、服务名称 | 规格型号 | 单位 | 数量 | 单价 | 金　额 | 税率 | 税　额 |
|---|---|---|---|---|---|---|---|
| *印刷专用设备*甲 | | 台 | 8 500 | 400.00 | 3 400 000.00 | 13% | 442 000.00 |
| *印刷专用设备*乙 | | 台 | 6 000 | 420.00 | 2 520 000.00 | 13% | 327 600.00 |
| 合　　　计 | | | | | 5 920 000.00 | | 769 600.00 |
| 价税合计（大写） | | ⊗ 陆佰陆拾捌万玖仟陆佰元整 | | | （小写） 6 689 600.00 | | |

| 销货方 | 名　称 | 扬州升合机械制造有限责任公司 | 备注 |
|---|---|---|---|
| | 纳税人识别号 | 913210026307045023 | |
| | 地址、电话 | 江苏省扬州市广陵区王志街吴洪路 56 号 0514-90101194 | |
| | 开户行及账号 | 中国建设银行扬州市广陵区支行 41764140346136 | |

收款人：　　　复核：　　　开票人：齐立真　　　销货单位：（章）

第一联　记账联　销售方记账凭证

图 4-4　发票

猜一猜：这张票证表示发生了什么业务？_____

项目四 识别经济业务与原始凭证

## 江苏省行政事业性收费收据 (00B)

苏财准印(2022)001-010号

2271761

交款单位及个人：李非　　　　　　　　收款日期：2022年09月02日

| 项　目 | 单位 | 数量 | 标准 | 金　额 | | | | | | | | | 说　明 | 第二联 收据 |
|---|---|---|---|---|---|---|---|---|---|---|---|---|---|---|
| | | | | 十 | 万 | 千 | 百 | 十 | 元 | 角 | 分 | | | |
| 学　费 | | | | | 2 | 8 | 0 | 0 | 0 | 0 | | ①本收据限用于行政事业单位非经营性收费，其他无效。②本收据需加盖收款单位和收款人印章。 | |
| | | | | | | | | | | | | | | |
| | | | | | | | | | | | | | | |
| | | | | | | | | | | | | | | |
| 合　计 | | | | ¥ | 2 | 8 | 0 | 0 | 0 | 0 | | | |

合计人民币(大写)　／拾／万贰仟捌佰零拾零元／角／分

收款单位(章)工程学院　　　　　收款人(章)王丽

图4-5　行政事业性收费收据

你交学费时，学校给你开了这张收据，它证明了什么？_____

### 重要提示

在企业的实际业务活动中，经济业务事项的发生或完成，会计是通过原始凭证来确认和证明的，并作为记账的依据。会计实务工作的起点不是会计要素，不是会计科目和账户，不是记账方法，而是原始凭证。

 知识链接

### 发票与增值税发票

发票，是指在购销商品、提供或者接受服务以及从事其他经营活动中，开具、收取的收付款项凭证。现行税制发票分为增值税普通发票和增值税专用发票两大类。增值税专用发票是由国家税务总局监制设计印制的，只限于增值税一般纳税人领购使用的，既作为纳税人反映经济活动中的重要会计凭证，又是兼记销货方纳税义务和购货方进项税额的合法证明；普通发票是指增值税专用发票以外的纳税人使用的其他发票。

## 一、原始凭证的含义

原始凭证又称单据，是在经济业务发生或完成时取得或填制的，用以记录或证明经济业务的发生或完成情况的文字凭据。原始凭证是进行会计核算的原始资料和重要依据，是编制记账凭证和登记账簿的原始依据，是会计核算资料中最具有法律效力的一种书面证明。

**重要提示**

单位以电子原始凭证的纸质打印件作为报销入账归档依据的,必须同时保存打印该纸质件的电子原始凭证。

**案例资料4-4**

请辨析下列原始凭证(图4-6、图4-7)所反映的经济业务内容。

**借 款 单**

2022 年 12 月 02 日

| | | |
|---|---|---|
| 借款单位:采购科 | | |
| 借款理由:参加订货会 | | |
| 借款金额:人民币(大写)贰仟元整 | | 小写:¥2 000.00 |
| 单位负责人:<br><br>同意<br>李天元 2022.12.2 | | 借款人(签章):王 刚 |
| 领导批示: | 会计主管人员核批:<br>同 意<br>王建华<br>2022.12.2 | 付款记录:<br><br>年 月 日以第 号支票或现金支出凭单付给 |

图 4-6 借款单

经济业务文字表述:_____

中国工商银行
**现金支票存根**
X IV 070809656

| |
|---|
| 附加信息: |
| |
| |
| |
| 出票日期:**2022 年 12 月 2 日** |
| 收 款 人:王 刚 |
| 金 额:2 000.00 |
| 用 途:差旅费 |
| 单位主管: 会计: |

图 4-7 支票存根

经济业务文字表述：_____

**会计分析**　图 4-6 是一张借款单，借款人是采购科的王刚，用途是参加订货会所需的差旅费，相关负责人也已经签字，同意其借款。

显然，仅凭借款单是回答不了这个问题的。

图 4-7 是一张现金支票的存根，上面记录的内容和王刚所填的借款单的内容是一致的，说明王刚所借款项已经通过现金支票的方式付给了他。

[会计结论]

2022 年 12 月 2 日，采购科王刚预借差旅费 2 000 元，以现金支票付讫。

**即学即思**　现金支票的存根在企业这里了，那么现金支票的正联在哪里呢？

**重要提示**

原始凭证的作用：
1. 证明经济业务活动的发生或完成；
2. 明确经济业务活动中关联方的责任；
3. 是会计记账的依据。

## 二、原始凭证的种类

通过上面两个案例我们可以看出，原始凭证有许多外形和种类。

### （一）按来源分类

原始凭证按其取得的来源不同，可以分为自制原始凭证和外来原始凭证两种。

1. 自制原始凭证

自制原始凭证指由本单位内部经办业务的部门和人员，在执行或完成某项经济业务时自行填制的、供本单位内部使用的原始凭证，如案例资料 4-4 中的"借款单"。

2. 外来原始凭证

外来原始凭证是指在经济业务发生或完成时，从其他单位或个人直接取得的原始凭证，如图 4-1、图 4-2、图 4-3 等。

**即学即思**　原始凭证的填制人都是会计人员吗？

### （二）按填制手续及内容分类

原始凭证按其填制手续及内容不同，可以分为一次凭证、累计凭证、汇总凭证三种。

1. 一次凭证

一次凭证指一次填制完成、只记录一笔经济业务的原始凭证。一次凭证是一次有效的凭证。例如图 4-6 "借款单"等。外来凭证一般都是一次凭证。

2. 累计凭证

累计凭证指在一定时期内多次记录发生的同类型经济业务的原始凭证。其特点是在一张凭证内可以连续登记相同性质的经济业务,随时结出累计数及结余数,并按照费用限额进行控制,期末按实际发生额记账。累计凭证是多次有效的原始凭证。例如,限额领料单(图4-8)就是典型的累计凭证。

### 限额领料单

2022 年 10 月

编　号:2407

| 领料单位:一车间 | 用　途:B 产品 | 计划产量:5 000 台 |
|---|---|---|
| 材料编号:102058 | 名称规格:16mm 圆钢 | 计划单位:千克 |
| 单　价:4.00 元 | 消耗定量:0.2 千克/台 | 领用限额:1 000 |

| 2022 年 | | 请　领 | | 实　发 | | | | |
|---|---|---|---|---|---|---|---|---|
| 月 | 日 | 数量 | 领料单位负责人 | 数量 | 累计 | 发料人 | 领料人 | 限额节余 |
| 10 | 5 | 200 | 李明 | 200 | 200 | 顾月 | 周梅 | 800 |
| 10 | 15 | 500 | 李明 | 500 | 700 | 顾月 | 任华 | 300 |
| 10 | 23 | 300 | 李明 | 300 | 1 000 | 顾月 | 王英 | 0 |
| 累计实发金额(大写)人民币肆仟元整 | | | | | | | | ￥4 000.00 元 |
| 供应部门负责人: | | | 生产计划部门负责人: | | | 仓库负责人: | | |

图 4-8　领料单

**3. 汇总凭证**

汇总凭证是指对一定时期内反映经济业务内容相同的若干张原始凭证,按照一定标准综合填制的原始凭证。例如,差旅费报销单(图4-9)、工资结算汇总表(图4-10)、发料凭证汇总表、收料凭证汇总表等,都是汇总原始凭证。

### 差旅费报销单

部门: 采购科　　　2022 年 12 月 25 日

| 出差人 | | | 王 刚 | | | 事 由 | | 参加订货会 | | |
|---|---|---|---|---|---|---|---|---|---|---|
| 出 发 | | | 到 达 | | | 交通工具 | 交通费 | | 出差补贴 | | 其他事由 | | |

| 月 | 日 | 地点 | 月 | 日 | 地点 | 交通工具 | 单据张数 | 金额 | 天数 | 金额 | 项目 | 单据张数 | 金额 |
|---|---|---|---|---|---|---|---|---|---|---|---|---|---|
| 12 | 5 | 北京 | 12 | 5 | 烟台 | 火车 | 1 | 200.00 | 18 | 540.00 | | 1 | 720.00 |
| 12 | 22 | 烟台 | 12 | 22 | 北京 | 火车 | 1 | 200.00 | | | | | |
| 合计:￥1 660.00 | | | | | | | | 400.00 | | 540.00 | | | 720.00 |

主管:　　　　审核:　　　　出纳:　　　　领款人:王刚

图 4-9　报销单

## 12月份工资结算汇总表

| 部门 | | 人数 | 基本工资 | 奖金 | 各项津贴、补贴 | | | 缺勤扣款 | | 应付工资 | 代扣款项 | | | | | 实发工资 |
|---|---|---|---|---|---|---|---|---|---|---|---|---|---|---|---|---|
| | | | | | 岗位津贴 | 副食补贴 | 夜班补贴 | 事假 | 病假 | | 个人所得税 | 养老保险(8%) | 医疗保险(2%) | 失业保险(0.5%) | 住房公积金(8%) | |
| 基本生产车间 | 生产工人 | 20 | 21 000 | 4 000 | 2 000 | | | | | 27 000 | 265 | 2 160 | 540 | 135 | 2 160 | 21 740 |
| | 管理人员 | 10 | 8 000 | 1 000 | 600 | | | | | 9 600 | 100 | 768 | 192 | 48 | 768 | 7 724 |
| 辅助生产车间 | | 6 | 10 000 | 1 000 | 600 | | | | | 11 600 | 300 | 928 | 232 | 58 | 928 | 9 154 |
| 厂部管理人员 | | 18 | 30 000 | 900 | 600 | | | | | 31 500 | 250 | 2 520 | 630 | 157.5 | 2 520 | 25 422.5 |
| 专设销售机构人员 | | 8 | 15 000 | 1 000 | 500 | | | | | 16 500 | 150 | 1 320 | 330 | 82.5 | 1 320 | 13 297.5 |
| 合计 | | 62 | | | | | | | | 96 200 | 1 065 | 7 696 | 1 924 | 481 | 7 696 | 77 338 |

图 4-10　工资结算汇总表

### （三）按格式分类

原始凭证按其格式不同，可以分为通用凭证和专用凭证两种。

1. 通用凭证

通用凭证是指由有关部门统一印制、在一定范围内使用的具有统一格式和使用方法的原始凭证。通用凭证的使用范围因制作部门不同而异，可以是某一地区、某一行业，也可以是全国通用。

2. 专用凭证

专用凭证指由单位自行印制、仅在本单位内部使用的原始凭证。

**即学即思** 上面你见过的这些原始凭证，哪些是通用的，哪些是专用的？

**重要提示**

需要注意的是，有一些票证不是原始凭证，如用工计划表、派工单、经济合同、银行存款余额调节表等，它们不能证明经济业务已经发生或者完成，不能作为编制记账凭证和登记账簿的依据。

### （四）按体现形式分类

原始凭证按照体现形式不同，可分为纸质原始凭证和电子原始凭证。

1. 纸质原始凭证

它是指在经济业务发生或完成时取得或填制的，用以记录或证明经济业务的发生或完成情况的纸质文字凭据。

2. 电子原始凭证

它是指单位从外部接收的电子形式的各类原始凭证，包括电子发票、财政电子票据、电子客票、电子行程单、电子海关专用缴款书、银行电子回单等电子会计凭证。来源合法、真实的电子原始凭证与纸质原始凭证具有同等法律效力。

**重要提示**

除法律和行政法规另有规定外,同时满足下列条件的,单位可以仅使用电子原始凭证进行报销入账归档:

1. 接收的电子原始凭证经查验合法、真实;
2. 电子原始凭证的传输、存储安全、可靠,对电子原始凭证的任何篡改能够及时被发现;
3. 使用的会计核算系统能够准确、完整、有效接收和读取电子原始凭证及其元数据,能够按照国家统一的会计制度完成会计核算业务,能够按照国家档案行政管理部门规定格式输出电子会计凭证及其元数据,设定了经办、审核、审批等必要的审签程序,且能有效防止电子原始凭证重复入账;
4. 电子原始凭证的归档及管理符合《会计档案管理办法》等要求。

## 三、原始凭证的基本内容

通过上面的案例和原始凭证的格式,我们发现,经济业务的内容是多种多样的,记录经济业务的原始凭证的格式和内容也各不相同。但是,各种原始凭证都必须做到所载明的经济业务清晰、经济责任明确,这就决定了原始凭证必须具备下列基本内容,也称为原始凭证要素。让我们通过典型的增值税专用发票(图4-11)来了解一下吧。

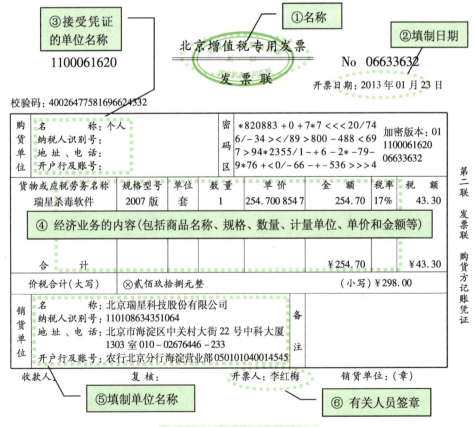

图4-11 增值税专用发票

> **重要提示**
>
> **原始凭证要素**
>
> 1. 原始凭证的名称和编号。
> 2. 编制原始凭证的日期。
> 3. 接受原始凭证单位的名称。
> 4. 经济业务的内容。
> 5. 经济业务的数量、单价和金额。
> 6. 其他必要的补充内容。
> 7. 填制原始凭证的单位、填制人、经手人和验收人签章。

**即学即思** 1. 对比图4-11与图4-4中的增值税税率,为什么不同?

2. 请查阅本书项目五中重要提示"增值税税率的变化"。

## 四、原始凭证的填制

### (一) 基本要求

为了能够保证原始凭证正确、及时、清晰地反映各项经济业务的真实情况,充分发挥其应有的作用,原始凭证的填制必须符合下列基本要求:

1. 记录真实

凭证中记载的经济业务,必须与实际情况完全相符,不能弄虚作假、歪曲事实。实物的数量、金额,都要经过严格审核,做到内容真实准确,数字计算正确,不能以匡算或凭估算填列。

2. 内容完整

经济业务的完成情况要按规定的凭证格式和内容,逐项填写齐全,不得遗漏和省略。项目填写不齐全的原始凭证不能作为经济业务的合法证明,也不可以用作编制记账凭证的依据和附件。

3. 手续完备

单位自制的原始凭证必须有经办单位领导人或者其他指定人员的签名盖章;对外开出的原始凭证必须加盖本单位公章;从外部取得的原始凭证,必须有填制单位的公章;从个人取得的原始凭证必须有填制人员的签名盖章。("公章"是指具有法律效力和特定用途,能够证明单位身份和性质的印鉴,包括业务公章、财务专用章、发票专用章、结算专用章等。)不能以"白条"(指由单位或者个人开具的、没有固定格式的、不具备规定内容的非正式原始凭证)作为编制记账凭证和登记账簿的依据。

4. 书写清楚规范

原始凭证要按规定填写,字迹要清晰,易于辨认,不得使用未经国务院公布的简化字。书写要规范,应符合下列要求:

（1）阿拉伯数字应当一个一个地写，不得连笔写。在小写金额前应书写人民币符号"￥"，币种符号与阿拉伯数字之前不得留有空白。凡阿拉伯数字前写有币种符号的，数字后面不再写货币单位。

（2）金额数字一律填写到角分。无角分的，角位和分位可写"00"或符号"—"；有角无分的，分位应当写"0"，不得用符号"—"代替。

（3）大写金额如零、壹、贰、叁、肆、伍、陆、柒、捌、玖、拾、佰、仟、万、亿等，一律用正楷字或者行书体书写，不得用0、一、二、三、四、五、六、七、八、九、十等简化字代替，不得任意自造简化字。例如：支票的日期为2013年6月17日，应使用碳素墨水填写如下："贰零壹叁年零陆月壹拾柒日"。大写金额数字到元或角为止的，在"元"或者"角"字之后应写"整"或者"正"字；大写金额数字有分的，分字后面不写"整"或者"正"字。大写金额数字前未印有"人民币"字样的，应加写"人民币"货币名称，并不得与后面的金额之间留有空白。如￥1 518.53的大写金额应为：人民币壹仟伍佰壹拾捌元伍角叁分。

（4）阿拉伯金额数字中间有"0"时，汉字大写金额要写"零"字；阿拉伯数字金额中间连续有几个"0"时，汉字大写金额中可以只写一个"零"字；阿拉伯金额数字元位是"0"，或者数字中间连续有几个"0"、元位也是"0"但角位不是"0"时，汉字大写金额可以只写一个"零"字，也可以不写"零"字。如"￥708.90"应写成：人民币柒佰零捌元玖角整。再如"￥5 002.14"应写成：人民币伍仟零贰元壹角肆分。

5. 编号连续

如果原始凭证已预先印定编号，在填写作废时，应加盖"作废"戳记，妥善保管，不得撕毁。

6. 不得涂改、刮擦、挖补

原始凭证有错误的，应当由出具单位重开或更正，更正处应当加盖出具单位印章。原始凭证金额有错误的，应当由出具单位重开，不得在原始凭证上更正。

7. 填制及时

必须按经济业务的执行和完成情况，及时填制原始凭证，并按规定程序及时将凭证送交会计机构、会计人员进行审核。

**即学即思** 练习支票、发票的填制。

### （二）其他要求

原始凭证的填制除了满足上述基本条件外，对于不同的经济业务事项，还应当符合一定的附加条件。

（1）购买实物的原始凭证，必须有验收证明。实物验收工作由经管实物的人员负责办理，会计人员通过有关的原始凭证进行监督检查。需要入库的实物，必须填写入库验收单，由实物保管人员验收后在入库单上如实填写实收数额，并加盖印章；不需要入库的实物，除经办人员在凭证上签章外，必须交给实物保管人员或者使用人员进行验收，由实物保管人员或者使用人员在凭证上签名或者盖章。总之，必须有购买人以外的第三方查证核实后，会计人员才能据以入账。

（2）支付款项的原始凭证，必须有收款单位或收款人的收款证明，不能仅以支付款项的有关凭证如银行汇款凭证等代替,其目的是防止舞弊行为的发生。

(3)发生销货退回的,除填制退货发票外,还必须有退货验收证明,退款时,必须取得对方的收款收据或者汇款银行的凭证,不得以退货发票代替收据。如果情况特殊,可先用银行的有关凭证如汇款回单等作为临时收据,待收到收款单位的收款凭证以后,再将其附在原始凭证之后,作为正式原始凭证。

(4)职工公出借款凭据,必须附在记账凭证之后。收回借款时,应当另开收据或者退还借据副本,不得退还原借款凭据,因为借款和归还借款是互相联系的两项经济业务,在借款和归还借款发生时,必须在会计账目上分别反映出来,因此,借款凭据和收回借款的收据都是原始凭证,都必须予以保留,否则,将会使会计资料失去完整性。

(5)经上级有关部门批准的经济业务,应当将批准文件作为原始凭证附件。如果批准文件需要单独归档,应当在凭证上注明文件的批准机关名称、日期和文号,以便查阅和确认经济业务的审批情况。

### 案例资料 4-5

根据下列资料填制原始凭证:

(1)开元公司购买产品,于 2022 年 12 月 2 日向南方股份有限公司开具转账支票,金额为 268 731.20 元,开元公司的开户行为:中国银行徐州开发区支行,账号:200511678-90。

要求:填制转账支票(图 4-12)。

(2)2022 年 12 月 2 日,南方股份有限公司收到上述转账支票,于当日交存银行,南方股份有限公司开户银行为:中国银行徐州复兴路支行,账号:200756876-12。

要求:填制进账单(图 4-13)。

(3)2022 年 12 月 9 日,开元公司收到销货现金 4 857 元,货款交存中国银行徐州开发区支行,账号:200511678-90。

要求:填制现金缴款单(图 4-14)。

(4)2022 年 12 月 12 日,开元公司与徐州化工厂(其开户行为:工行徐州公园分理处,账号:1232457)签订产品加工合同,开元公司采用委托收款结算方式,加工费 3 860 元。

要求:填制委托收款凭证(图 4-15)。

(5)开元公司 2022 年 12 月 17 日收到职工许二多交来的仓库材料保管不善损毁赔偿款 100 元。

要求:填写收据(图 4-16)。

图 4-12 银行转账支票

中国银行 **进账单**（回 单） 1

年 月 日

<table>
<tr><td rowspan="3">出票人</td><td>全 称</td><td colspan="6"></td><td rowspan="3">收款人</td><td>全 称</td><td colspan="11"></td></tr>
<tr><td>账 号</td><td colspan="6"></td><td>账 号</td><td colspan="11"></td></tr>
<tr><td>开户银行</td><td colspan="6"></td><td>开户银行</td><td colspan="11"></td></tr>
<tr><td rowspan="2">金额</td><td colspan="8" rowspan="2">人民币<br>（大写）</td><td>亿</td><td>千</td><td>百</td><td>十</td><td>万</td><td>千</td><td>百</td><td>十</td><td>元</td><td>角</td><td>分</td></tr>
<tr><td></td><td></td><td></td><td></td><td></td><td></td><td></td><td></td><td></td><td></td><td></td></tr>
<tr><td colspan="2">票据种类</td><td></td><td>票据张数</td><td colspan="3"></td><td colspan="13" rowspan="3">开户银行签章</td></tr>
<tr><td colspan="2">票据号码</td><td colspan="5"></td></tr>
<tr><td colspan="7">复核 记账</td></tr>
</table>

此联是开户银行交给持（出）票人的回单

图 4-13 银行进账单

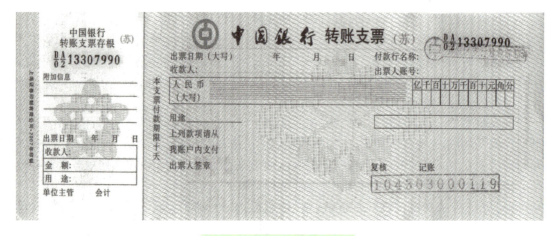

## 中国银行现金缴款单

凭证号码

缴款日期：　年　月　日

| 缴款单位 | 全　称 | | | |
|---|---|---|---|---|
| | 开户银行 | | 账　号 | |

| 款项来源 | | 现金出纳计划项目 | |
|---|---|---|---|

| 人民币（大写） | | 百十万千百十元角分 |
|---|---|---|

会计分录：
　　收＿＿＿＿＿＿
　　付　701＿＿＿

收款员＿＿＿＿＿＿＿＿

复核员＿＿＿＿＿　记账员＿＿＿＿＿

本缴款单金额，业已全数收讫。

（出纳收款章）

第一联　代现金收入传票

图 4-14　现金缴款单

---

## 委托收款 凭证（回单）

1　0034321

委托日期：　年　月　日　　委托号码：

| 付款人 | 全　称 | | 收款人 | 全　称 | |
|---|---|---|---|---|---|
| | 账号或地址 | | | 账　号 | |
| | 开户银行 | | | 开户银行 | |

| 委收金额 | 人民币（大写） | | 金额（小写） | |
|---|---|---|---|---|

| 款项内容及合同(协议)号码 | | 委托收款凭据名称 | | 附寄单证张数 | |
|---|---|---|---|---|---|

**劳务**

备注

收款人开户银行盖章
　　年　月　日

单位主管　　　　合计　　　　复核　　　　记账

此联为收款人开户银行给收款人的回单

图 4-15　委托收款凭证

```
             收        据                    0023119
         入账日期：    年    月    日

┌─────────────────────────────────────────────┐
│  交款单位_____  收款方式_____  │     第
│                                              │     一
│  人 民 币(大写)_____  ¥ ═══════  │     联
│                                              │
│  收款事由_____                    │     存
│                                年   月   日  │     根
└─────────────────────────────────────────────┘     联
   单        财   记   出   审   经
   位        会   账   纳   核   办
   盖        主
   章        管
```

图 4-16 　收据

## 五、原始凭证的审核

各种原始凭证除由经办业务的有关部门审核外，最后要由会计部门进行审核。对原始凭证的审核主要包括以下方面：

### （一）审核原始凭证的真实性

审核原始凭证，首要的是审核它的真实性。所谓真实，就是原始凭证上反映的应是经济业务的本来面貌，不得掩盖、歪曲和颠倒。原始凭证真实性的审核包括凭证日期是否真实、业务内容是否真实、数据是否真实等。对外来原始凭证，必须有填制单位公章和填制人员签章；对自制原始凭证，必须有经办部门和经办人员的签名或盖章。此外，对通用原始凭证，还应审核凭证本身的真实性，以防假冒。

### （二）审核原始凭证的合法性

审核原始凭证的合法性就是审核原始凭证所记录的经济业务是否有违反国家法律规范的情况，是否符合规定的审核权限，是否履行了规定的凭证传递和审核程序，是否有贪污腐化等行为。

### （三）审核原始凭证的合理性

审核原始凭证的合理性就是审核原始凭证所记录的经济业务是否符合企业生产经营活动的需要，是否符合有关的计划和预算等。

### （四）审核原始凭证的完整性

审核原始凭证的完整性就是审核原始凭证各项基本要素是否齐全，是否有漏项情况，日期是否完整，数字是否清晰，文字是否工整，有关人员签章是否齐全，凭证联数是否正确等。

## （五）审核原始凭证的正确性

审核原始凭证的正确性就是审核原始凭证各项金额的计算及填写是否正确,大写金额和小写金额是否相符;凭证中有书写错误的,是否采用正确的方法更正,有无涂改、刮擦、挖补等现象。

## （六）审核原始凭证的及时性

原始凭证的及时性是保证会计信息及时性的基础。为此,要求在经济业务发生或完成时及时填制有关原始凭证,及时进行凭证的传递。审核时应注意审查凭证的填制日期,尤其是支票、银行汇票、银行本票等时效性较强的原始凭证,更应仔细验证其签发日期。

## （七）审核电子原始凭证的平台系统

查验电子原始凭证传输、存储的安全性和可靠性,审核平台系统是否具备对电子原始凭证的任何篡改能够及时发现的控制功能。审核使用的会计核算系统是否能够准确、完整、有效地接收和读取电子会计凭证及其元数据,是否能够按照国家统一的会计制度完成会计核算业务,是否能够按照国家档案行政管理部门规定的格式输出电子原始凭证及其元数据,是否设定了经办、审核、审批等必要的审签程序,且能有效防止电子原始凭证重复入账。

> **重要提示**
>
> 原始凭证的审核是一项十分重要、严肃的工作,经审核的原始凭证应根据不同情况处理:
>
> 1. 对于完全符合要求的原始凭证,应及时据以编制记账凭证入账;
> 2. 对于真实、合法、合理但内容不够完整、填写有错误的原始凭证,应退回经办人员,由其负责将有关凭证补充完整、更正错误或重开后,再办理正式会计手续;
> 3. 对于不真实、不合法的原始凭证,会计机构、会计人员有权不予接受,并向单位负责人报告。

### 案例资料4-6

某企业采购员王某利用到外地出差的机会,擅自将住宿旅馆原发票的单价50元/人、期间10天、金额500元,改为单价150元/人、期间10天、金额1 500元。并在大写金额"伍佰元整"前补上"壹仟",报销后,贪污金额1 000元。

### 议一议

出纳员如何审核此类虚假业务?如果清查后发现此问题,应如何处理?

案例资料4-6
参考答案

# 项目五

## 核算企业基本经济业务

 项目目标

以制造业的基本经济业务为例,辨析基本经济业务活动和经济业务性质,准确确定使用的账户;能理解每一账户核算的内容,能编制正确的会计分录;初步形成财务会计谨慎性的职业理念和理财价值观。

 解决问题

资金进入企业的基本业务的核算;供应过程的业务核算;生产过程的业务核算;销售过程的业务核算;经营成果的业务核算;其他经济业务的核算。

 技能训练

1. 基本经济业务核算的账户设置和会计分录的编制;
2. 经济业务案例训练;
3. 经济业务与会计分录转换训练。

 案例资料 5-1

ZH 公司精简机构,对于职员张山来说有三条路可供选择:(1) 继续在原单位供职,年收入 80 000 元左右。(2) 下岗,收入打对折,但某快餐厅愿以每月 2 200 元的工资待遇请他帮佣。(3) 辞职,搞个体经营。

结果他决定自己投资 40 000 元,开办一家酒吧。

下面是该酒吧开业一个月的经营情况:

(1) 预付半年房租 6 000 元。
(2) 购入各种饮料 12 000 元,本月份耗用其中的 2/3。
(3) 支付雇员工资 6 500 元。
(4) 支付水电费 1 000 元。

（5）获取营业收入 36 000 元。

张山的选择是否正确？为什么？

案例资料 5-1
参考答案

## 任务 1　核算资金进入企业业务

### 一、资金进入企业概述

企业为了进行正常的生产经营活动，必须拥有一定数量的经营资金，作为从事生产经营活动的基础。企业的资金主要来源于两个方面：一是投资者投入；二是从金融机构或其他单位借入。因此，在资金进入企业过程中发生的主要经济业务包括：接受投资者的投资，从金融机构借款及支付利息。

**即学即思**　请以一家工厂为例，说说创办前的资金准备工作。了解一下：创办一个企业，除资金准备外，还需要哪些准备？

### 二、资金进入企业的经济业务及核算

**业务一：接受投资者投资**

投资者初始投入的资金叫实收资本（股份制企业叫股本）。实收资本按照投资主体的不同，分为国家资本金、法人资本金、外商资本金和个人资本金等；按照投资的形态不同，分为货币投资、实物投资和无形资产投资等。

投资者投入的资本应当保全，除法律、法规另有规定者外，不得抽回。

常用账户设置：

"实收资本"账户：属于所有者权益类账户，反映投资者投入资本的增减变动情况。股份制企业可设"股本"账户。贷方登记实收资本的增加数额，借方登记实收资本的减少数额，余额在贷方，表示企业期末实收资本的实有数额。本账户应按所有者、投资者（包括国家资本金、法人资本金、外商资本金、个人资本金）进行明细分类核算。

"银行存款"账户：属于资产类账户，总括地记录和反映企业存入银行和其他金融机构的各种款项。借方登记银行存款的增加数额，贷方登记银行存款的减少数额，期末余额一般在借方，表示期末银行存款余额。本账户可以按币种或银行户名进行明细分类核算。

"固定资产"账户：属于资产类账户，核算企业现有固定资产的原价。借方登记增加固

定资产的原价,贷方登记减少固定资产的原价,借方余额表示结存固定资产的原价。本账户可按固定资产的类别进行明细分类核算。

**例 5-1** CUB 商旅有限公司是由 A 公司与 B 公司协议决定共同投资成立的,A 公司出资 400 万元,占股份 40%;B 公司出资厂房、设备,协议折价为 400 万元,出资商标和专有技术权,协议折价为 200 万元,B 公司占股份 60%。5 月 20 日投资到位(原始凭证:投资协议书、商标和专有技术权转移协议书、货币资金进账单、固定资产交接单、验收单等)。

【会计分录】

借:银行存款　　　　　　　　　　　　　　　　　　　　　4 000 000
　　贷:实收资本——法人资本金(A 公司)　　　　　　　　　4 000 000

【会计分录】

借:固定资产　　　　　　　　　　　　　　　　　　　　　4 000 000
　　无形资产　　　　　　　　　　　　　　　　　　　　　2 000 000
　　贷:实收资本——法人资本金(B 公司)　　　　　　　　　6 000 000

如果企业收到的投资者出资额大于投资协议约定其在注册资本或股本中所占份额,超过份额部分由全体所有者共同所有,在"资本公积"账户内核算。

"资本公积"账户:所有者权益账户,用于核算新增投资者投入的超过注册资本金而由全体所有者共同所有的部分。贷方登记资本公积的增加数额,借方登记资本公积的减少数额,余额在贷方,表示企业期末资本公积的实有数额。

**例 5-2** CUB 商旅有限公司与远方公司协议规定,远方公司为新增投资者,远方公司以投入 500 万元货币资金,占注册资本金的 30%,企业注册总资本金为 1 400 万元。投入的资金已存入银行(原始凭证:投资协议书、货币资金进账单等)。

【会计分录】

借:银行存款　　　　　　　　　　　　　　　　　　　　　5 000 000
　　贷:实收资本——法人资本金(远方公司)　　　　　　　　4 200 000
　　　　资本公积　　　　　　　　　　　　　　　　　　　　　800 000

### 案例资料 5-2

恒信公司发生下列资金筹资业务:

(1) 12 月 6 日,为了扩大经营规模,本月将办理有关增资手续,收到国家投入资金 150 000 元,接受国美公司投入资金 100 000 元,款项已存入银行。

(2) 12 月 18 日,为了扩大经营规模,恒信公司接受华达公司投入设备一台,该设备原价 260 000 元,双方协议价 250 000 元。

### 做一做

(1) 说出每笔业务发生时应填制的原始凭证。
(2) 编制会计分录。

案例资料 5-2
参考答案

**即学即思** 企业收到投资者投入的原材料、无形资产时做什么样的会计分录？

### 业务二：从金融机构借入款项

企业在生产经营过程中，经常需要向银行等金融机构借款以弥补经营资金的不足。借款按其借用期限的长短分为长期借款和短期借款。企业借入的各种借款，必须按规定用途使用，按期支付利息并按期归还。形成的基本经济业务有：借入各种借款、计算并按期支付借款利息、按期归还本金等。

本书重点介绍短期借款的核算。

常用账户设置：

"短期借款"账户：属于负债类账户，反映和监督短期借款的取得和归还情况。贷方登记取得借款数额，借方登记归还借款数额，余额在贷方，表示尚未归还的借款数。本账户可以按债权人名称进行明细分类核算。

"应付利息"账户：属于负债类账户，反映和监督已经计算而尚未支付的借款利息。贷方登记已计算而尚未支付的借款利息数额，借方登记已支付的借款利息数额，余额在贷方，表示尚未支付的借款利息数。本账户可以按债权人名称进行明细分类核算。

"财务费用"账户：属于费用类账户，反映和监督因借款所发生的借款利息费用。借方登记本期计算的借款利息数额，贷方登记期末转入"本年利润"账户数，年末一般无余额。

**例 5-3** 恒信公司发生下列借款业务：1月6日恒信公司向建设银行徐州支行借入一笔款项，金额 500 000 元，期限 6 个月，年利息率为 6%。所借款项已经存入银行，借款合同约定按月支付利息。（原始凭证：借款协议书、进账通知单、借款利息计算单、利息支付通知回单、借款归还通知单等）

【会计分录】

1月6日借入：

借：银行存款　　　　　　　　　　　　　　　　　　　　　500 000
　　贷：短期借款——建行徐州支行　　　　　　　　　　　　　　500 000

2月6日计算并支付应付利息：

应付利息计算公式：应计借款利息（月）= 借款本金 × 借款利率（月）× 日期（月）

第一个月的借款利息：500 000 × 6% / 12 = 2 500（元）

借：财务费用　　　　　　　　　　　　　　　　　　　　　　2 500
　　贷：银行存款　　　　　　　　　　　　　　　　　　　　　　2 500

（其他 5 个月支付利息时做同上分录）

7月5日归还借款本金：

借：短期借款——建行徐州支行　　　　　　　　　　　　　500 000
　　贷：银行存款　　　　　　　　　　　　　　　　　　　　　500 000

**例 5-4** 恒信公司发生下列借款业务：1月6日恒信公司向建设银行徐州支行借入一笔款项，金额 500 000 元，期限 6 个月，年利率为 6%。所借款项已经存入银行。借款合同约定，按月计算利息，到期一次还本付息。（原始凭证：借款协议书、进账通知单、借款利息计算单、利息支付通知回单、借款归还通知单等）

【会计分录】

1月6日：

借：银行存款　　　　　　　　　　　　　　　　　　　　　　　　500 000
　　贷：短期借款——建行徐州支行　　　　　　　　　　　　　　　　500 000

2月6日计算应付利息：500 000×6%/12 = 2 500（元）

借：财务费用　　　　　　　　　　　　　　　　　　　　　　　　　2 500
　　贷：应付利息——建行徐州支行　　　　　　　　　　　　　　　　2 500

（3月6日、4月6日、5月6日、6月6日、7月5日计算当月借款利息做同上分录）

7月5日归还借款、支付利息：

借：短期借款——徐州建行　　　　　　　　　　　　　　　　　　500 000
　　应付利息——徐州建行　　　　　　　　　　　　　　　　　　　15 000
　　贷：银行存款　　　　　　　　　　　　　　　　　　　　　　　515 000

### 案例资料 5-3

恒信公司发生下列借款业务：

1. 12月6日，恒信公司向工商银行借入一笔款项，金额 100 000 元，期限 6 个月，年利率为 6%，所借款项已经存入银行，合同约定按月计息、按季付息。

2. 12月18日，恒信公司向建设银行借入一笔款项，金额 500 000 元，期限 2 年，年利率为 8%，所借款项已经存入银行。

### 做一做

（1）写出业务发生时应填制的原始凭证。

（2）对于第 1 题，编制按月计息、按季付息时的所有相关会计分录；对于第 2 题，编制借入时的会计分录。

案例资料 5-3
参考答案

## 任务2　核算企业采购业务

### 一、认知采购业务

采购是企业生产经营过程中的第一阶段，主要任务是采购生产所需要的物资，为生产储备各种材料物资。会计核算的主要内容有：购入物资，与供货单位办理价款结算，确定物资的采购成本，将物资验收入库形成物资储备。

### 二、核算采购业务

企业采购材料业务的类型通常有现款采购、赊销采购、预付款采购等类型，涉及购入物资材料、将物资材料验收入库、与供货单位办理价款结算、支付抵扣应交增值税进项税额、支付运输费用、验收不合格需要退货等基本经济业务。

### 业务一：现款采购业务

常用账户设置：

"在途物资"账户：资产类账户，也是材料采购成本计算账户，是用来核算已经支付款项而尚未运到企业或虽已运到企业但尚未验收入库的在途材料实际成本的账户。借方登记增加额，贷方登记减少额，余额一般在借方，表示已经支付款项但尚未运到企业或虽已运到企业但尚未验收入库材料的实际成本。

"原材料"账户：资产类账户，用来核算企业库存材料的增减变动情况。借方登记验收入库材料的成本，贷方登记发出材料的成本，期末借方余额表示库存材料的成本。该账户应按材料种类及规格设置明细分类账户，进行明细分类核算。

"应交税费"账户：负债类账户，用来核算企业应交纳的各种税金。贷方登记已经计算的应交纳的税金数，借方登记实际交纳的税金数，期末贷方余额表示欠交的税金数。该账户按税种设置明细分类账户，进行明细分类核算。其中"应交税费——应交增值税（进项税额）"账户借方登记企业采购材料物资时向供应单位和运输部门支付的、按照税法规定允许抵扣的进项税额。

**重要提示**

**材料采购成本的确定**

材料采购成本 = 支付的买价 + 支付的运杂费 + 支付的按照税法规定不能抵扣的增值税税额 + 入库之前发生的其他杂费

材料单位采购成本 = 材料采购成本 / 验收入库数量

**知识链接**

**增值税及其抵扣规定**

增值税是对商品生产、流通以及劳务服务中的新增价值或商品附加值征收的一种流转税。企业采购材料时除支付材料买价外，还要根据买价和按照规定的增值税税率向供应方支付增值税额，同样，支付购料的运输费用时也应支付价外增值税额。如果企业符合下列条件，则支付的增值税额可以抵扣，借记"应交税费——应交增值税（进项税额）"；如果不符合下列条件之一的，不允许扣税，支付的增值税计入材料采购成本：1. 企业必须是一般纳税人；2. 必须取得供货单位、运输单位开具的增值税专用发票，且注明增值税额。

1. 请查一查一般纳税人与小规模纳税人是怎样划定的？
2. 请关注目前我国增值税政策的变化。

3. 请从项目四中找出增值税专用发票。

**例 5-5**　东方股份公司发生下列业务:

(1) 12 月 5 日,向 ACD 公司购入甲种材料 2 000 吨,单价为 50 元/吨,材料价款为 100 000 元,取得专用发票注明增值税额 17 000 元,货款和税款款项已由银行存款支付,材料尚未入库(原始凭证:专用发票、付款通知书等)。

【会计分录】

借:在途物资——甲材料　　　　　　　　　　　　　　　　　　100 000
　　应交税费——应交增值税(进项税额)　　　　　　　　　　　17 000
　　贷:银行存款　　　　　　　　　　　　　　　　　　　　　117 000

(2) 12 月 8 日,购入的甲材料运抵企业等待验收,用银行存款支付运费 3 000 元,取得普通发票(原始凭证:运费发票等)。

【会计分录】

借:在途物资——甲种材料　　　　　　　　　　　　　　　　　3 000
　　贷:银行存款　　　　　　　　　　　　　　　　　　　　　3 000

(3) 12 月 9 日,购入的甲种材料验收入库(原始凭证:验收入库单等)。

借:原材料——甲种材料　　　　　　　　　　　　　　　　　　103 000
　　贷:在途物资——甲种材料　　　　　　　　　　　　　　　103 000

(4) 该批材料采购成本计算:

材料采购总成本 = 103 000(元)

材料单位采购成本 = 103 000 ÷ 2 000 = 51.5(元/吨)

**例 5-6**　东方股份公司 12 月 5 日向 ACD 公司购入乙种材料 2 000 吨,单价为 50 元/吨,材料价款为 100 000 元,取得专用发票注明增值税税额 17 000 元,货款和税款款项已由银行存款支付,材料同时入库(原始凭证:专用发票、付款通知书、验收入库单等)。

【会计分录】

借:原材料——乙种材料　　　　　　　　　　　　　　　　　　100 000
　　应交税费——应交增值税(进项税额)　　　　　　　　　　　17 000
　　贷:银行存款　　　　　　　　　　　　　　　　　　　　　117 000

**即学即思**　1. 请比较"在途物资"账户与"原材料"账户在核算上有何不同。

2. 请上网查一查我国现行的增值税税率是如何确定的。

**重要提示**

### 增值税税率的变化

税率是计算税额的尺度,也是政府促进经济发展的调节杠杆。近年来增值税经历过多次降税并档,2018 年 5 月 1 日起,将增值税基本税率由 17% 降为 16%,11% 降为 10%,6% 进行并档;2019 年 4 月 1 日起再次降低税率,由目前的 16% 降至 13%,10% 降至 9%,6% 保持不变。确保所有行业税负只减不增,继续由三档向两档迈进。提请注意:本书所列示的增值税专用发票上注明的税率和所给资料中的增值税税率,与上述时间段的税率相对应。

**业务二：赊购业务**

赊购业务是指采购材料时，先收到材料，验收入库，价税款按照合同约定尚未支付。一般有两类：一是按合同约定付款期支付；二是采用商业汇票（包括商业承兑汇票和银行承兑汇票）结算方式支付。

常用账户设置：

"应付账款"账户：负债类账户，是用来核算企业同供应单位之间按合同约定付款期的货款、税款及运杂费结算关系的账户。贷方登记增加额，借方登记减少额，余额一般在贷方，表示因赊购材料等应当支付而尚未支付的款项（货款、税金、运杂费等）。

"应付票据"账户：负债类账户，是用来核算企业同供应单位之间采用商业汇票（包括商业承兑汇票和银行承兑汇票）结算方式的货款、税款及运杂费结算关系的账户。贷方登记增加额，借方登记减少额，余额一般在贷方，表示尚未到期支付的商业汇票款项。

**例 5-7** 东方股份公司 3 月 5 日从攀枝花钢铁公司购入 A 种材料 10 000 千克，单价 5 元，增值税专用发票上注明的进项税额为 6 500 元，材料未运到，购销合同约定一个月内付价款和税款；3 月 7 日上述 A 种材料运到，同时收到运输费用普通发票一张，注明运输等费用 1 000 元；用银行存款支付运费，材料已验收入库；4 月 5 日办理付款手续，开户行通知已付款（原始凭证：专用发票、运输费用发票、付款通知书、验收入库单等）。

【会计分录】

3 月 5 日：

借：在途物资——A 种材料　　　　　　　　　　　　　50 000
　　应交税费——应交增值税（进项税额）　　　　　　 6 500
　　贷：应付账款——攀枝花钢铁公司　　　　　　　　　　　56 500

3 月 7 日：

借：在途物资——A 种材料　　　　　　　　　　　　　 1 000
　　贷：银行存款　　　　　　　　　　　　　　　　　　　　 1 000

借：原材料——A 种材料　　　　　　　　　　　　　　51 000
　　贷：在途物资——A 种材料　　　　　　　　　　　　　　51 000

单位采购成本：A 种材料 = 51 000 ÷ 10 000 = 5.1（元）

4 月 5 日：

借：应付账款——攀枝花钢铁公司　　　　　　　　　　56 500
　　贷：银行存款　　　　　　　　　　　　　　　　　　　　56 500

**例 5-8** 东方股份公司 3 月 5 日从攀枝花钢铁公司购入 A 种材料 10 000 千克，单价 5 元，增值税专用发票上注明的进项税额为 6 500 元，材料未运到，开出票面价值 56 500 元、付款期为 2 个月的商业承兑汇票一张。3 月 7 日上述 A 种材料运到，同时收到运输部门的运输费增值税专用发票一张，注明运输费用 1 000 元、增值税税额 60 元。用银行存款支付运费及增值税税款，材料已验收入库。

5 月 5 日，商业承兑汇票到期，开户行通知已办理付款手续（原始凭证：专用发票、运输费专用发票、商业承兑汇票、付款通知书、验收入库单等）。

**【会计分录】**

3月5日：

借：在途物资——A种材料　　　　　　　　　　　　　　　　50 000
　　应交税费——应交增值税(进项税额)　　　　　　　　　　 6 500
　　贷：应付票据——商业承兑汇票　　　　　　　　　　　　56 500

3月7日：

借：在途物资——A种材料　　　　　　　　　　　　　　　　 1 000
　　应交税费——应交增值税(进项税额)　　　　　　　　　　　　60
　　贷：银行存款　　　　　　　　　　　　　　　　　　　　 1 060

借：原材料——A种材料　　　　　　　　　　　　　　　　　51 000
　　贷：在途物资——A种材料　　　　　　　　　　　　　　51 000

单位采购成本：A种材料 = 51 000 ÷ 10 000 = 5.1(元)

5月5日：

借：应付票据——商业承兑汇票　　　　　　　　　　　　　　56 500
　　贷：银行存款　　　　　　　　　　　　　　　　　　　　56 500

### 业务三：预购业务

企业在经营活动中，为保证购买材料的及时性，会根据签订的购货合同向供应单位预先支付款项，这种业务行为叫作预购业务，即预付账款业务。

常用账户设置：

"预付账款"账户：资产类账户，是用来核算企业为购买材料而向供应单位预先支付款项的发生及结算情况的账户。借方登记增加额，企业实际支付时，记入"预付账款"账户的借方；贷方登记减少额，与对方实际结算冲销时，记入"预付账款"账户的贷方；余额一般在借方，表示已经付款尚未收到材料而未同对方结算的预付款项。为提供详细的核算资料，要求按对方单位名称设置明细账，进行明细分类核算。

> **重要提示**
>
> 如果企业预付账款业务不多，可不单设"预付账款"账户，而是通过"应付账款"核算，支付时记入"应付账款"账户的借方，与对方结算冲销时记入"应付账款"账户的贷方。这时"应付账款"账户可能会出现借方余额。

**例5-9** 东方股份公司依据购货协议约定，3月5日开出转账支票预付攀枝花钢铁公司100 000元，预定4月5日购入A材料100 000千克。4月5日，攀枝花钢铁公司发来预定的购货100 000千克，购买单价5元，专用发票注明的增值税税额65 000元；材料验收入库。预付不足的购货价税款当日用银行存款支付(原始凭证：专用发票、付款通知书、验收入库单等)。

**【会计分录】**

3月5日：

借：预付账款——攀枝花钢铁公司　　　　　　　　　　　　100 000

　　　　贷：银行存款　　　　　　　　　　　　　　　　　　100 000
4 月 5 日：
　　借：原材料——A 材料　　　　　　　　　　　　　　　　500 000
　　　　应交税费——应交增值税（进项税额）　　　　　　　 65 000
　　　　贷：预付账款——攀枝花钢铁公司　　　　　　　　　100 000
　　　　　　银行存款　　　　　　　　　　　　　　　　　　465 000

## 案例资料 5-4

恒信公司为一般纳税人，3 月份发生下列业务：

（1）从本地购入 A 材料 2 000 千克，单价 5 元。该企业为增值税一般纳税人，增值税税率 13%，取得相应增值税专用发票。款项已付，材料尚未验收入库。

（2）以现金支付上述材料的运杂费 600 元(不考虑增值税)。

（3）上述材料验收入库。

（4）企业从上海第三钢厂购入 B 材料，货款 40 000 元，增值税专用发票注明进项税额 5 200 元，运费含税总价 5 000 元，增值税专用发票注明增值税税额为 283 元。所有款项均已由银行存款支付，材料已验收入库。

（5）从攀枝花钢铁公司购入 A 材料 18 000 千克，单价 5 元，B 材料 32 000 千克，单价 6.5 元，增值税专用发票上注明的进项税额为 38 740 元，材料未运到，款项尚未支付。

（6）上述两种材料均已运到，同时收到运输费用普通发票一张，注明运输等费用 14 000 元，按采购数量分配。用银行存款支付运费，材料已验收入库。

编制经济业务的会计分录。

案例资料 5-4
参考答案

### 知识链接

请上网查一查下列经济业务，编制会计分录：

1. 在商业汇票结算方式下购进原材料；
2. 购进原材料验收时发现质量不符合采购合同约定，予以退货；
3. 购进原材料验收时发现短少，短少原因是材料运输途中的正常损耗。

# 任务3 核算企业生产业务

## 一、认知生产业务

产品的生产过程是企业生产经营过程的中心环节。为了生产产品,必然要发生各种耗费,如材料的耗费、固定资产的磨损、支付职工工资和其他费用等,这些生产耗费最终应归集分配到各种产品成本中去,构成产品成本。对于生产经营过程中发生的与产品生产无直接关系的各项费用,如管理费用、财务费用等,应当作为期间费用直接计入当期损益,不计入产品成本。

企业生产过程最基本的经济业务主要有:

1. 材料的领用与耗费;
2. 职工工资薪酬的支出;
3. 机器、设备、厂房等固定资产的磨损折旧;
4. 与产品生产有关的其他费用的发生和形成;
5. 产品生产成本的计算和核算;
6. 产品完工入库等。

**知识链接**

企业为生产产品所发生的费用,有一部分在发生当时就能分清是何种产品所耗用,因此,可以在发生时就记入该种产品的成本中,这种费用称为直接费用,如生产产品所耗用的原材料费用、基本生产工人的计件工资等。而有些费用在发生当时,无法区分是何种产品生产所耗用,是生产多种产品共同发生的费用,因而不能在发生当时就记入各种产品成本中,必须先汇总在一起,到期末时,按一定标准,采用科学方法将这部分费用分配到所生产的产品成本中去。这种先归集汇总,再分配转出的费用称为间接费用,如车间管理人员工资、车间办公费、水电费、机器设备折旧费等。

## 二、生产业务的核算

**业务一:生产产品或其他用途领用(耗用)材料**

材料库储备的原材料和其他材料,被生产车间为生产产品而领用,或者管理部门因管理需要而领用,从而形成了材料被领用出库、耗费的最基本经济业务。

> **重要提示**
>
> **领用(耗用)材料业务处理的基本原则**
> 1. 为生产某种产品领用的材料计入"生产成本——某种产品"账户；
> 2. 生产车间领用的但分不清为生产哪种产品耗用的材料计入"制造费用"账户；
> 3. 公司行政部门为管理需要领用的材料计入"管理费用"账户；
> 4. 专职销售部门为营销服务领用的材料计入"销售费用"账户。
>
> 领用(耗用)材料业务处理的会计分录一般为：
> 借：生产成本——某产品
> 　　制造费用
> 　　管理费用
> 　　销售费用
> 　　贷：原材料——X材料

常用账户设置：

"生产成本"账户：成本类账户，用来核算产品生产过程中发生应计入产品成本的各项费用，计算产品的生产成本。借方登记生产产品直接耗用的材料费和人工费，以及月末转入的制造费用，贷方登记月末转出的完工入库产品的成本，期末借方余额表示尚未完工的在产品成本。该账户应按产品的种类设置明细分类账户，进行明细分类核算。

"制造费用"账户：成本类账户，是用来归集和分配企业基本生产单位为生产产品而发生的各项间接费用的账户。借方登记增加额，贷方登记减少额(分配转出数)，期末除季节性生产企业外，应将制造费用全额分配出去，因此该账户期末一般无余额。分配制造费用的标准有：生产工时、基本生产工人工资和机器设备工时等。

> **重要提示**
>
> 属于制造费用的项目有：车间管理人员的工资和福利费、车间办公费、水电费、固定资产折旧费、机物料消耗、劳动保护费、季节性停工损失等。

"管理费用"账户：损益类账户，用来核算企业行政管理部门为组织和管理生产经营活动而发生的各项费用。借方登记企业发生的各项管理费用，贷方登记期末转入"本年利润"账户的费用，结转后该账户无余额。

> **重要提示**
>
> 管理费用反映的是企业行政管理部门在经营管理中发生的费用支出，如公司经费(包括行政管理部门职工工资、修理费、物料消耗、低值易耗品摊销、办公费和差旅费等)、劳动保护费、工会经费、待业保险费、劳动保险费、聘请中介机构费、咨询费(含顾问费)、诉讼费、业务招待费、房产税、车船使用税、土地使用税、印花税、技术转让费、矿产资源补偿费、无形资产摊销、职工教育经费、研究与开发费、排污费、存货盘亏或盘盈(不包括应计入营业外支出的存货损失)等。

**例 5-10**　星光服装有限公司制衣车间 2018 年 10 月组织生产男西装和女裙装两种产品,本期领用材料汇总凭证如下(原始凭证:领料凭证汇总表等):

(1) 为生产男西装从仓库领用藏蓝布匹 10 匹,总成本价值为 50 000 元;
(2) 为生产女裙装从仓库领用彩色丝绸布匹 5 匹,总成本价值为 65 000 元;
(3) 为生产男西装和女裙装两种产品,本期共领用衬布 8 匹,价值 7 800 元。

【会计分录】

借:生产成本
　　　——男西装　　　　　　　　　　　　　　　　　　　50 000
　　　——女裙装　　　　　　　　　　　　　　　　　　　65 000
　　制造费用——制衣车间　　　　　　　　　　　　　　　7 800
　　贷:原材料——藏蓝布　　　　　　　　　　　　　　　50 000
　　　　　　——彩色丝绸布　　　　　　　　　　　　　　65 000
　　　　　　——衬布　　　　　　　　　　　　　　　　　7 800

**例 5-11**　东方股份有限公司 12 月 31 日材料领用的原始凭证如表 5-1 所示。

表 5-1　　　　　　　　　　　领料凭证汇总表
12 月 31 日　　　　　　　　　　　　　　　　　　　单位:元

| 材料种类 | 领料部门及用途 | | | | 金额合计 |
| --- | --- | --- | --- | --- | --- |
| | 甲产品 | 乙产品 | 车间耗用 | 管理部门 | |
| A 材料 | 40 000 | 5 000 | | | 45 000 |
| B 材料 | | 18 000 | | | 18 000 |
| C 材料 | | | 3 000 | 1 000 | 4 000 |
| D 材料 | 11 000 | 3 000 | | | 14 000 |
| 合　计 | 51 000 | 26 000 | 3 000 | 1 000 | 81 000 |

【会计分录】

借:生产成本
　　　——甲产品　　　　　　　　　　　　　　　　　　　51 000
　　　——乙产品　　　　　　　　　　　　　　　　　　　26 000
　　制造费用　　　　　　　　　　　　　　　　　　　　　3 000
　　管理费用　　　　　　　　　　　　　　　　　　　　　1 000
　　贷:原材料
　　　　——A 材料　　　　　　　　　　　　　　　　　　45 000
　　　　——B 材料　　　　　　　　　　　　　　　　　　18 000
　　　　——C 材料　　　　　　　　　　　　　　　　　　4 000
　　　　——D 材料　　　　　　　　　　　　　　　　　　14 000

**业务二:　计算支付职工薪酬**

支付职工薪酬的基本业务内容有:应付给职工的工资费用形成与结算、发放职工工资薪酬(主要包括现金发放和转账支付)、职工集体福利的形成与使用等。

> **重要提示**
>
> **应付给职工的薪酬费用形成与结算业务处理原则**
>
> 生产产品工人的应付工资薪酬费用计入"生产成本——×产品"账户;
> 车间管理人员的应付工资薪酬费用计入"制造费用"账户;
> 公司行政(厂部)管理人员的应付工资薪酬费用计入"管理费用"账户;
> 专职销售部门人员的应付工资薪酬费用计入"销售费用"账户。
> 职工的薪酬费用形成与结算业务会计分录一般为:
> 借:生产成本——×产品
> 　　制造费用
> 　　管理费用
> 　　销售费用
> 　　贷:应付职工薪酬——工资

常用账户设置:

"应付职工薪酬"账户:负债类账户,企业应当通过"应付职工薪酬"科目,核算应付职工薪酬的提取、结算、使用等情况。该科目贷方登记应分配计入有关成本用项目的职工薪酬的数额,借方登记实际发放职工薪酬的数额,该科目期末贷方余额反映企业应付未付的职工薪酬。"应付职工薪酬"科目应当按照"工资""社会保险费""住房公积金""工会经费""职工教育经费""非货币性福利"等应付职工薪酬项目设置明细科目,进行明细核算。外商投资企业按规定从净利润中提取的职工奖励项目及福利基金,也在本科目核算。

**例 5-12**　东方股份有限公司 2022 年 12 月 31 日工资结算的原始凭证如表 5-2 所示。

表 5-2　　　　　　　　　　　　工资结算汇总表

单位:东方股份有限公司　　　　2022 年 12 月 31 日

| 车间和部门 | 应 发 工 资 | | | | | 代扣个人所得税 | 实发金额 |
|---|---|---|---|---|---|---|---|
| | 基本工资 | 奖　金 | 津　贴 | 缺勤工资 | 合　计 | | |
| 基本生产车间 | | | | | | | |
| 生产工人 | 略 | 略 | 略 | 略 | 240 000 | 略 | 240 000 |
| 管理人员 | 略 | 略 | 略 | 略 | 40 000 | 略 | 40 000 |
| 合　计 | | | | | 280 000 | | 280 000 |
| 行政管理部门 | 略 | 略 | 略 | 略 | 42 000 | 略 | 42 000 |
| 总　计 | | | | | 322 000 | | 322 000 |

【会计分录】

借:生产成本　　　　　　　　　　　　　　　　　　　　240 000
　　制造费用　　　　　　　　　　　　　　　　　　　　 40 000
　　管理费用　　　　　　　　　　　　　　　　　　　　 42 000
　　贷:应付职工薪酬　　　　　　　　　　　　　　　　322 000

**例 5-13**　开出转账支票 322 000 元,支付本月职工薪酬(原始凭证:支票存根等)。

【会计分录】

借：应付职工薪酬——工资　　　　　　　　　　　　　　　　322 000

　　贷：银行存款　　　　　　　　　　　　　　　　　　　　　　322 000

**例 5-14**　支出现金 5 000 元，支付给职工张明，用于家庭困难补助（原始凭证：补助费支出单等）。

【会计分录】

借：应付职工薪酬——职工集体福利费　　　　　　　　　　　　5 000

　　贷：银行存款　　　　　　　　　　　　　　　　　　　　　　5 000

**业务三：机器、设备、厂房等固定资产损耗（计提折旧）**

机器、设备、厂房等固定资产损耗是指固定资产在使用过程中逐渐损耗而转移到商品或费用中去的那部分价值。把企业在生产经营过程中由于使用固定资产而在其使用年限内分摊的固定资产耗费计算出来，会计处理上叫作固定资产折旧计提业务。

> 📢 **重要提示**
>
> **固定资产折旧计提的会计处理基本原则**
>
> 1. 车间房屋、设备、机器等固定资产计提的折旧费用计入"制造费用"账户；
> 2. 公司行政部门房屋、设备、机器等固定资产计提的折旧费用计入"管理费用"账户；
> 3. 专门销售部门房屋、设备、机器等固定资产计提的折旧费用计入"销售费用"账户。
>
> 计提固定资产折旧的会计分录一般为：
>
> 借：制造费用
> 　　管理费用
> 　　销售费用
> 　　贷：累计折旧

常用账户设置：

"累计折旧"账户：资产类账户，又是固定资产账户的调整类账户，用来核算固定资产的累计折旧额。贷方登记计提的折旧数，借方登记固定资产减少时冲销的折旧数，期末贷方余额表示现有固定资产的累计折旧数。由于折旧的增加即表示固定资产实际价值的减少，固定资产的原始价值减去累计折旧后的价值反映固定资产的实际价值，因此该账户的结构与固定资产账户相反。

**例 5-15**　东方股份有限公司 2022 年 12 月 31 日计算当月应计提的固定资产折旧原始凭证如表 5-3 所示。

表 5-3　　　　　　　　　　　　固定资产折旧计提表

单位：东方股份有限公司　　　　　2022 年 12 月 31 日　　　　　　　　　　单位：元

| 固定资产类别 | | 本月应计提折旧的固定资产原值 | 月折旧额 |
|---|---|---|---|
| 一车间 | 房屋 | 2 975 000 | 14 700 |
| | 设备 | 555 000 | 2 900 |
| | 小计 | 3 530 000 | 17 600 |
| 管理部门 | 房屋 | 750 000 | 3 000 |
| | 设备 | 500 000 | 1 500 |
| | 小计 | 1 250 000 | 4 500 |
| 合　计 | | 4 780 000 | 22 100 |

【会计分录】

借：制造费用　　　　　　　　　　　　　　　　　　　　　　　17 600
　　管理费用　　　　　　　　　　　　　　　　　　　　　　　　4 500
　　贷：累计折旧　　　　　　　　　　　　　　　　　　　　　　　　22 100

## 业务四：和生产有关的其他业务

### （一）差旅费用的业务处理

职工因公出差，需要根据管理规定报销已经发生的差旅费用，如车船费用、住宿费用、误餐补贴、交通补贴等。其涉及的业务可能有预借差旅费用、报销差旅费用等。

### 重要提示

**差旅费用处理的一般原则**

车间人员报销的差旅费用计入"制造费用"账户；专职销售人员报销的差旅费用计入"销售费用"账户；公司行政管理和其他人员报销的差旅费用计入"管理费用"账户。预借的差旅费作为暂付款在"其他应收款"账户内核算。

常用账户设置：

"其他应收款"账户：资产类账户，用来核算企业应收及暂付其他单位或个人的款项。借方登记应收款的增加，贷方登记已收回的应收款项，期末借方余额表示尚未收回的款项。该账户应按单位或个人设置明细分类账户，进行明细分类核算。

**例 5-16**　ABC 公司一车间员工李丽 2 月 5 日向出纳办理预借差旅费 2 000 元现金，用于 6 日去上海参加供货会（原始凭证：借条）。

2 月 12 日出差回来报销差旅费共计 1 680 元，剩余现金交回（原始凭证：差旅费报销单据，如车票、住宿费发票等）。

【会计分录】

（1）2 月 5 日，预借差旅费：

借：其他应收款——李丽　　　　　　　　　　　　　　　　　　 2 000

贷：库存现金　　　　　　　　　　　　　　　　　　　　　　　　　　　2 000
　（2）2月12日，报销差旅费：
　　借：制造费用　　　　　　　　　　　　　　　　　　　　　　　　　　　1 680
　　　　库存现金　　　　　　　　　　　　　　　　　　　　　　　　　　　　320
　　贷：其他应收款——李丽　　　　　　　　　　　　　　　　　　　　　　2 000

**例5-17**　ABC公司行政部员工李强2月15日向出纳办理预借差旅费3 000元现金，用于16日去南京参加人才招聘会(原始凭证：借条)。

2月22日出差回来报销差旅费共计3 250元，超过预借数额的250元已支付现金(原始凭证：差旅费报销单据，如车票、住宿费发票等)。

【会计分录】
（1）2月15日，预借差旅费：
　　借：其他应收款——李强　　　　　　　　　　　　　　　　　　　　　3 000
　　贷：库存现金　　　　　　　　　　　　　　　　　　　　　　　　　　3 000
（2）2月22日，报销差旅费：
　　借：管理费用　　　　　　　　　　　　　　　　　　　　　　　　　　3 250
　　贷：其他应收款——李丽　　　　　　　　　　　　　　　　　　　　　3 000
　　　　库存现金　　　　　　　　　　　　　　　　　　　　　　　　　　　250

### （二）水电费耗费业务

对于企业经营中发生水电耗费业务的会计处理原则是，车间生产和管理部门发生的水电费计入"制造费用"账户，公司行政管理部门发生的水电费计入"管理费用"账户，专职销售部门发生的水电费计入"销售费用"账户。

**例5-18**　ABC公司上月发生水费3 800元(其中生产车间3 200元，管理部门600元)，取得增值税专用发票注明增值税646元。以上费税已开出转账支票支付给自来水公司(原始凭证：专用发票、支票存根、水费计算表等)。

【会计分录】
　　借：制造费用　　　　　　　　　　　　　　　　　　　　　　　　　　3 200
　　　　管理费用　　　　　　　　　　　　　　　　　　　　　　　　　　　600
　　　　应交税费——应交增值税(进项税额)　　　　　　　　　　　　　　　646
　　贷：银行存款　　　　　　　　　　　　　　　　　　　　　　　　　　4 446

### （三）设备维修费用

机器设备等日常维修费用在"管理费用"账户中核算。

**例5-19**　ABC公司3月15日开出转账支票，支付一车间的设备维修费用1 000元(原始凭证：维修费发票、支票存根)。

【会计分录】
　　借：管理费用　　　　　　　　　　　　　　　　　　　　　　　　　　1 000
　　贷：银行存款　　　　　　　　　　　　　　　　　　　　　　　　　　1 000

### 业务五：制造费用的结转分配

月末车间"制造费用"账户所归集的本月车间发生的制造费用总额应在本车间生产的

产品中进行分配并结转计入产品的生产成本,借记"生产成本",贷记"制造费用",结转分配后,"制造费用"账户无余额。该笔分配结转业务的原始凭证为自制的"制造费用分配表"。

分配制造费用的方法主要采用本车间各产品生产工时或基本生产工人工资或机器设备工时等进行计算。

**例 5-20** 东方股份有限公司 2013 年 12 月 31 日分配结转车间制造费用,其原始凭证如表 5-4 所示。

表 5-4　　　　　　　　　　　　制造费用分配表

公司单位:东方股份有限公司　　　2022 年 12 月 31 日　　　　　　　　单位:元

| 项　目 | | 生产工人工资 | 制　造　费　用 | |
|---|---|---|---|---|
| | | | 分配率 | 分配金额 |
| 基本生产成本 | 甲产品 | 125 000 | 0.252 5 | 31 562.5 |
| | 乙产品 | 115 000 | 0.252 5 | 29 037.5 |
| 合　计 | | 240 000 | | 60 600 |

【制造费用分配结转计算】

分配率 = 60 600 ÷ 240 000 = 0.252 5

甲产品应承担的制造费用额 = 125 000 × 0.252 5 = 31 562.5(元)

乙产品应承担的制造费用额 = 115 000 × 0.252 5 = 29 037.5(元)

【会计分录】

借:生产成本——甲产品　　　　　　　　　　　　　　　31 562.5
　　　　　　——乙产品　　　　　　　　　　　　　　　29 037.5
　　贷:制造费用　　　　　　　　　　　　　　　　　　60 600

**业务六:产品完工入库结转完工产品成本**

月末应根据本月完工入库的产成品数量,计算其完工生产成本,并将完工生产成本从"生产成本"账户转入"库存商品"账户,入库完工产品在"库存商品"账户内核算。月末"生产成本"的期末余额表示月末尚未完工、还需要继续加工生产的在产品的成本。

常用账户设置:

"库存商品"账户:资产类账户,用来核算库存商品的增减变动情况。借方登记验收入库的库存商品成本,贷方登记发出库存商品的成本,期末借方余额表示库存商品的成本。该账户应按商品种类设置明细分类账户,进行明细分类核算。

> **重要提示**
>
> 产品完工入库结转完工产品成本业务也是完工产品总成本和单位成本的计算过程,该业务原始凭证是"产品成本计算单"和"库存商品入库单"。"产品成本计算单"用于计算一种产品所花费的所有成本,具体项目由直接材料、直接人工、制造费用三项构成。"库存商品入库单"是将本月生产完成的产品移送至仓库时填写的单据,这一单据是由仓库管理人员验收合格后填写的。

**例 5-21** 2022 年 12 月 31 日,东方股份有限公司一车间甲产品完工 350 套,验收入库,成本计算单和入库的原始凭证如表 5-5、表 5-6 所示。

表 5-5　　　　　　　　　　　　产品成本计算单

生产车间:一车间　　　　　　　　　　　　　　　　　　　　　　　　　　　　单位:元
产品名称:甲产品　　　　　　　2022 年 12 月　　　　　　　　　　　　　产量:350 套

| 2022 年 | | 摘　　要 | 成　本　项　目 | | | |
|---|---|---|---|---|---|---|
| 月 | 日 | | 直接材料 | 直接人工 | 制造费用 | 合　　计 |
| 1 | 1 | 期初在产品成本 | 9 000 | 2 000 | 3 300 | 14 300 |
| 1 | 31 | 分配材料费 | 31 000 | | | 31 000 |
| | 31 | 分配职工薪酬 | | 11 400 | | 11 400 |
| | 31 | 分配制造费用 | | | 12 600 | 12 600 |
| | 31 | 费用合计 | 40 000 | 13 400 | 15 900 | 69 300 |
| | 31 | 结转完工产品成本 | 40 000 | 13 400 | 15 900 | 69 300 |

表 5-6　　　　　　　　　　　　库存商品入库单

交库单位:一车间　　　　　　　2022 年 12 月 31 日　　　　　　　　　　　编号:1097

| 产品名称 | 规格 | 计量单位 | 交付数量 | 入库数量 | 单价 | 金额 | 备注 |
|---|---|---|---|---|---|---|---|
| 甲产品 | | 套 | 350 | 350 | 198 | 69 300 | |
| | | | | | | | |

检验:张敏　　　　　　　仓库验收:何检　　　　　　　车间交件人:吕敏

【会计分录】
借:库存商品——甲产品　　　　　　　　　　　　　　　　　　　　　　　69 300
　　贷:生产成本——甲产品　　　　　　　　　　　　　　　　　　　　　　69 300

**例 5-22** 月末"生产成本——A 产品"借方发生额合计为 235 000 元,"生产成本——B 产品"借方发生额合计为 437 092 元,本月生产 A 产品 100 件全部完工入库,本月生产 B 产品 120 件全部未完工。

【会计分录】
借:库存商品——A 产品　　　　　　　　　　　　　　　　　　　　　　　235 000
　　贷:生产成本——A 产品　　　　　　　　　　　　　　　　　　　　　　235 000
A 产品单位成本 = 235 000 ÷ 100 = 2 350(元)
B 产品尚未完工,不结转完工成本。

**案例资料 5-5**

恒信公司 2022 年 5 月发生下列业务:
(1)本月材料耗用汇总原始凭证如表 5-7 所示。

表 5-7　　　　　　　　　　耗用材料费用分配表　　　　　　　　单位：元

| | A 材料 | B 材料 | 合　计 |
|---|---|---|---|
| 甲产品耗用 | 60 000 | | 60 000 |
| 乙产品耗用 | 25 000 | 50 000 | 75 000 |
| 车间一般耗用 | 8 000 | 300 | 8 300 |
| 公司管理部门耗用 | 2 000 | | 2 000 |
| 合　　计 | 95 000 | 50 300 | 145 300 |

（2）开出现金支票金额 1 800 元购买办公用品,其中生产车间用 800 元,管理部门用 1 000 元。

（3）本月工资汇总计算如下：

本月生产总工时 25 000 小时,其中：甲产品 15 000 工时,乙产品 10 000 工时。按生产工时比例分配基本生产工人工资：

产品生产工人工资　　　　80 000 元
车间管理人员工资　　　　 9 000 元
销售人员工资　　　　　　 6 000 元
公司行政管理人员工资　　28 000 元
合计　　　　　　　　　　123 000 元

（4）开出现金支票提取现金 123 000 元,以备发放工资。

（5）发放工资 123 000 元。

（6）计提本月固定资产折旧 40 000 元,其中车间生产设备折旧 25 000 元,管理部门厂房等折旧 15 000 元。

（7）以银行存款支付水电费 15 000 元,其中生产车间耗用 10 000 元,管理部门耗用 5 000 元。

（8）将本月制造费用转入甲、乙两种产品成本,分配标准为生产工时。

（9）甲、乙两种产品全部完工并验收入库,结转完工产品成本,并计算产品单位成本,甲产品产量 400 件,乙产品产量 500 件。

案例资料 5-5
参考答案

编制经济业务的会计分录。

## 任务4　核算企业销售业务

### 一、认知销售过程

销售过程的主要任务是将生产出来的产品销售出去,取得销售收入,使企业的生产耗费得到补偿。为了顺利实现产品销售,销售过程中会发生包装费、广告费、运输费等费用,同时也要按照国家规定缴纳税金。因此,销售过程核算的主要内容包括:确认销售收入的实现、办理价款结算、结转销售成本、支付相关费用和计算缴纳销售环节的税费等。

## 二、销售过程核算

### 业务一: 实现产品销售,收到销售价税款

常用账户设置:

"主营业务收入"账户:损益类账户,用来核算企业在销售商品、提供劳务及让渡资产使用权等日常活动中实现的收入。该账户贷方反映企业在日常活动中实现的收入,当已经确认收入的商品发生退回时可以记入本账户借方;期末将该账户借贷相抵的差额转入"本年利润"账户,结转后本账户无余额。本账户可以按照经营业务的种类设置明细账。

> **重要提示**
>
> 当取得或实现收入时,记入"银行存款"账户的借方,同时记入"主营业务收入"账户的贷方和"应交税费——应交增值税(销项税额)"账户的贷方。伴随收入的实现而向购货方收取的增值税额,表示企业欠税务机关的税金,因而应记入"应交税费——应交增值税(销项税额)"账户的贷方。

"主营业务成本"账户:损益类账户,是用来核算已经销售产品成本的账户。产品一经销售,库存商品就由资产变为费用,这种费用是企业为了取得销售收入而必须事先垫支的支出。该账户借方登记因销售商品由"库存商品"转入而增加的数额,贷方登记减少额(转入本年利润),结转后期末无余额。

> **重要提示**
>
> 销售库存商品实现收入时,按配比原则要确认为取得收入而花费的代价,将已销商品的成本记入"主营业务成本"账户的借方,同时记入"库存商品"账户的贷方(因库存商品实体已经减少)。通常已销商品的成本是在月末计算的,所以结转该笔成本业务往往在月末进行。

**例5-23** ABC公司按照合同约定,向D公司销售甲产品10 000件,每件售价10元,每件产品销售成本6元;增值税税率13%,开出增值税专用销售发票。价税款已收到并存入银行(原始凭证:销售专用发票、收款通知单、产品出库单等)。

【会计分录】

实现销售收入,收到销售价税款:

借:银行存款 113 000
    贷:主营业务收入 100 000
        应交税费——应交增值税(销项税额) 13 000

结转销售成本：
借：主营业务成本 60 000
　　贷：库存商品——甲产品 60 000

### 业务二： 赊销业务

赊销业务是指销售商品时，销售已经实现，销售价税款按照合同约定尚未收取。一般有两类：一是按合同约定收款期收取；二是采用商业汇票（包括商业承兑汇票和银行承兑汇票）结算方式，票据到期收取销售价税款。

常用账户设置：

"应收账款"账户：资产类账户，是用来核算企业因对外赊销产品或提供工业性劳务等应当向购货单位收取而尚未收到的货款和税金等款项的形成、结算及结余情况的账户。贷方反映已经收回的款项，余额在借方，反映尚未收回的应收账款。为提供详细的核算资料，应按对方单位的名称设置明细账进行明细核算。

"应收票据"账户：资产类账户，核算因销售商品、产品，提供劳务等收到的商业汇票。借方反映企业收到的商业汇票面值及持有期间计提的利息，贷方反映票据到期收回的本息，余额在借方，反映持有的尚未到期的商业汇票面值及利息。

**例 5-24** ABC 公司按照合同约定，向 D 公司销售甲产品 10 000 件，每件售价 10 元，每件产品销售成本 6 元；增值税税率 13%，开出增值税专用销售发票。合同约定，购货方于一个月内支付价税款（原始凭证：销售专用发票、产品出库单等）。

【会计分录】

实现销售收入时：
借：应收账款——D 公司 113 000
　　贷：主营业务收入 100 000
　　　　应交税费——应交增值税（销项税额） 13 000

结转销售成本：
借：主营业务成本 60 000
　　贷：库存商品——甲产品 60 000

收到已销售的价税款时（原始凭证：进账通知单等）：
借：银行存款 113 000
　　贷：应收账款——D 公司 113 000

**例 5-25** ABC 公司按照合同约定，向 D 公司销售甲产品 10 000 件，每件售价 10 元，每件产品销售成本 6 元；增值税税率 13%，开出增值税专用销售发票。收到票面价值 113 000元、付款到期日 2 个月的银行承兑汇票（原始凭证：销售专用发票、产品出库单、银行承兑汇票等）。

【会计分录】

实现销售收入、取得银行承兑汇票时：
借：应收票据——银行承兑汇票（D 公司） 113 000
　　贷：主营业务收入 100 000
　　　　应交税费——应交增值税（销项税额） 13 000

结转销售成本:
借: 主营业务成本　　　　　　　　　　　　　　　　　　　60 000
　　贷: 库存商品——甲产品　　　　　　　　　　　　　　　　　60 000
票据到期办理收款时(原始凭证:进账通知单等):
借: 银行存款　　　　　　　　　　　　　　　　　　　　113 000
　　贷: 应收票据——银行承兑汇票(D公司)　　　　　　　　　113 000

**业务三: 预收款销售业务**

企业组织销售活动时,会根据签订的销售合同,在尚未发出产品时向购货单位预先收取部分货款,这种业务行为叫作预收账款业务。

常用账户设置:

"预收账款"账户: 负债类账户,是用来核算尚未发出产品而事先向对方收取货款及结算货款情况的账户。贷方登记增加额,借方登记结算冲销减少额,期末余额一般在贷方,表示已经收到但尚未和对方办理结算冲销的预先收取的款项。为提供详细的核算资料,应按对方单位名称设置明细账进行明细分类核算。

> **重要提示**
>
> 当收到对方预先支付的货款时,记入"预收账款"账户的贷方,同时记入"银行存款"账户的借方;待发出商品与对方办理结算冲销时,记入"预收账款"账户的借方,同时记入"主营业务收入"账户和"应交税费——应交增值税(销项税额)"账户的贷方。如果企业预收账款业务不多,可不单设"预收账款"账户,而并入"应收账款"账户进行核算。收到对方的货款时,记入"银行存款"账户的借方,同时记入"应收账款"账户的贷方;发出商品与对方办理结算时,记入"应收账款"账户的借方,同时记入"主营业务收入"和"应交税费——应交增值税"账户的贷方。这时,"应收账款"账户可能会出现贷方余额。

**例5-26**　东方股份有限公司12月5日收到D公司订购本公司乙产品10 000件的定金100 000元转账支票,存入银行。12月25日依照合同向D公司发货乙产品10 000件,单位售价20元,开出销售专用发票,销售价款200 000元,增值税税率13%。12月28日收到银行通知,D公司已经支付销售价税剩余款(原始凭证:销售专用发票、进账通知单等)。

【会计分录】
12月5日收到D公司订购定金:
借: 银行存款　　　　　　　　　　　　　　　　　　　　100 000
　　贷: 预收账款——D公司　　　　　　　　　　　　　　　　100 000
12月25日向D公司销售乙产品:
借: 预收账款——D公司　　　　　　　　　　　　　　　　226 000
　　贷: 主营业务收入　　　　　　　　　　　　　　　　　　200 000
　　　　应交税费——应交增值税(销项税额)　　　　　　　　　26 000
12月28日收到D公司已经支付销售价税剩余款:
借: 银行存款　　　　　　　　　　　　　　　　　　　　126 000

贷：预收账款——D 公司　　　　　　　　　　　　　126 000

**即学即思**　请同学们预习一下项目九的资产负债表中"应收账款""预收账款"项目的填列方法。

恒信公司发生下列业务：

（1）12月8日，恒信公司向光华公司出售产品情况如下：A 产品5 000件，单位售价30元，计150 000元；B 产品4 000件，单位售价15元，计60 000元。增值税税率为13%，并以银行存款2 000元代垫运费。上述款项未收到。

（2）12月17日，按合同规定，预收光明公司货款20 000元，款项存入银行。

（3）12月18日，公司按合同规定向光明公司提供 A 产品1 000件，单位售价30元，计30 000元。增值税税率为13%。

（4）12月30日，公司收到光华公司偿还欠款100 000元，同时收到光明公司偿还欠款33 900元，款项存入银行。

（5）12月31日，结转已销产品的生产成本。其中：A 产品6 000件，单位成本20元，计120 000元；B 产品4 000件，单位成本10元，计40 000元。

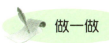

（1）说出经济业务对应的原始凭证。
（2）编制会计分录。

案例资料 5-6
参考答案

**业务四：销售材料业务**

库存材料因改变用途对外销售，或者是销售产品生产中产生的下脚料，构成企业的其他销售业务。

常用账户设置：

"其他业务收入"账户：损益类账户，核算公司除主营业务收入以外的其他销售或其他业务的收入，如材料销售、包装物出租等。其贷方登记取得的其他业务收入，借方登记期末转入"本年利润"账户的数额，结转后无余额。本账户可按其他业务的种类进行明细分类核算。

"其他业务成本"账户：损益类账户，核算公司除主营业务成本以外的其他销售或其他业务所发生的支出，包括销售材料等而发生的相关成本、费用等。其借方登记发生的其他业务支出，贷方登记期末转入"本年利润"账户的数额，结转后无余额。本账户可按其他业务的种类进行明细分类核算，如设置"材料销售""包装物出租"等明细账户。

**例5-27**　东方股份有限公司12月6日将不再需用的库存10吨 A 材料出售给 C 公司，开出专用发票，销售价款50 000元，增值税税率13%，价税款已收到并存入银行，该批材料成本为42 800元（原始凭证：销售专用发票、材料出库单、收款通知单等）。

**【会计分录】**

借：银行存款　　　　　　　　　　　　　　　　　　　　　　56 500
　　贷：其他业务收入　　　　　　　　　　　　　　　　　　　　50 000
　　　　应交税费——应交增值税（销项税额）　　　　　　　　　6 500
借：其他业务成本　　　　　　　　　　　　　　　　　　　　42 800
　　贷：原材料——A 材料　　　　　　　　　　　　　　　　　　42800

**业务五：税金及附加**

税金及附加是指企业经营活动过程中按照税法规定应交纳的增值税以外的流转税类和相关费项，如消费税、资源税、城市维护建设税及教育费附加等。

 **知识链接**

上网搜一搜：消费税、资源税、城市维护建设税及教育费附加的征收范围和纳税对象；企业除按照税法规定缴纳增值税、消费税、资源税、城市维护建设税及教育费附加等税费外，还可能要缴纳哪些税类。

常用账户设置：

"税金及附加"账户：损益类账户，核算企业经营活动中发生的消费税、城市维护建设税及教育费附加等。其借方登记计算出的应由企业负担的税金及附加，贷方登记期末转入"本年利润"账户的数额，结转后无余额。

"应交税费"账户：负债类账户，核算企业应交纳的各种税费，包括增值税、消费税、资源税、城市维护建设税及教育费附加等。贷方登记企业根据税法计算应交纳的税费，借方登记实际交纳的税费，余额一般在贷方，表示应交而尚未交纳的税费。本账户应按税费种类设置明细账，进行明细分类核算。

**例 5-28**　东方股份有限公司 2022 年 12 月 31 日计算本月应交纳的应交城市维护建设税和应交教育费附加，原始凭证如表 5-8 所示。

表 5-8　　　　　　　　　城市维护建设税和教育费附加计算单

2022 年 12 月 31 日

| 项　　目 | 计税基础 | 税率或征收率 | 应纳税额 |
| --- | --- | --- | --- |
| 应交城市维护建设税 | 9 180 | 7% | 642.60 |
| 应交教育费附加 | 9 180 | 3% | 275.40 |
| 合　　计 | | | 918.00 |

**【会计分录】**

借：税金及附加　　　　　　　　　　　　　　　　　　　　918.00
　　贷：应交税费——应交城市维护建设税　　　　　　　　　642.60
　　　　　　　　——应交教育费附加　　　　　　　　　　　275.40

### 业务六：销售费用的发生

销售费用是指企业在销售商品过程中发生的各项费用以及专设机构的各项经费。具体包括包装费、运输费、装卸费、保险费、展览费、广告费，以及销售本公司、企业商品而专设的销售机构中发生的职工薪酬、差旅费、办公费、折旧费、修理费、物料消耗和其他经费等。

常用账户设置：

"销售费用"账户：损益类账户，核算公司在销售商品等业务中发生的费用，包括销售过程中发生的运输费、广告费、展览费及专设销售机构费用等。其借方登记发生的各种销售费用，贷方登记期末转入"本年利润"账户的数额，结转后期末无余额。本账户可按费用项目进行明细分类核算。

**例 5-29**　12月15日，东方股份有限公司开出转账支票支付电视台广告费20 000元，取得电视台开具的普通发票(原始凭证：支票存根、发票等)。

【会计分录】

借：销售费用——广告费　　　　　　　　　　　　　　20 000
　　贷：银行存款　　　　　　　　　　　　　　　　　　　　20 000

## 案例资料 5-7

恒信公司发生下列业务：

(1) 销售商品一批价款300 000元，增值税销项税额39 000元，款项尚未收到。

(2) 销售甲产品一批，价款200 000元，销售乙产品一批，价款300 000元，企业开出的增值税专用发票上注明销项税额65 000元，货税款已收回存入银行。

(3) 收回高天工厂前欠的购货款175 500元。

(4) 开出转账支票给本市电视台，金额100 000元，用途为广告费(不考虑增值税)。

(5) 以银行存款支付销售产品应负担的运输费5 000元(不考虑增值税)。

(6) 按规定计算出本月应交的消费税50 000元，教育费附加8 000元。

(7) 结转已销产品成本275 000元，其中甲产品成本125 000元，乙产品成本150 000元。

(8) 出售多余材料取得收入25 000元，增值税税金3 250元，款项存入银行；该批材料成本15 000元。

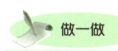

案例资料 5-7
参考答案

根据以上经济业务编制会计分录。

# 任务5 核算企业财务成果业务

## 一、认知财务成果

企业的利润是指企业在一定期间内进行生产经营活动与其他活动所取得的收益超过其所发生的费用的差额,如果收益不足以弥补费用则发生亏损。利润或亏损称为企业的财务成果,这是企业进行资金运动的最终成果。

利润总额＝营业利润＋营业外收支净额

其中,营业利润指企业日常经营过程中发生的收入减去相关费用后的利润。主要是指营业收入减去营业成本、税金及附加、销售费用、管理费用、财务费用等项目后的金额。如果企业当期有资产减值损失、公允价值变动收益及投资收益等内容,也应该进行加减。

营业外收支净额是指与企业日常生产经营无直接关系的各项收入减去相关支出后的差额,即营业外收入减去营业外支出。

企业在取得利润后,按规定应交纳所得税。

应纳所得税＝应纳税所得额×适用税率

需要注意的是,由于按照税法规定计算的应纳税所得额和按会计准则计算的会计利润口径不一致,在计算所得税时需要将利润总额调整为应纳税所得额。

计税所得额＝利润总额±调整数

利润总额扣减所得税费用后的余额,就是企业的净利润,即:

净利润＝利润总额－所得税费用

## 二、财务成果的核算

### 业务一: 本年利润的形成

本年利润的形成业务主要包括日常业务和年终结转业务。日常业务主要是年度内发生的收入、支出、费用、营业外收支、投资收益等业务;年终结转业务主要是年终收支等损益类账户结转、利润计算、所得税汇算清缴等。

(一)营业外收支的业务核算

常用账户设置:

"营业外收入"账户:损益类账户,核算企业发生的与企业生产经营无直接关系的各项收益,主要包括:非货币性资产交换利得、出售无形资产收益、债务重组利得、企业合并损益、盘盈利得、因债权人原因确实无法支付的应付款项、政府补助、教育费附加返还款、罚款收入、捐赠利得等。贷方登记发生的营业外收入,借方登记期末转入"本年利润"账户的数额,结转后本账户无余额。本账户可以按照收入项目进行明细分类核算。

"营业外支出"账户:损益类账户,核算企业发生的与企业生产经营无直接关系的各项支出,包括非流动资产处置损失、非货币性资产交换损失、债务重组损失、公益性捐赠支出、非常损失、盘亏损失等。借方登记发生的营业外支出,贷方登记期末转入"本年利润"账户的数额,结转后本账户无余额。本账户可以按照支出项目进行明细分类核算。

例 5-30 东方股份有限公司 12 月发生下列部分经济业务:

(1)开出转账支票一张 50 000 元捐赠给红十字会作为救灾专款(原始凭证:收据、支票存根等)。

【会计分录】

借:营业外支出 50 000
　　贷:银行存款 50 000

(2)因超标排污被罚款 12 000 元,开出转账支票上交罚款(原始凭证:罚款单、支票存根、收据等)。

【会计分录】

借:营业外支出 12 000
　　贷:银行存款 12 000

(3)收到对违规合伙单位的罚款收入 20 000 元存入银行(原始凭证:罚款凭证、进账通知单等)。

【会计分录】

借:银行存款 20 000
　　贷:营业外收入 20 000

(4)因债权人 D 公司破产清算的原因,应付给 D 公司的一笔应付账款 5 000 元,确实无法支付,经批准作销账处理(原始凭证:无法支付应付账款处理批准书等)。

【会计分录】

借:应付账款——D 公司 5 000
　　贷:营业外收入 5 000

(二)投资收益的业务核算

常用账户设置:

"投资收益"账户:损益类账户,核算企业对外投资取得的收益或发生的损失。贷方登记对外投资取得的收益,借方登记对外投资发生的损失,期末将借贷相抵后的差额转入"本年利润"账户,结转后本账户无余额。

例 5-31 东方股份有限公司 12 月 30 日收到被投资单位分配的利润共 25 000 元,存入银行(原始凭证:利润分配决议、投资单、进账通知单等)。

【会计分录】

借:银行存款 25 000
　　贷:投资收益 25 000

(三)年终结转与汇算清缴业务

常用账户设置:

"本年利润"账户:所有者权益类账户,核算企业在本年度内累计实现的净利润(或发生的净亏损)。企业将一定时期内所取得的收入和所发生的费用(除所得税外)全部转入"本年利润"账户后,计算出的差额是企业生产经营的所得,称为财务成果。贷方登记由"主营业务收入""其他业务收入""投资收益"等账户转入的利润增加的金额,借方登记由"主营业务成本""其他业务成本""税金及附加""销售费用""管理费用""财务费用"等账户转入的利润减少的金额。年末将本年收入和支出相抵后的差额转入"利润分配"账户,年度结转后,本账户无余额。

"所得税费用"账户:损益类账户,核算企业按规定应当从当期损益中扣除的所得税费用。借方登记应缴纳的所得税费用,贷方登记期末转入"本年利润"账户的数额,结转后本账户无余额。

**例 5-32** 东方股份有限公司 12 月 31 日办理年终转账业务,将收入、支出等损益类账户本期发生额结转至"本年利润"账户,结转后各收入支出类账户平账。原始凭证如表 5-9 所示。

表 5-9　　　　　　　　　　　损益账户发生额汇总表

202×年12月　　　　　　　　　　　　　　　　　单位:元

| 账　户 | 本年发生额 | | 账　户 | 本年发生额 | |
|---|---|---|---|---|---|
| | 借　方 | 贷　方 | | 借　方 | 贷　方 |
| 主营业务收入 | | 17 890 000 | 营业外支出 | 30 000 | |
| 主营业务成本 | 11 260 000 | | 投资收益 | | 250 000 |
| 税金及附加 | 36 650 | | 管理费用 | 234 000 | |
| 其他业务收入 | | 214 000 | 销售费用 | 10 500 | |
| 其他业务成本 | 213 560 | | 财务费用 | 25 700 | |
| 营业外收入 | | 16 500 | 合　计 | 11 810 410 | 18 370 500 |

【会计分录】
借:主营业务收入　　　　　　　　　　　　　　　　　　　17 890 000
　　其他业务收入　　　　　　　　　　　　　　　　　　　　　214 000
　　营业外收入　　　　　　　　　　　　　　　　　　　　　　 16 500
　　投资收益　　　　　　　　　　　　　　　　　　　　　　　250 000
　贷:本年利润　　　　　　　　　　　　　　　　　　　　 18 370 500
借:本年利润　　　　　　　　　　　　　　　　　　　　　11 810 410
　贷:主营业务成本　　　　　　　　　　　　　　　　　　 11 260 000
　　　其他业务成本　　　　　　　　　　　　　　　　　　　　213 560
　　　税金及附加　　　　　　　　　　　　　　　　　　　　　 36 650
　　　营业外支出　　　　　　　　　　　　　　　　　　　　　 30 000
　　　管理费用　　　　　　　　　　　　　　　　　　　　　　234 000
　　　财务费用　　　　　　　　　　　　　　　　　　　　　　 25 700
　　　销售费用　　　　　　　　　　　　　　　　　　　　　　 10 500

**例 5-33** 东方股份有限公司 12 月 31 日根据本年实现利润,汇算应交纳的企业所得税,原始凭证如表 5-10 所示。

表 5-10　　　　　　　　　　　　　所得税计算表
　　　　　　　　　　　　　　　　202×年12月　　　　　　　　　　　　　单位：元

| 应税项目 | 计税所得金额 | 税率 | 应交所得税额 | 备注 |
|---|---|---|---|---|
| 税前会计利润 | 6 560 090 | 25% | 1 640 022.50 | 无任何纳税调整事项 |
|  |  |  |  |  |
| 合　　计 | 6 560 090 |  | 1 640 022.50 |  |

主管　　　　　　　　　　复核　　　　　　　　　　制表

【会计分录】
借：所得税费用　　　　　　　　　　　　　　　　　　　1 640 022.50
　　贷：应交税费——应交所得税　　　　　　　　　　　　　1 640 022.50
将所得税费用转入本年利润账户：
借：本年利润　　　　　　　　　　　　　　　　　　　　1 640 022.50
　　贷：所得税费用　　　　　　　　　　　　　　　　　　　1 640 022.50

**例 5-34**　东方股份有限公司 12 月 31 日根据汇算的应交企业所得税，扣除前期已经预交的企业所得税 1 000 000 元，开出转账支票 640 022.50 元，清缴企业所得税（原始凭证：企业所得税汇算清缴单、支票存根联等）。

【会计分录】
借：应交税费——应交所得税　　　　　　　　　　　　　　640 022.50
　　贷：银行存款　　　　　　　　　　　　　　　　　　　　640 022.50

**例 5-35**　东方股份有限公司 12 月 31 日将"本年利润"账户内累计实现的净利润转入"利润分配——未分配利润"账户，"本年利润"平账。

【会计分录】
借：本年利润　　　　　　　　　　　　　　　　　　　　4 920 067.50
　　贷：利润分配——未分配利润　　　　　　　　　　　　　4 920 067.50

**业务二：利润的分配**

企业利润分配是对净利润进行的分配，而不是对利润总额的分配。净利润是指企业利润总额扣除所得税后的剩余部分。在利润分配时，依据国家财务制度规定，首先要按当年净利润的 10% 提取盈余公积金。提取盈余公积金后的余额加年初未分配利润为可供向投资者分配的利润，按董事会的决议向投资者分配。若有剩余，为年末未分配利润，可并入下年继续向投资者分配。

> **重要提示**
>
> 在利润分配过程中，账务处理基本顺序为：
> 1. 按规定提取法定盈余公积金。
> 2. 向投资者分配利润。
> 3. 将"利润分配——相关利润分配明细账户"转到"利润分配——未分配利润"账户。

常用账户设置如下:

"利润分配"账户:所有者权益类账户,用来核算企业利润的分配(或亏损的弥补)以及历年分配(或弥补)后积存余额。该账户贷方登记年末由"本年利润"账户转入的全年实现的净利润,借方登记由"本年利润"账户转入的全年发生的净亏损或者进行利润分配的数额;期末余额在贷方,反映累积的未分配利润,期末余额在借方,反映企业累计未弥补的亏损。应该设置"提取盈余公积""应付现金股利""未分配利润"等明细账户进行明细分类核算。

"盈余公积"账户:所有者权益类账户,反映盈余公积的提取和使用等增减变化情况。企业一般按照净利润的10%提取法定盈余公积。该账户贷方登记企业盈余公积的提取,借方登记盈余公积的使用,贷方余额表示企业提取的尚未使用的盈余公积结存数。

"应付股利"账户:负债类账户,反映公司与投资者结算股利或利润分配的情况,贷方登记公司应支付的股利或者利润金额,借方登记实际向投资者支付的股利或利润,期末贷方余额表示公司应付未付的股利或者利润。

**例 5-36** 12月31日,东方股份有限公司计算计提本年度法定盈余公积金。原始凭证如表 5-11 所示。

表 5-11

盈余公积金计提表

202×年12月31日

| 项　　目 | 本年税后利润 | 计提比例 | 应计提金额 |
| --- | --- | --- | --- |
| 法定盈余公积 | 4 920 067.50 | 10% | 492 006.75 |
|  |  |  |  |
| 合　　计 | 4 920 067.50 |  | 492 006.75 |

【会计分录】

借:利润分配——计提盈余公积　　　　　　　　　　492 006.75
　　贷:盈余公积　　　　　　　　　　　　　　　　　　492 006.75

企业提取的盈余公积是做什么用的?

**例 5-37** 12月31日,东方股份有限公司根据董事会决议,向投资者分配现金股利。原始凭证如图 5-1 所示。

---

**董事会决议书(节选)**
**关于向投资者分配利润的决议**

202×年12月28日在第一会议室召开了东方股份公司的董事会会议,会议应到7人,实到7人,由董事长××主持会议。参加会议的董事在人数与资格等方面符合《中华人民共和国中外合资企业法》及东方股份公司合同章程的规定,会议有效。与会董事就本公司向投资者分配利润经公司董事会全体董事表决,一致同意达成如下决议:
1. 将本期实现利润的 902 424.18 元向投资者分配利润。
2. (略)
出席会议的董事签名:(略)

---

图 5-1　利润分配原始凭证

【会计分录】

借：利润分配——应付现金股利　　　　　　　　　　　　　　902 424.18
　　贷：应付股利　　　　　　　　　　　　　　　　　　　　　　　902 424.18

**业务三：利润分配年终结账**

年度终了，企业要结转当年利润分配，将"利润分配"账户各明细账的借方发生额全部转入"利润分配——未分配利润"账户借方，结转后，除"利润分配——未分配利润"账户外，其他明细账户均无余额。年末，"利润分配——未分配利润"账户贷方余额表示当年未分完，留待以后年度可以向投资者分配的利润；若为借方余额，则表示尚未弥补的亏损。

**例 5-38**　东方股份有限公司 12 月 31 日办理利润分配年终结账业务，将"利润分配"各明细账户结转至"利润分配——未分配利润"账户。原始凭证如表 5-12 所示。

表 5-12　　　　　　　　　　　　　利润分配明细表
　　　　　　　　　　　　　　　　202×年 12 月 31 日

| 明细科目 | 期初余额 | 本期发生额 |
| --- | --- | --- |
| 计提法定盈余公积 |  | 492 006.75 |
| 向投资者分配利润 |  | 902 424.18 |
| （略） |  |  |
| （略） |  |  |

【会计分录】

借：利润分配——未分配利润　　　　　　　　　　　　　　1 394 430.93
　　贷：利润分配——计提盈余公积　　　　　　　　　　　　　　492 006.75
　　　　　　　——应付现金股利　　　　　　　　　　　　　　　902 424.18

**案例资料 5-8**

恒信公司发生下列业务：

（1）开出转账支票一张 50 000 元捐赠给公益性部门。
（2）因超标排污被罚款 12 000 元。
（3）收到罚款收入 20 000 元存入银行。
（4）将本年取得的主营业务收入 650 000 元、其他业务收入 25 000 元、营业外收入 15 000 元结转入"本年利润"账户。
（5）将本年发生的主营业务成本 280 000 元、税金及附加 58 000 元、销售费用 120 000 元、管理费用 50 000 元、财务费用 800 元、其他业务支出 15 000 元、营业外支出 25 000 元结转入"本年利润"账户。
（6）计算并结转本月应交所得税，税率 25%。
（7）将"本年利润"账户的余额结转入"利润分配——未分配利润"账户。
（8）按本年税后净利润的 10% 提取法定盈余公积金。
（9）按规定应当将当年税后净利润中的 20 000 元分配给投资者。

（10）办理利润分配年终结账业务，将"利润分配"各明细账户结转至"利润分配——未分配利润"账户。

根据以上经济业务编制会计分录。

案例资料5-8
参考答案

# 项目六

# 填制记账凭证

 项目目标

认知记账凭证的概念和种类,能正确审核纸质记账凭证和机制记账凭证,具有根据原始凭证正确编制记账凭证的基本能力。

 解决问题

会计凭证的含义、种类、作用;记账凭证的含义、种类、作用;记账凭证的内容和填制方法;机制记账凭证的审核;会计凭证的保管,以及与我国会计基本工作规范相关的会计凭证规范要求。

 技能训练

根据业务和相应的原始凭证正确填制记账凭证,并装订会计凭证。

 案例资料 6-1

### 记账凭证先盖章　会计人员钻空子

企业的现金应由专职的出纳员保管。现金的收支应由出纳员根据收付款凭证办理,业务办理完毕后由出纳员在有关的凭证上签字盖章。这是现金收支业务的正常账务处理程序。

但在大连某实业公司,这个正常的账务处理程序被打乱了。企业的现金由会计人员保管,现金的收支也由会计人员办理。更为可笑的是,该企业的记账凭证也是由出纳员张某先盖好印章放在会计人员那里。这就给会计人员作弊提供了可乘之机。

该实业公司会计(兼出纳)邵某就是利用这种既管钱、又管账的"方便"条件,尤其是借用盖好章的记账凭证,编造虚假支出,贪污公款 1.4 万余元。

为什么记账凭证先盖章,会计人员就会钻空子?

案例资料 6-1
参考答案

## 任务 1　识别记账凭证

### 一、认知会计凭证

会计凭证是记录经济业务、明确经济责任的书面证明,是登记账簿的依据。

会计凭证是最重要的会计证据资料,简称凭证,填制和取得会计凭证是会计工作的初始阶段和基本环节。任何企事业单位对所发生的每一项经济业务都必须按照规定的程序和要求,由经办人员填制和取得会计凭证,列明经济业务的内容、数量和金额,并在凭证上签名或盖章,对经济业务的可靠性负责。

为保证会计记录的真实性,任何会计凭证都要经过有关人员审核,只有经过审核无误的会计凭证,才能作为登记账簿的依据。

> **重要提示**
>
> **会计凭证的作用**
>
> 一是提供经济活动的原始资料。任何经济业务的发生都要填制或取得会计凭证,将经济业务如实地记录下来,反映经济业务的发生、执行及完成情况,使其成为反映经济业务内容的原始资料。二是可以检查经济业务的合法性。通过对会计凭证的审核,可以监督和检查各项经济业务是否符合国家有关政策、法令、制度和计划的规定,可以发现经济管理中存在的问题和漏洞,从而可以对经济业务的合法性和合理性进行具体监督,发挥会计监督的职能,加强经济管理,提高经济效益。三是可以明确经济责任。会计凭证不仅记录了经济业务的内容,而且应由有关部门和经办人员签名盖章,要求有关人员及部门对经济活动的真实性、正确性、合理性、合法性负责。

会计凭证的种类很多,按其填制的程序和用途可以分为原始凭证和记账凭证两大类。

**即学即思**　原始凭证已经在项目四学过。请复习一下原始凭证的作用,并对下列问题做出判断:

1. 经济合同、派工单、请购单等能否作为原始凭证?
2. 判断下列单据哪些是外来原始凭证,哪些是自制原始凭证:增值税专用发票、普通发货票、银行收账通知、收料单、入库单、出库单、限额领料单、材料费用分配表、成本计算单等。

## 二、认知记账凭证

### （一）记账凭证的概念

记账凭证，又称传票，是由会计人员根据审核无误的原始凭证加以归类整理而编制的，用来确定会计分录，作为登记账簿直接依据的会计凭证。

为了满足会计核算的需要，会计人员在对原始凭证审核无误的基础上，对其进行归类整理，然后填制记账凭证。在记账凭证中，应写明应借应贷会计科目及金额，这样便于根据记账凭证登记会计账簿。原始凭证是记账凭证的重要附件和填制依据，它们之间存在着依据和制约关系。

**即学即思** 原始凭证与记账凭证在作用上有何区别？为什么有了原始凭证还要填制记账凭证？

### （二）记账凭证分类

1. 记账凭证按使用范围不同，可分为通用记账凭证和专用记账凭证

（1）通用记账凭证，是一种适合于所有经济业务的记账凭证。具体格式见表6-1。

表6-1　　　　　　　　　　通 用 记 账 凭 证

年　　月　　日　　　　　　　　　　　　　　字第　　号

| 摘　要 | 借方科目 | | 贷方科目 | | 金　　额 | | | | | | | | | 记账符号 | 附原始凭证×张 |
|---|---|---|---|---|---|---|---|---|---|---|---|---|---|---|---|
| | 总账科目 | 明细科目 | 总账科目 | 明细科目 | 百 | 十 | 万 | 千 | 百 | 十 | 元 | 角 | 分 | | |
| | | | | | | | | | | | | | | | |
| | | | | | | | | | | | | | | | |
| | | | | | | | | | | | | | | | |
| | | | | | | | | | | | | | | | |
| | | | | | | | | | | | | | | | |

会计主管：　　　　　记账：　　　　　复核：　　　　　出纳：　　　　　制单：

（2）专用记账凭证，是按经济业务的某种特定属性定向使用的，只适用于某一类经济业务的凭证。通常按其是否反映货币资金收付业务来分类，分为收款凭证、付款凭证和转账凭证三种。

收款凭证是用来记录现金或银行存款收入业务的记账凭证。收款凭证根据其借方科目具体内容又可分为现金收款凭证和银行存款收款凭证。具体格式见表6-2。

**即学即思** 根据项目五学习的内容，请举例哪类业务要用收款凭证。

**表 6-2**  收 款 凭 证

借方科目：　　　　　　　　　　　年　　月　　日　　　　　　　　　　收字第　　号

| 摘　要 | 贷方科目 | | 金　　　　　额 | | | | | | | | | 记账符号 |
| --- | --- | --- | --- | --- | --- | --- | --- | --- | --- | --- | --- | --- |
| | 总账科目 | 明细科目 | 百 | 十 | 万 | 千 | 百 | 十 | 元 | 角 | 分 | |
| | | | | | | | | | | | | |
| | | | | | | | | | | | | |
| | | | | | | | | | | | | |
| | | | | | | | | | | | | |
| | | | | | | | | | | | | |

附原始凭证×张

会计主管：　　　　　记账：　　　　　复核：　　　　　出纳：　　　　　制单：

付款凭证是用来记录现金或银行存款支付业务的记账凭证。付款凭证根据其贷方科目的具体内容又可分为现金付款凭证和银行存款付款凭证。具体格式见表6-3。

**即学即思**　根据项目五学习的内容，请举例哪类业务要用付款凭证。

**表 6-3**  付 款 凭 证

贷方科目：　　　　　　　　　　　年　　月　　日　　　　　　　　　　付字第　　号

| 摘　要 | 借方科目 | | 金　　　　　额 | | | | | | | | | 记账符号 |
| --- | --- | --- | --- | --- | --- | --- | --- | --- | --- | --- | --- | --- |
| | 总账科目 | 明细科目 | 百 | 十 | 万 | 千 | 百 | 十 | 元 | 角 | 分 | |
| | | | | | | | | | | | | |
| | | | | | | | | | | | | |
| | | | | | | | | | | | | |
| | | | | | | | | | | | | |
| | | | | | | | | | | | | |

附原始凭证×张

会计主管：　　　　　记账：　　　　　复核：　　　　　出纳：　　　　　制单：

转账凭证是用来记录与现金和银行存款收付业务无关的业务的记账凭证。凡是不涉及现金和银行存款收付业务的其他经济业务，均为转账业务，要据以编制转账凭证。具体格式见表6-4。

**表 6-4**  转 账 凭 证

　　　　　　　　　　　　　　　年　　月　　日　　　　　　　　　　转字第　　号

| 摘　要 | 借方科目 | | 贷方科目 | | 金　　　　　额 | | | | | | | | | 记账符号 |
| --- | --- | --- | --- | --- | --- | --- | --- | --- | --- | --- | --- | --- | --- | --- |
| | 总账科目 | 明细科目 | 总账科目 | 明细科目 | 百 | 十 | 万 | 千 | 百 | 十 | 元 | 角 | 分 | |
| | | | | | | | | | | | | | | |
| | | | | | | | | | | | | | | |
| | | | | | | | | | | | | | | |
| | | | | | | | | | | | | | | |
| | | | | | | | | | | | | | | |

附原始凭证×张

会计主管：　　　　　记账：　　　　　复核：　　　　　出纳：　　　　　制单：

**即学即思** 材料验收入库、结转产品成本、结转制造费用、销售商品货款未收、购入材料物资货款未付等业务是否填制转账凭证?

2. 按记账凭证是否经过汇总,可分为汇总记账凭证和非汇总记账凭证两种

(1) 汇总记账凭证,是根据非汇总记账凭证,按一定的方法汇总填制的记账凭证,如科目汇总表等。

(2) 非汇总记账凭证,是没有经过汇总的记账凭证,如前述通用记账凭证、收款凭证、付款凭证、转账凭证等。

3. 按记账凭证的填制方式分为复式记账凭证和单式记账凭证两种

(1) 复式记账凭证,是将一项经济业务所涉及的应借应贷的各个会计科目,都集中填制在一张记账凭证上的记账凭证。如前述通用记账凭证、收款凭证、付款凭证和转账凭证都是复式记账凭证。

其优点是可以集中反映科目的对应关系,便于了解经济业务的来龙去脉,可以减少记账凭证的张数。缺点是不便于汇总计算每一会计科目的发生额,不便于分工记账。

(2) 单式记账凭证,是将一项经济业务所涉及的每一个会计科目分别填制记账凭证。

其优点是便于汇总计算每一会计科目的发生额,便于分工记账。缺点是不能在一张凭证上反映一项经济业务的全貌,不便于查账,记账凭证数量多、工作量大。具体格式见表6-5。

表6-5  单式记账凭证

年    月    日                    凭证编号第    号

| 摘 要 | 会计科目 | | 金 额 | | | | | | | | 记账符号 | 附原始凭证×张 |
|---|---|---|---|---|---|---|---|---|---|---|---|---|
| | 总账科目 | 明细科目 | 百 | 十 | 万 | 千 | 百 | 十 | 元 | 角 | 分 | | |
| | | | | | | | | | | | | | |
| | | | | | | | | | | | | | |
| | | | | | | | | | | | | | |
| | | | | | | | | | | | | | |
| | | | | | | | | | | | | | |

会计主管:        记账:        复核:        出纳:        制单:

## 任务2 填制和审核记账凭证

记账凭证填制和审核过程,就是会计对经济业务的会计处理过程,也是前面项目所讲的会计分录的编制过程。记账凭证填制和审核也是会计人员的基本技能。

## 一、记账凭证要素

记账凭证是会计人员根据审核无误的原始凭证和汇总原始凭证,按照经济业务的内容加以归类,确定会计分录并作为登记账簿直接依据而填制的会计凭证。因此,会计人员应认真填写并严格审核记账凭证。

> **重要提示**
>
> **凭证要素**
>
> 记账凭证必须具备以下基本要素:
> 1. 记账凭证的名称;
> 2. 填制凭证的日期和编号;
> 3. 经济业务的内容摘要;
> 4. 应借应贷的账户名称(包括总分类账户和明细分类账户)和金额;
> 5. 所附原始凭证张数;
> 6. 制单、审核、记账、会计主管等有关人员的签名或盖章。收付款凭证还应有出纳人员的签名或盖章。

**即学即思** 1. 说明表6-6所示记账凭证的基本要素。
2. 通过这张记账凭证,你能判断这是笔什么经济业务?会计分录是什么?
3. 所附的原始凭证是哪两张?

表6-6 　　　　　　　　　　收 款 凭 证

借方科目:银行存款　　　　2013 年 12 月 24 日　　　　收字第 087 号

| 摘要 | 贷方科目 | | 金　　　　额 | | | | | | | | | 记账符号 | |
|---|---|---|---|---|---|---|---|---|---|---|---|---|---|
| | 总账科目 | 明细科目 | 百 | 十 | 万 | 千 | 百 | 十 | 元 | 角 | 分 | | 附原始凭证2张 |
| 销售产品 | 主营业务收入 | 甲产品 | | | 3 | 0 | 0 | 0 | 0 | 0 | 0 | | |
| | 应缴税费 | 销项税额 | | | | 5 | 1 | 0 | 0 | 0 | 0 | | |
| | | | | | | | | | | | | | |
| | | | | | | | | | | | | | |
| 合　计 | | | | | 3 | 5 | 1 | 0 | 0 | 0 | 0 | | |

会计主管:张画　　　记账:方方　　　复核:张强　　　出纳:李丽　　　制单:李丽

## 二、记账凭证的填制要求

### (一)记账凭证填制的基本要求

记账凭证是登记账簿的依据。正确填制记账凭证,是保证账簿记录正确的基础。填制记账凭证时的基本要求是:

(1) 审核无误。即在对原始凭证审核无误的基础上,填制记账凭证。

(2) 内容完整。即记账凭证应该包括的内容都要齐备,不能遗漏。

**重要提示**

实际会计工作中,应注意记账凭证的日期,一般是编制记账凭证当天的日期,而不一定是原始凭证记录的日期。但计算收益,分配费用,结转成本、收入,计算利润等调整分录和结账分录的记账凭证,虽然须到下个月才能编制,但仍应填写当月月末的日期,以便正确地登记在当月的有关账簿内。

(3) 分类正确。即根据经济业务的内容,正确区分不同类型的原始凭证,正确运用会计科目编制相应的记账凭证。

**重要提示**

记账凭证可以根据每一张原始凭证填制,或者根据若干张同类原始凭证汇总填制,也可以根据原始凭证汇总表填制,但不能将不同内容和类别的原始凭证汇总填制在一张记账凭证上。

**即学即思** 能否将不同时间发生的内容和类别的原始凭证汇总填制在一张记账凭证上?

(4) 连续编号。即记账凭证应连续编号。这有利于分清会计事项处理的先后顺序,便于记账凭证与会计账簿之间的核对,确保记账凭证的完整。

### (二) 记账凭证填制的具体要求

(1) 除结账和更正错账外,记账凭证必须附有原始凭证并注明原始凭证的张数。与记账凭证中的经济业务记录有关的每一张证据,都应当作为记账凭证的附件。一张原始凭证如涉及几张记账凭证,可以将该原始凭证附在一张主要的记账凭证后面,在其他记账凭证上注明该主要记账凭证的编号并附上该原始凭证复印件。

**即学即思** 为什么结账和更正错账的记账凭证不附有原始凭证?能举例吗?

(2) 一张原始凭证所列支出需要由两个以上单位共同负担时,应当由保存该原始凭证的单位开具给其他应负担单位"原始凭证分割单"。原始凭证分割单必须具备原始凭证的基本内容,包括凭证的名称,填制凭证的日期,填制凭证单位的名称或填制人的姓名,经办人员的签名或盖章,接受凭证单位的名称,经济业务内容、数量、单价、金额和费用的分担情况等。

**即学即思** 1. 原始凭证分割单是原始凭证吗?
2. 一笔费用由两个企业承担,给对方原始凭证的复印件,能不开原始凭证分割单吗?

(3) 记账凭证必须连续编号,以便分清会计事项处理的先后顺序,便于记账凭证与会计账簿核对,确保记账凭证完整无缺。

> **重要提示**
>
> 编号方法很多,可以采用收款凭证、付款凭证、转账凭证分三类编号,也可以采用现金收款、现金付款、银行存款收款、银行存款付款和转账五类编号,还可以采用通用记账凭证统一编号,一笔经济业务需要填制两张或两张以上记账凭证的,应采用分数编号法。如第8号凭证需要编制三张记账凭证,则可编成 $8^{1/3}$ 号、$8^{2/3}$ 号、$8^{3/3}$ 号。每月最后一张记账凭证的编号旁边,可以加注"全"字,以免凭证丢失。

(4) 简明填写"摘要"栏。记账凭证的摘要栏是对经济业务的简要说明,必须针对不同性质的经济业务的特点,考虑登记账簿的需要,正确填写,不得漏填或错填。

(5) 正确使用会计科目。填制会计凭证必须按照会计制度统一规定的会计科目填写在规定的借方或贷方,正确编制会计分录,以保证核算口径一致。除明细科目外,企业不得自己擅自开设会计科目。

(6) 按规定方法更正错误凭证。填制会计凭证后如发现有错误,应根据发现错误的时间和错误类型,采用正确的方法进行更正。

(7) 空行的处理。记账凭证填制完成后,如仍留有空行,应当自最后一笔金额数字下的空行处至合计数上的空行处划线注销,以严密会计核算手续,堵塞漏洞。

(8) 记账凭证填制完成后,应进行复核和检查,有关人员均应签字盖章。出纳人员根据收、付款凭证收入款项或付出款项时,应在凭证上加盖"收讫"或"付讫"的戳记,以免重收重付、漏收漏付。

(9) 只涉及银行存款与现金之间相互划转的,只编付款凭证,不编收款凭证,以免重复。

(10) 实行会计电算化的单位,采用的机制记账凭证应当符合记账凭证的一般要求,打印出来的机制记账凭证要加盖有关人员印章或签字,以加强审核,明确责任。

(11) 记账凭证所填金额要同原始凭证或原始凭证汇总表一致,并保持借贷平衡,即借贷方金额相等。

## 三、记账凭证的填制方法

### (一) 专用记账凭证的填制

1. 收款凭证的填制

收款凭证是根据现金和银行存款收款业务的原始凭证填制的记账凭证。凡是涉及现金和银行存款增加的都必须填制收款凭证。收款凭证左上方的"借方科目"应填写"现金"和"银行存款",在右上方填写凭证编号。"摘要"栏内填写经济业务的内容梗概。"贷方科目"应填写对应的总账、明细账科目。"金额"栏应填写实际收到的现金或银行存款数额。"记账符号"栏供记账员在根据收款凭证登记有关账簿以后做记号用,表示该笔金额已经计入有关账簿,避免重记或漏记。具体格式见表6-7。

## 项目六 填制记账凭证

**表6-7**

**收 款 凭 证**

借方科目：银行存款　　　　　　2022年12月24日　　　　　　银收字第121号

| 摘 要 | 贷方科目 | | 金 额 | | | | | | | | 记账符号 |
|---|---|---|---|---|---|---|---|---|---|---|---|
| | 总账科目 | 明细科目 | 百 | 十 | 万 | 千 | 百 | 十 | 元 | 角 | 分 | |
| 收回货款 | 应收账款 | 向阳公司 | | | 2 | 3 | 0 | 0 | 0 | 0 | 0 | |
| | | | | | | | | | | | | |
| | | | | | | | | | | | | |
| | | | | | | | | | | | | |
| | | | | | | | | | | | | |
| 合　　　计 | | | ¥ | | 2 | 3 | 0 | 0 | 0 | 0 | 0 | |

会计主管：　　　记账：　　　复核：　　　出纳：　　　制单：

附原始凭证×张

### 2. 付款凭证的填制

付款凭证是根据现金和银行存款付款业务的原始凭证填制的记账凭证。凡涉及现金、银行存款付出业务的，都要填制付款凭证。其填制方法与收款凭证大体相同，区别在于左上方应填列贷方科目。具体格式见表6-8。

**表6-8**

**付 款 凭 证**

贷方科目：库存现金　　　　　　2022年12月28日　　　　　　现付字第112号

| 摘 要 | 借方科目 | | 金 额 | | | | | | | | 记账符号 |
|---|---|---|---|---|---|---|---|---|---|---|---|
| | 总账科目 | 明细科目 | 百 | 十 | 万 | 千 | 百 | 十 | 元 | 角 | 分 | |
| 工资发放 | 应付职工薪酬 | | | | | 2 | 3 | 8 | 0 | 0 | 0 | |
| | | | | | | | | | | | | |
| | | | | | | | | | | | | |
| | | | | | | | | | | | | |
| | | | | | | | | | | | | |
| 合　　　计 | | | ¥ | | | 2 | 3 | 8 | 0 | 0 | 0 | |

会计主管：　　　记账：　　　复核：　　　出纳：　　　制单：

附原始凭证×张

### 3. 转账凭证的填制

转账凭证是根据不涉及现金和银行存款收付业务的转账原始凭证填制的记账凭证。凡不涉及现金和银行存款增加或减少的业务都必须填制转账凭证。转账凭证所涉及的科目没有固定的对应关系。因此，要在凭证中按"借方科目"和"贷方科目"分别填列"总账科目"和"明细科目"。具体格式见表6-9。

**表6-9**

转 账 凭 证

2022年12月28日　　　　　　　　　　　　　　　　　转字第282号

| 摘要 | 借方科目 | | 贷方科目 | | 金　　　额 | | | | | | | | | 记账符号 |
|---|---|---|---|---|---|---|---|---|---|---|---|---|---|---|
| | 总账科目 | 明细科目 | 总账科目 | 明细科目 | 百 | 十 | 万 | 千 | 百 | 十 | 元 | 角 | 分 | |
| 材料入库 | 原材料 | 甲材料 | | | | | 5 | 0 | 0 | 0 | 0 | 0 | 0 | 附原始凭证×张 |
| | | | 在途物资 | 甲材料 | | | 5 | 0 | 0 | 0 | 0 | 0 | 0 | |
| | | | | | | | | | | | | | | |
| | | | | | | | | | | | | | | |
| | | | | | | | | | | | | | | |
| 合　　计 | | | | | ¥ | | 5 | 0 | 0 | 0 | 0 | 0 | 0 | |

会计主管：　　　　记账：　　　　复核：　　　　出纳：　　　　制单：

## （二）通用记账凭证的填制

通用记账凭证的名称为"记账凭证"或"记账凭单"，它是集收款、付款和转账凭证于一身，适用于所有业务类型的记账凭证。具体格式见表6-10。

**表6-10**

通用记账凭证

2022年12月11日　　　　　　　　　　　　　　　　　第211号

| 摘要 | 借方科目 | | 贷方科目 | | 金　　　额 | | | | | | | | | 记账符号 |
|---|---|---|---|---|---|---|---|---|---|---|---|---|---|---|
| | 总账科目 | 明细科目 | 总账科目 | 明细科目 | 百 | 十 | 万 | 千 | 百 | 十 | 元 | 角 | 分 | |
| 购料 | 在途物资 | 乙材料 | | | | | 1 | 5 | 0 | 0 | 0 | 0 | 0 | 附原始凭证×张 |
| | 应交税费 | 增(进) | | | | | | 2 | 5 | 5 | 0 | 0 | 0 | |
| | | | 银行存款 | | | | 1 | 7 | 5 | 5 | 0 | 0 | 0 | |
| | | | | | | | | | | | | | | |
| | | | | | | | | | | | | | | |
| | | | | | | | | | | | | | | |
| 合　　计 | | | | | ¥ | | 1 | 7 | 5 | 5 | 0 | 0 | 0 | |

会计主管：　　　　记账：　　　　复核：　　　　出纳：　　　　制单：

案例资料6-2

ZH公司10月份发生如下经济业务：

1. 1日，向银行借入6个月的款项60 000元存入银行。

2. 3日，归还前欠某公司货款80 000元。

3. 5日，李文出差预借差旅费3 000元。

4. 5日,收到某公司前欠货款100 000元。

5. 8日,支付广告费50 000元。

6. 10日,购入材料价款40 000元,增值税5 200元,价税款已付。

7. 12日,从银行提取现金60 000元,以备临时开支。

8. 13日,生产领用材料50 000元,用于生产甲产品。

9. 20日,支付水电费8 000元,其中生产车间2 500元,管理部门5 500元。

10. 25日,李文出差归来报销差旅费3 200元,所欠部分以现金付讫。

11. 26日,销售产品一批价款80 000元,增值税10 400元,价税款已收到。

12. 26日,购买材料价款30 000元,增值税3 900元,款项尚未支付。

13. 28日,销售产品一批价款100 000元,增值税13 000元,货尚未收到。

14. 30日,销售库存多余材料一批,价款20 000元,增值税2 600元,款已收到。

15. 30日,产品完工验收入库200 000元。

案例资料6-2
参考答案

 做一做

根据以上业务编制会计分录并编制记账凭证。该企业采用收、付、转凭证格式。

**即学即思** ZH公司2022年12月31日结账前将有关收入类账户和支出类账户发生额进行转账的会计分录是:

(1) 借:主营业务收入　　　　　　　　　　　　　17 890 000
　　　　其他业务收入　　　　　　　　　　　　　　　214 000
　　　　营业外收入　　　　　　　　　　　　　　　　 16 500
　　　　投资收益　　　　　　　　　　　　　　　　　250 000
　　　贷:本年利润　　　　　　　　　　　　　　　18 370 500

(2) 借:本年利润　　　　　　　　　　　　　　　11 810 410
　　　贷:主营业务成本　　　　　　　　　　　　　11 260 000
　　　　　其他业务成本　　　　　　　　　　　　　　213 560
　　　　　税金及附加　　　　　　　　　　　　　　　 36 650
　　　　　营业外支出　　　　　　　　　　　　　　　 30 000
　　　　　管理费用　　　　　　　　　　　　　　　　234 000
　　　　　财务费用　　　　　　　　　　　　　　　　 25 700
　　　　　销售费用　　　　　　　　　　　　　　　　 10 500

请根据上述两笔会计分录分别编制转账凭证。

 议一议

一张转账凭证中填列账户的栏不够了,该如何编制凭证呢?

## 四、记账凭证的审核

为了使记账凭证的填制符合记账要求,正确反映经济业务的内容,登记账簿前必须由专人对记账凭证进行审核。记账凭证的审核,是在对原始凭证审核基础上进行的再审核,要着重审核记账凭证的填制是否正确,是否符合规定要求。审核的主要内容有:

(1) 审核是否按原始凭证填制记账凭证。主要审核所记录的内容与所附的原始凭证是否一致,金额是否相等;所附原始凭证的张数是否与记账凭证所列附件张数相符。

(2) 审核记账凭证应借、应贷的会计科目(包括一级科目、明细科目)和金额是否正确;借贷双方的金额是否平衡;明细科目金额之和与相应的总账科目金额是否相等。

(3) 审核记账凭证摘要是否填写清楚,日期、凭证编号、所附张数以及有关人员签章等各个项目填写是否齐全。

若发现记账凭证的填制有差错或者填列不完整,签章不齐全,应查明原因,责令更正、补充或者重填。只有经过审核无误的记账凭证,才能据以登记账簿。

 **重要提示**

### 机制记账凭证审核

实行会计电算化的单位,对于机制记账凭证的会计科目使用是否正确、数字是否准确进行审核。打印出的机制记账凭证要加盖制单人员、审核人员、记账人员及会计机构负责人、会计主管人员印章或者有上述人员签字。

 **知识链接**

### 会计原始凭证与记账凭证审核的异同

1. 相同点

(1) 真实性:审核原始凭证日期是否真实、业务内容是否真实、数据是否真实等;审核记账凭证是否附有原始凭证为依据,记账凭证的内容是否与原始凭证一致。

(2) 正确性:原始凭证金额计算及填写是否正确;记账凭证科目、金额、书写是否正确。

(3) 完整性:填写项目是否齐全。

2. 不同点

(1) 合法性审核:审核原始凭证所记录的经济业务是否有违反国家法律法规的情况,是否有贪污腐化等行为;记账凭证没有这一条。

(2) 合理性:审核原始凭证所记录的经济业务是否符合生产经营的需要等。

(3) 及时性:符合要求的原始凭证要及时编制记账凭证,内容不全的、填写错误的原始凭证退回补充完整;不真实、不合法的原始凭证不予接受,并向单位负责人报告。

# 任务3 传递与保管会计凭证

## 一、会计凭证的传递

会计凭证的传递,是指会计凭证从取得、填制到归档保管的整个过程中,在本单位内部各有关部门和人员之间的传递程序和传递时间。

各单位会计凭证的传递程序应当科学、合理,具体办法由各单位根据会计业务的需要自行规定。

## 二、会计凭证的保管

会计凭证的保管是指会计凭证登账后的整理、装订、归档和存查。

任何单位必须对会计凭证妥善整理和保管,不得丢失和任意销毁,做到既要安全和完整,又要便于凭证的事后调阅和查找。会计凭证的保管分平时保管和归档保管。保管期满报经批准,方可销毁。

## 三、会计凭证的装订

凭证装订是指将整理完毕的会计凭证加上封面和封底,装订成册,并在装订线上加贴封签的一系列工作。科目汇总表的工作底稿也可以装订在内,作为科目汇总表的附件。使用计算机的企业,还应将转账凭证清单等装订在内。

会计凭证不得跨月装订。记账凭证少的,可以一个月装订一本;一个月内凭证数量较多的,可装订成若干册,并在凭证封面上注明本月总计册数和本册数。采用科目汇总表会计核算形式的企业,原则上以一张科目汇总表及所附的记账凭证、原始凭证装订成一册,凭证少的,也可将若干张科目汇总表及相关记账凭证、原始凭证合并装订成一册。序号每月一编。

装订成册的会计凭证必须加盖封面,封面上应注明单位名称、年度、月份和起讫日期、凭证种类、起讫号码,由装订人在装订线封签外签名或者盖章,如图6-1所示。

2022 年 12 月 1 日至 12 月 31 日

| 年月份第　册 | (企业名称) | | | | |
|---|---|---|---|---|---|
| | 年 | 月份 | 共 | 册第 | 册 |
| | 收款<br>付款　　　凭证<br>转账 | | 第　　　号至第 | 号共 | 张 |
| | 共计记账凭证<br>第 | 张<br>册共 | 附：原始凭证共 | | 张<br>册 |
| | 会计主管(签章) | | 复核 | 保管(签章) | |

图 6-1　会计凭证封面

### 重要提示

**会计凭证装订程序**

1. 整理记账凭证，摘掉凭证上的大头针等，并将记账凭证按编号顺序码放。
2. 将记账凭证汇总表、银行存款余额调节表放在最前面，并放上封面、封底。
3. 在码放整齐的记账凭证左上角放一张 8cm×8cm 大小的包角纸。包角纸要厚一点，其左边和上边与记账凭证取齐。
4. 过包角纸上沿距左边 5cm 处和左沿距上边 4cm 处包角纸上划一条直线，并用两点将此直线等分，再分别在等分直线的两点处将包角纸和记账凭证打上两个装订孔。
5. 用绳穿绕扎紧(结扎在背面)。粘上包角纸。

将装订线印章盖于骑缝处，并注明年、月、日和册数的编号。

### 知识链接

**怎样折叠和粘贴原始凭证**

为使装订后的会计凭证整齐、平坦、美观，同时查阅复印原始凭证时方便，展开面较大，应从折叠和粘贴原始凭证的基础工作做起。要求如下：

1. 折叠原始凭证的尺寸标准为长 21cm×宽 10.5cm，左上角为粘贴处，胶水少许。平时折叠可采用标准尺寸的样板纸，每次按样板折叠。
2. 尺寸过小的原始凭证，可用 21cm×10.5cm 白纸平摊粘贴，使装订后厚薄均匀。切忌随手拖一张空白的记账凭证或报销单反转来粘贴。
3. 一项经济活动中，有多张原始凭证，前后粘贴次序一般要求如下：
① 最上面的是银行收付款单证；
② 其次是外来发票或收据；
③ 再次是外来发票的附件，如清单、入库验收单等；
④ 最后是付款内部签批凭证，如预领支票签批单、用款申请单等。

4. 属于费用报销的《费用报销审批单》,粘贴次序为:

①《费用报销审批单》上面粘银行单证;

②《费用报销审批单》下面按填写次序粘贴原始单据。

5. 原始凭证的粘贴均以左上角对齐,但是支票存根尺寸比较小,装订后势必将主要内容遮盖掉,所以支票存根粘贴应左离2cm,使装订时只有一孔订着,这样可使展示面较大。

# 项目七

# 登记会计账簿

 **项目目标**

认知账簿的含义、种类、作用,理解账簿的经济本质,形成财务会计信息价值观;准确把握会计账簿工作基础规范,具有基本的建账、记账、算账、查账和更账能力。

 **解决问题**

会计账簿的含义、意义、种类;账簿启用;记账规则;手工账簿错账更账;机制账簿的审核;结账对账;试算平衡;我国会计基本工作规范对账簿规范的相关内容。

 **技能训练**

账簿识别基本能力,建账、记账、算账、结账、对账、更账的基本技能综合训练。

 **案例资料7-1**

### 试算平衡表不是万能的

小甄从某财经大学会计系毕业,刚刚被聘任为启明公司的会计员。今天是他来公司上班的第一天。会计科里那些同事们忙得不可开交,一问才知道,大家正在忙于月末结账。"我能做些什么?"会计科长看他那急于投入工作的表情,也想检验一下他的工作能力,就问:"试算平衡表的编制方法在学校学过了吧?""学过。"小甄很自然地回答。

"那好吧,趁大家忙别的时候,你先编一下我们公司这个月的试算平衡表。"科长帮他找到了本公司所有的总账账簿,让他在早已准备好的办公桌上开始了工作。不到一个小时,一张"总分类账户发生额及余额试算平衡表"就完整地编制出来了。看到表格上那相互平衡的三组数字,小甄激动的心情难以言表,兴冲冲地向科长交了差。

"呀,昨天车间领材料的单据还没记到账上去呢,这也是这个月的业务啊!"会计员李媚说道。还没等小甄缓过神来,会计员小张手里又拿着一些会计凭证凑了过来,对科长说:"这笔账我核对过了,应当记入'原材料'和'生产成本'的是10 000元,而不是9 000元。已经入账的那部分数字还得改一下。"

"试算平衡表不是已经平衡了吗？怎么还有错账呢？"小甄不解地问。

案例资料 7-1
参考答案

请你就小甄不解的问题回答他。

设置和登记会计账簿是会计核算工作的一个重要环节，是连接会计凭证和会计报表的纽带，在会计核算中具有重要意义，登记和管理账簿是会计人员的基本技能。

## 任务 1　认知会计账簿

### 一、会计账簿

会计账簿是由相互联系的具有专门格式的账页组成的，是以会计凭证为依据，用来序时、分类、全面地记录和反映企业各项经济业务的簿籍（账册）。

根据会计凭证，将所有经济业务的所有信息、内容按其发生的时间顺序，分门别类地记入有关账簿的方法就是登记账簿，简称记账。

> **重要提示**
>
> 各单位应当按照《中华人民共和国会计法》和国家统一会计制度的规定建立会计账册，进行会计核算，及时提供合法、真实、准确、完整的会计信息。各单位发生的各项经济业务事项应当在依法设置的会计账簿上统一登记、核算，不得违反会计法和国家统一的会计制度的规定私设会计账簿登记、核算。

设置账簿是会计工作的一个重要步骤，通过设置和登记会计账簿，把大量分散的数据通过账簿进行归类整理，逐步加工成为有用的会计信息，以便全面记录各单位经济活动的全过程，并为下一步编制会计报表提供重要依据。账簿的设置一般称为建账。

 **知识链接**

建账分为新设建账和年初建账。

新设建账：当一个企业从无到有新组建时，应于领取营业执照 15 日内建立各种会计账簿，并报主管财、税务机关备案。方法是按财政部核发的会计科目表开设总分类账，按预计的经济业务繁简程度及自身核算的要求开设明细分类账。

年初建账：一个企业开始经营后，每年年初都要重新开设各种账簿（个别账户除外）。方法是将各资产、负债、所有者权益类账户上年末的期末余额过入本年新开设的账户所对应的余额栏,并在摘要栏内填写"期初余额",而没有期末余额的成本类、损益类账户则直接按会计科目开设账簿。

**即学即思** 想一想,有了记账凭证记录经济业务,为什么还要账簿呢?

> **重要提示**
> 会计账簿的作用:
> 账簿可以全面、连续、科学、系统地反映经济活动,账簿是编制会计报表的依据,账簿是重要的经济档案,账簿是经济监督的依据。

## 二、会计账簿的种类

在账簿体系中,有各种不同功能和作用的账簿,它们既各自独立,又相互补充,形成了一整套完整的账簿体系。

### (一) 账簿按用途分为序时账簿、分类账簿和备查账簿

1. 序时账簿

序时账簿也称日记账,是按各项经济业务发生或完成时间的先后顺序,逐日、逐笔进行连续登记的账簿。所以又称为"日记账",古代会计中亦称之为"流水账"。

日记账一般有两种:一种是用来记录全部业务的日记账,称为"普通日记账";另一种是用来记录某一类型经济业务的日记账,称为"特种日记账",如记录现金收付业务及其结存情况的现金日记账,记录银行存款收付业务及其结存情况的银行存款日记账,以及专门记录转账业务的转账日记账。为了加强对货币资金的监督和管理,我国大多数企业一般只设现金日记账和银行存款日记账,而不设转账日记账和普通日记账。

特种日记账其格式如表 7-1 所示。

表 7-1　　　　　　　　　库存现金日记账(三栏式)

第　页

| 2022年 | | 凭证 | | 摘要 | 对方科目 | 借方 | 贷方 | 借或贷 | 余额 |
| 月 | 日 | 字 | 号 | | | | | | |
| --- | --- | --- | --- | --- | --- | --- | --- | --- | --- |
| 2 | 1 | | | 期初余额 | | | | 借 | 1 200 |
| | 1 | 现付 | 1 | 变卖废品收入 | 营业外收入 | 850 | | | |
| | 1 | 银付 | 1 | 提取现金备用 | 银行存款 | 1 000 | | | |
| | 1 | 现付 | 2 | 李兵借差旅费 | 其他应收款 | | 800 | | |
| | 1 | 现付 | 3 | 购买办公用品 | 管理费用 | | 375 | | |
| | 1 | | | 本日合计 | | 1 850 | 1 175 | 借 | 1 875 |
| | ⋮ | | | | | | | | |
| | 28 | | | 本日合计 | | 2 000 | 1 680 | 借 | 1 520 |
| | 28 | | | 本月合计 | | 47 600 | 47 280 | 借 | 1 520 |

普通日记账格式如表 7-2、表 7-3 所示。

表 7-2　　　　　　　　　　普通日记账(两栏式)

第　　页

| 2022 年 | | 摘　　要 | 账户名称 | 借方 | 贷方 | 过账 | 总账页数 |
|---|---|---|---|---|---|---|---|
| 月 | 日 | | | | | | |
| 3 | 2 | 向银行借款 | 银行存款 | 10 000 | | √ | |
| | | | 短期借款 | | 10 000 | √ | |
| | 5 | 购入办公用品 | 管理费用 | 13 000 | | √ | |
| | | | 银行存款 | | 13 000 | √ | |

表 7-3　　　　　　　　　　普通日记账(多栏式)

第　　页

| 年 | | 摘要 | 账户名称 | 借　　方 | | | 贷　　方 | | |
|---|---|---|---|---|---|---|---|---|---|
| 月 | 日 | | | 库存现金 | 管理费用 | …… | 银行存款 | 短期借款 | …… |
| | | | | | | | | | |

2. 分类账簿

分类账簿是对全部经济业务按照会计要素的具体类别而设置的分类账户进行登记的账簿。

分类账按照账户分类的层次分为总分类账和明细分类账。

按照总分类账户分类登记经济业务的是总分类账簿,简称总账,总分类账提供总括的会计信息;按照明细分类账户分类登记经济业务的是明细分类账簿,简称明细账,明细分类账提供详细的会计信息。明细账是对总账的补充和具体化,并受总分类账的控制和统驭。

**即学即思**　根据总分类账户与明细分类账户之间的关系,请概述总账和明细分类账的关系。

3. 备查账簿

备查账簿也称辅助账簿、备查簿,是对某些序时账簿和分类账簿不记载的经济业务或记载不全的项目进行补充登记的账簿。例如,租入固定资产登记簿等。

**重要提示**

备查账簿与序时账簿和分类账簿相比,有两点不同之处:一是登记依据不同,备查账簿可能不需要会计凭证,而序时账簿和分类账簿必须有会计凭证;二是账簿的格式和登记方法不同,备查账簿没有固定的格式,它的主要栏目不记录金额,注重用文字来记录经济业务的发生情况,而序时账簿和分类账簿有固定的格式和严格的登记方法。

(二) 账簿按账页格式分为两栏式、三栏式、多栏式和数量金额式等

(1) 两栏式账簿是指只有借方和贷方两个基本金额栏目的账簿,如普通日记账和转账

日记账一般采用两栏式(表 7-2)。

（2）三栏式账簿是指设有借方、贷方和余额 3 个基本栏目的账簿。如特种日记账、总分类账以及资本、债权、债务明细账都可采用三栏式账簿(表 7-1)。

（3）多栏式账簿是指在账簿的借方和贷方两个基本栏目下面，按需要分设若干专栏的账簿，如收入、成本费用、本年利润等明细账一般采用这种格式的账簿，格式见表 7-3、表 7-4、表 7-5、表 7-6。

表 7-4　　　　　　　　　　　借方多栏式明细分类账

管理费用

第　页

| 2022 年 | | 凭证 | | 摘要 | 借方(项目) | | | | | | 贷方 | 余额 |
| --- | --- | --- | --- | --- | --- | --- | --- | --- | --- | --- | --- | --- |
| 月 | 日 | 字 | 号 | | 工资 | 水电费 | 劳保费 | 办公费 | 折旧费 | 合计 | | |
| 3 | 4 | 现付 | 5 | 买办公用品 | | | | 3 000 | | 3 000 | | 3 000 |
|  | 26 | 银付 | 5 | 付水电费 | | 2 800 | | | | 2 800 | | 5 800 |
|  | 31 | 转 | 22 | 分配工资 | 4 000 | | | | | 4 000 | | 9 800 |
|  | 31 | | | 月末转出 | | | | | | | 9 800 | 0 |

表 7-5　　　　　　　　　　　贷方多栏式明细分类账

主营业务收入

第　页

| 2022 年 | | 凭证 | | 摘要 | 借方 | 贷方(项目) | | | | 余额 |
| --- | --- | --- | --- | --- | --- | --- | --- | --- | --- | --- |
| 月 | 日 | 字 | 号 | | | 甲产品 | 乙产品 | 丙产品 | 合计 | |
|  |  |  |  |  |  |  |  |  |  |  |
|  |  |  |  |  |  |  |  |  |  |  |
|  |  |  |  |  |  |  |  |  |  |  |
|  |  |  |  |  |  |  |  |  |  |  |

表 7-6　　　　　　　　　　　借方贷方多栏式明细账

本年利润

第　页

| 年 | | 凭证 | | 摘要 | 借方(项目) | | 贷方(项目) | | 借或贷 | 余额 |
| --- | --- | --- | --- | --- | --- | --- | --- | --- | --- | --- |
| 月 | 日 | 字 | 号 | | | 合计 | | 合计 | | |
|  |  |  |  |  |  |  |  |  |  |  |
|  |  |  |  |  |  |  |  |  |  |  |
|  |  |  |  |  |  |  |  |  |  |  |

（4）数量金额式账簿是指在设置借方、贷方和余额三大栏目的账页的基础上，在每一个大栏内都分设数量、单价和金额 3 个小栏目的账页组成的账簿，如原材料、库存商品等明细账，格式见表 7-7。

表 7-7　　　　　　　　　　　　　**数量金额式明细分类账**

原材料明细账

类别：钢材料　　　　　　　　　　　　　　　　　　　　　　第　页
品名规格：螺纹钢　　　　　　　　　　　　　　　　　　　计量单位：千克
　　　　　　　　　　　　　　　　　　　　　　　　　　　存放地点：1 号库
　　　　　　　　　　　　　　　　　　　　　　　　　　　编号：0018

| 年 | | 凭证 | | 摘要 | 收入 | | | 发出 | | | 结存 | | |
|---|---|---|---|---|---|---|---|---|---|---|---|---|---|
| 月 | 日 | 字 | 号 | | 数量 | 单价 | 金额 | 数量 | 单价 | 金额 | 数量 | 单价 | 金额 |
| | | | | | | | | | | | | | |
| | | | | | | | | | | | | | |
| | | | | | | | | | | | | | |

## （三）按外表形式分为订本式账簿、活页式账簿和卡片式账簿

（1）订本式账簿。简称订本账，是指在启用前就按顺序编号把账页装订成册的账簿。订本账的优点是可以防止账页的散失和被非法抽换，缺点是不便于记账人员分工记账，也不便于根据需要增减账页，会影响账簿记录的连续性或造成账页的浪费。

订本式账簿一般适用于重要事项的登记，如库存现金日记账、银行存款日记账和总分类账等。

（2）活页式账簿。也称活页账，是指账页在账簿登记完毕之前并不固定装订在一起，而是装在活页夹中，当账簿登记完毕之后（通常是一个会计年度结束之后），才将账页予以装订，加具封面，并给各账页连续编号的账簿。

采用活页式账簿，其优点是便于分工记账，可根据需要随时增减账页，对账户进行重新排列；缺点是账页容易散失和被抽换。这种账簿一般适用于各种明细分类账。

（3）卡片式账簿。也称卡片账，是指由许多分散的、具有一定格式的卡片组成的，存放在卡片箱中可随时取用的账簿。在我国，企业一般对固定资产明细账的核算采用卡片账形式，如表 7-8 所示。

表 7-8　　　　　　　　　　　　　**固定资产卡片**

| 卡片编号 | 资产编号 | 固定资产类别 | 资产名称 | 数量 | 购买日期 | 原值 | 生产厂家及规格 |
|---|---|---|---|---|---|---|---|
| 1 | 600 | 一般设备 | 监听接收机 | 1 | 1990.03.01 | 2 000 | 日本 AR-2002 |
| 2 | 601 | 一般设备 | 卫星接收仪 | 1 | 1999.03.01 | 19 800 | 美国 PS-50 |
| 3 | 602 | 一般设备 | 微波传输系统 | 1 | 1992.11 | 38 920 | v-10 |
| 4 | 603 | 一般设备 | 监测接收机 | 1 | 1993.09 | 839 579.6 | 德国 TS9965 |
| 5 | 604 | 一般设备 | 功率计 | 1 | 1993.12 | 2 400 | 日本 A 型 |

**即学即思**　固定资产卡片账是明细账吗？

# 任务2 设置和登记会计账簿

各单位应当按照国家统一会计制度的规定和会计业务的需要设置会计账簿。由于账簿所记录的经济内容不同,账簿的基本内容也各不相同,但各种主要账簿都应具备以下基本内容。

## 一、账簿的内容

### (一) 封面

封面主要标明账簿名称和记账单位名称,如资产总分类账、材料明细分类账、库存现金日记账等。

### (二) 扉页

扉页主要用来登载账簿启用及经管人员一览表,其主要内容是:单位名称;账簿名称;起止页数;启用日期;单位领导人;会计主管人员;经管人员;移交人和移交日期;接管人和接管日期。

"账簿启用和经管人员一览表"的一般格式见表7-9。

表7-9　　　　　　　　　　账簿启用和经管人员一览表

账簿名称:＿＿＿＿＿＿＿　　　　　　单位名称:＿＿＿＿＿＿＿
账簿编号:＿＿＿＿＿＿＿　　　　　　账簿册数:＿＿＿＿＿＿＿
账簿页数:＿＿＿＿＿＿＿　　　　　　启用日期:＿＿＿＿＿＿＿
会计主管:＿＿＿＿＿＿＿　　　　　　记账人员:＿＿＿＿＿＿＿

| 移交日期 | | | 移交人 | | 接管日期 | | | 接管人 | |
|---|---|---|---|---|---|---|---|---|---|
| 年 | 月 | 日 | 姓名 | 盖章 | 年 | 月 | 日 | 姓名 | 盖章 |
| | | | | | | | | | |

**重要提示**

记账人员或者会计机构负责人、会计主管人员调动工作时,应当在"经管人员一览表"中注明交接日期、接办人员和监交人员姓名,并由交接双方人员及监交人员签名或盖章,以明确有关人员的责任,增强有关人员的责任感。一般会计人员办理交接手续,由会计机构负责人(会计主管人员)监交;会计机构负责人(会计主管人员)办理交接手续,由单位负责人监交,必要时主管单位可以派人会同监交。

## （三）账页

账页是账簿的主要内容。账页的格式因反映的经济业务内容不同而不同。各种格式的账页一般包括以下基本内容：

（1）账户名称；（2）记账日期栏；（3）记账凭证的种类和号数栏；（4）摘要栏；（5）金额栏；（6）总页次和分户页次等。

**即学即思** 请分别设计固定资产总账、银行存款日记账账页。

## 二、日记账的设置和登记

日记账，又称序时账，是对各项经济业务按其发生时间的先后顺序，逐日逐笔进行登记的账簿，又分为普通日记账和特种日记账。

### （一）普通日记账的设置与登记

普通日记账也称分录簿，它是根据一个企业一定时间内发生的全部经济业务，在账簿中确定会计分录的账簿，格式见表7-10。

表7-10　　　　　　　　　　普通日记账（两栏式）

| 2022年 | | 凭证编号 | 摘　要 | 会计科目 | 借方金额 | 贷方金额 | 过账 |
|---|---|---|---|---|---|---|---|
| 月 | 日 | | | | | | |
| 1 | 3 | 1 | 提现备用 | 库存现金 | 5 000.00 | | √ |
| | | | | 银行存款 | | 5 000.00 | √ |
| 1 | 3 | 2 | 采购材料 | 在途物资——甲材料 | 28 000.00 | | √ |
| | | | | 应交税费——应交增值税 | 4 760.00 | | √ |
| | | | | 银行存款 | | 32 760.00 | √ |

普通日记账的登记方法：

（1）日期栏：登记经济业务发生的日期。年度记入日期栏上端，月、日分两小栏登记。只有在更换账页或年度、月份变动时才重新填写年度和月份。

（2）摘要栏：简要说明经济业务的内容。文字要简洁，能概括经济业务全貌。

（3）账户名称：登记会计分录的应借应贷账户名称（会计科目）。

（4）金额栏：将经济业务金额登记到借方、贷方栏内。

（5）过账栏：每天根据日记账中应借应贷账户及其金额过入分类账后，在过账栏内注明"√"符号，表示已经过账。

**重要提示**

如果企业在经营过程中有许多经济业务经常重复发生，就可在日记账中设置一些专栏，把同类业务在专栏里汇总，然后一次过入分类账，这可大大简化登账工作。可设置多栏式普通日记账（表7-3）。

> 多栏式普通日记账是指在日记账中分设专栏,把经常重复的经济业务分栏登记,并将汇总的发生额一次过入分类账的一种普通日记账。

### (二)特种日记账的设置与登记

特种日记账指专门用来登记某一类经济业务的日记账。各单位通常应设置库存现金日记账、银行存款日记账。库存现金日记账与银行存款日记账必须采用订本式账簿。

根据各单位需要,可设三栏式和多栏式。

#### 1. 库存现金日记账

库存现金日记账是用来登记库存现金的收入、支出和结存情况的账簿。由出纳员根据审核无误的现金收款凭证、现金付款凭证及银行付款凭证(企业从银行提取现金业务),按时间先后顺序逐日逐笔登记。

**例 7-1**  ZH 公司 2022 年 5 月 20 日发生下列库存现金收支业务:

① 经理办公室购买办公用品若干,金额 95 元;
② 业务员王林因公出差预借差旅费 650 元;
③ 收到零售销售款 85 元;
④ 职员张镇报销差旅费 320 元(出差前未借差旅费)。

上述经济业务应编制如下会计分录:

借:管理费用　　　　　　　　　　　　　　　　　　　　　　95
　　贷:库存现金　　　　　　　　　　　　　　　　　　　　　　95
借:其他应收款　　　　　　　　　　　　　　　　　　　　　650
　　贷:库存现金　　　　　　　　　　　　　　　　　　　　　650
借:库存现金　　　　　　　　　　　　　　　　　　　　　　85
　　贷:主营业务收入　　　　　　　　　　　　　　　　　　　85
借:管理费用　　　　　　　　　　　　　　　　　　　　　　320
　　贷:库存现金　　　　　　　　　　　　　　　　　　　　　320

根据所编制的会计分录登记三栏式库存现金日记账,格式见表 7-11。

**表 7-11**　　　　　　　　　库存现金日记账

| 2022 年 | | 凭证 | | 摘　要 | 对方科目 | 收入 | 支出 | 余额 |
|---|---|---|---|---|---|---|---|---|
| 月 | 日 | 种类 | 号数 | | | | | |
| 5 | 20 | | | 承上页 | | | | 1 985.00 |
| | 20 | 现付 | 59 | 购买办公用品 | 管理费用 | | 95.00 | |
| | 20 | 现付 | 60 | 业务员出差预借差旅费 | 其他应收款 | | 650.00 | |
| | 20 | 现付 | 61 | 收入零星销售款 | 主营业务收入 | 85.00 | | |
| | 20 | 现付 | 62 | 刘镇报销差旅费 | 管理费用 | | 320.00 | |
| 5 | 20 | | | 本日合计 | | 85.00 | 1 065.00 | 1 005.00 |

三栏式库存现金日记账登记方法如下：

（1）日期栏，根据记账凭证的日期填列。

（2）凭证号栏，根据收、付款凭证的种类和编号填列，其中，"字"指记账凭证的种类，如现金付款凭证简写为"现付"，"号"按记账凭证的编号登记。

（3）摘要栏，根据记账凭证中的摘要登记经济业务的内容。

（4）对方科目栏，登记与现金收入或现金支出对应的会计科目，可以根据收、付款凭证中的对方科目进行登记。

（5）收入栏，根据现金收款凭证和银行付款凭证中的金额填列。

（6）支出栏，根据现金付款凭证所列金额填列。

（7）每日终了（日末），应分别计算当日现金收入和付出的合计数以及账面的结余数，并将现金日记账的账面余额与库存现金实有数核对，即通常说的"日清"，如果账款不符，应查明原因并记录备案。

（8）每月终了（月末），应分别计算当月现金收入和付出的合计数以及账面的结余数，通常称为"月结"。

**即学即思** 对从银行提取现金的业务，编制什么凭证？

多栏式现金支出日记账格式见表7-12。

表7-12　　　　　　　　　　　　多栏式现金支出日记账

| 2022年 | | 凭证 | | 摘要 | 借方对应科目 | | | | | | 支出合计 |
|---|---|---|---|---|---|---|---|---|---|---|---|
| 月 | 日 | 字 | 号 | | 银行存款 | 其他应收款 | 材料采购 | 销售费用 | 管理费用 | （略） | |
| 1 | 3 | 现付 | 1 | 支付电话费 | | | | | 230.00 | | |
| 1 | 3 | 现付 | 2 | 购买办公用品 | | | | | 420.00 | | |
| | | | | 本日合计 | | | | | 650.00 | | 650.00 |

2. 银行存款日记账

由出纳员根据审核后的银行存款收款凭证、银行存款付款凭证以及与银行存款有关的现金付款凭证，逐日逐笔顺序登记。一般在适当位置上增加"结算凭证"一栏，以便记账时标明每笔业务的结算凭证种类及编号，用于和银行核对账目。三栏式银行存款日记账格式见表7-13。

表7-13　　　　　　　　　　　　银行存款日记账

存款种类：基本存款户　　　　　　　　　　　　　　　　　　　　　　　　　第×页

| 2022年 | | 凭证号 | | 摘要 | 结算凭证 | | 收入 | 支出 | 借或贷 | 结余 | √ |
|---|---|---|---|---|---|---|---|---|---|---|---|
| 月 | 日 | 种类 | 号数 | | 种类 | 号数 | | | | | |
| 6 | 25 | 银收 | 8 | 销售产品 | 托收 | 4333 | 20 000 | | 借 | 150 000 | |
| | 25 | 银付 | 11 | 采购A材料 | 转支 | 5170 | | 24 000 | 借 | 126 000 | |
| | 26 | 银付 | 12 | 采购运费 | 转支 | 5171 | | 1 000 | 借 | 125 000 | |

续表

| 2022年 | | 凭证号 | | 摘　　要 | 结算凭证 | | 收入 | 支出 | 借或贷 | 结余 | √ |
|---|---|---|---|---|---|---|---|---|---|---|---|
| 月 | 日 | 种类 | 号数 | | 种类 | 号数 | | | | | |
| | 27 | 银付 | 13 | 提现 | 现支 | 4293 | | 20 180 | 借 | 104 820 | |
| | 27 | 银付 | 14 | 支付办公费 | 转支 | 5172 | | 720 | 借 | 104 100 | |
| | 28 | 银收 | 9 | 收前欠货款 | 电汇 | | 11 200 | | 借 | 115 300 | |
| | 29 | 银收 | 10 | 销售产品 | 转支 | 6688 | 21 600 | | 借 | 136 900 | |
| | 30 | 银付 | 15 | 付保险费 | 现支 | 4294 | | 8 400 | 借 | 128 500 | |

**即学即思** 根据日记账中银收9号，写出该笔业务文字表述内容。

三栏式银行存款日记账登记方法如下：

（1）日期栏，填写与银行存款实际收、付日期一致的记账凭证的日期。

（2）凭证栏，填写所入账的收、付款凭证的"字"和"号"。

（3）摘要栏，根据记账凭证的摘要登记，简要说明经济业务的内容。

（4）对应科目栏，根据记账凭证的对应科目登记，它可以说明每笔收入的来源和付出的去向。

（5）结算凭证种类与号数栏，根据每一笔银行存款收付业务的结算凭证种类与号数登记。

（6）收入（借方）栏，根据银行存款收款凭证登记，对于以现金存入银行的业务，由于只填制现金付款凭证，不填制银行存款收款凭证，因此这种业务的银行存款收入数，应根据有关现金付款凭证登记。

（7）支出（贷方）栏，应根据银行存款付款凭证登记。

（8）每日终了（日末），应分别计算当日银行存款收入和付出的合计数以及账面的结余数。

（9）每月终了（月末），应分别计算当月银行收入和付出的合计数以及账面的结余数，并与银行对账单核对。

## 三、分类账的登记

### （一）总分类账

总分类账可以直接根据各种记账凭证逐笔进行登记，也可以将各种记账凭证先汇总编制成汇总记账凭证或科目汇总表，再据以登记总分类账。总分类账一般采用订本式账簿、三栏式账页。

如何登记总分类账，往往取决于企业、单位所采用的会计核算形式。总分类账格式见表7-14。

表 7-14　　　　　　　　　　　　总 分 类 账

会计科目：实收资本

| 2022年 | | 凭证 | | 摘　要 | 借方 | 贷　方 | 借或贷 | 余　额 |
|---|---|---|---|---|---|---|---|---|
| 月 | 日 | 字 | 号 | | | | | |
| 5 | 1 | | | 期初余额 | | | 贷 | 13 600 000.00 |
| | 5 | 略 | 略 | 收到云海公司投资 | | 1 200 000.00 | 贷 | 14 800 000.00 |
| | 25 | | | 收到国家投资 | | 3 500 000.00 | 贷 | 18 300 000.00 |
| | 31 | | | 本月合计 | | 4 700 000.00 | 贷 | 18 300 000.00 |

总分类账的登记方法如下：

（1）日期栏，填写登记总账所依据的凭证上的日期。

（2）凭证字、号栏，填写登记总账所依据的凭证的字（如收、付、转、科汇、汇收、现收账等）和编号。

（3）摘要栏，填写所依据的凭证的简要内容。

（4）对方科目栏，填写与所设总账账户发生对应关系的账户。

（5）借、贷方金额栏，填写所依据凭证上记载的各账户的借、贷方发生额。

（6）借或贷栏，表示余额的方向，填写"借"字或"贷"字，如期末余额为零，则填写"平"字。

> **重要提示**
>
> 　　总分类账的登记，可以直接根据各种记账凭证逐笔登记，也可根据将一定时期的各种记账凭证汇总编制的科目汇总表或汇总记账凭证定期登记。具体登记方法取决于企业所采用的会计核算形式。具体内容见项目十。但无论采用哪一种方式，会计人员都应将全月已发生的经济业务全部登记入账，并于月末结出总分类账各账户的本期发生额和期末余额，作为编制会计报表的依据。

### （二）明细分类账

明细分类账对总分类账起补充说明的作用，其所提供的会计数据也是编制会计报表的重要依据，各企业应根据需要设置必要的明细分类账。

明细分类账一般采用活页式账簿或卡片式账簿。明细分类账的格式一般有三栏式、数量金额式、多栏式和横线登记式（也称平行式）4 种。

1．三栏式明细分类账

三栏式明细分类账主要适用于只要求进行金额核算的各项经济业务，如"应收账款""应付账款""其他应收款""其他应付款""短期借款""长期借款""实收资本"等科目的明细分类核算。格式见表 7-15。

**即学即思**　说明上述各科目如何设置明细账。

**表7-15**　　　　　　　　　　　　　应付账款明细账

二级或明细科目：翔飞公司

| 2022年 | | 凭证 | | 摘　要 | 借方 | 贷方 | 借或贷 | 余额 |
|---|---|---|---|---|---|---|---|---|
| 月 | 日 | 字 | 号 | | | | | |
| 3 | 1 | | | 期初余额 | | | 贷 | 60 000.00 |
| | 10 | 略 | 略 | 偿还货款 | 35 000.00 | | 贷 | 25 000.00 |
| | 12 | | | 购进材料未付款 | | 15 000.00 | 贷 | 40 000.00 |
| | 31 | | | 本月合计 | 35 000.00 | 15 000.00 | 贷 | 40 000.00 |

> **重要提示**
>
> 三栏式明细分类账登记方法，是根据记账凭证，按经济业务发生的顺序逐日逐笔进行登记的。其他各栏目的登记方法与三栏式总账相同。

**2. 数量金额式明细分类账**

数量金额式明细账的格式是在"借方（收入）""贷方（发出）"和"余额（结存）"3栏下又分别设置"数量""单价""金额"3小栏。这种账页格式适用于既要进行金额核算又要进行实物数量核算的"原材料""库存商品"等存货账户的明细分类核算。格式见表7-16。

**表7-16**　　　　　　　　　　　　　原材料明细分类账

材料名称：钢材　　　　　　　　　　　　　　　　　　　　　　　　　　　单位：吨,元

| 2022年 | | 凭证号 | 摘　要 | 收　入 | | | 发　出 | | | 结　存 | | |
|---|---|---|---|---|---|---|---|---|---|---|---|---|
| 月 | 日 | | | 数量 | 单价 | 金额 | 数量 | 单价 | 金额 | 数量 | 单价 | 金额 |
| 12 | 1 | | 期初余额 | | | | | | | 25 | 2 000 | 50 000 |
| | 8 | ⑥ | 安装设备领用 | | | | 2 | 2 000 | 4 000 | 23 | 2 000 | 46 000 |
| | 8 | ⑦ | 购入 | 30 | 2 000 | 60 000 | | | | 53 | 2 000 | 106 000 |
| | 12 | ⑫ | 生产领用 | | | | 49 | 2 000 | 98 000 | 4 | 2 000 | 8 000 |
| | 31 | | 本月合计 | 30 | 2 000 | 60 000 | 51 | 2 000 | 102 000 | 4 | 2 000 | 8 000 |

数量金额式明细账一般是由会计人员和业务人员（如仓库保管员），根据原始凭证按照经济业务发生的时间先后顺序逐日逐笔进行登记的。

数量金额式明细分类账的具体登记方法如下：

（1）凭证字、号栏按所依据的原始凭证的字和号填写，如收料单的"收"字、领料单的"领"字、产成品入库单的"入"字和出库单的"出"字。

（2）三个数量栏，填写实际入、出库和结存的财产物资的数量。

（3）入库单价栏和金额栏，按照所入库材料的单位成本登记。

（4）出库栏和结存栏中的单价栏和金额栏，登记时间及登记金额取决于企业所采用的期末存货计价方法。在采用月末一次加权平均法下，出库和结存的单价栏与金额栏一个月只在月末登记一次。

## 3. 多栏式明细分类账

多栏式明细账将属于同一个总分类账户的明细账户合并在一张账页上进行登记,即在这种格式账页的"借方"或"贷方"金额栏内按照明细项目设若干专栏,用以登记某一账户增减变动的详细情况,如管理费用明细账、制造费用明细账。格式见表 7-17。

表 7-17　　　　　　　　　　　　管理费用明细账

| 2022 年 | | 凭证 | | 摘要 | 借　　方 | | | | | | 贷方 | 金额 |
|---|---|---|---|---|---|---|---|---|---|---|---|---|
| 月 | 日 | 字 | 号 | | 消耗材料 | 工资福利费 | 折旧费用 | 修理费用 | 办公费用 | 差旅费用 | | |
| 3 | 5 | | | 材料采购 | 4 500.00 | | | | | | | 4 500.00 |
| | 10 | | | 修理费用 | | | | 280.00 | | | | 4 780.00 |
| | 15 | | | 办公费 | | | | | 350.00 | | | 5 130.00 |
| | 20 | 略 | 略 | 差旅费 | | | | | | 450.00 | | 5 580.00 |
| | 31 | | | 工资费用 | | 8 600.00 | | | | | | 14 180.00 |
| | 31 | | | 折旧费用 | | | 400.00 | | | | | 14 580.00 |
| | 31 | | | 转出 | | | | | | | 14 580.00 | 0.00 |
| | 31 | | | 本月合计 | 4 500.00 | 8 600.00 | 400.00 | 280.00 | 350.00 | 450.00 | 14 580.00 | 0.00 |

**即学即思** 根据管理费用明细账,请总结多栏式明细账的登记方法。

### 案例资料 7-2

2022 年 3 月,ZH 公司发生了如下经济业务:

① 3 月 4 日,用现金 3 000 元购买办公用品。
② 3 月 26 日,开出支票支付水电费 2 800 元。
③ 3 月 31 日,计算应付管理人员工资 4 000 元。

根据业务编制记账凭证,以下面会计分录代替:

① 借:管理费用　　　　　　　　　　　　　　3 000
　　贷:库存现金　　　　　　　　　　　　　　　　　3 000(现付字 5 号)
② 借:管理费用　　　　　　　　　　　　　　2 800
　　贷:银行存款　　　　　　　　　　　　　　　　　2 800(银付字 15 号)
③ 借:管理费用　　　　　　　　　　　　　　4 000
　　贷:应付职工薪酬　　　　　　　　　　　　　　　4 000(转字 22 号)

请根据编制的记账凭证,登记账簿(表 7-18)。

案例资料 7-2
参考答案

表 7-18　　　　　　　　　　　　　　管 理 费 用

第　页

| 2022 年 | | 凭证 | | 摘要 | 借方(项目) | | | | | | 贷方 | 余额 |
|---|---|---|---|---|---|---|---|---|---|---|---|---|
| 月 | 日 | 字 | 号 | | 工资 | 水电费 | 劳保费 | 办公费 | 折旧费 | 合计 | | |
| | | | | | | | | | | | | |
| | | | | | | | | | | | | |
| | | | | | | | | | | | | |
| | | | | | | | | | | | | |

**4. 平行式明细分类账**

平行式明细分类账也称横线登记式明细分类账。它的账页结构特点是,将前后密切相关的经济业务在同一横行内进行详细登记,以检查每笔经济业务完成及变动情况。这种明细分类账一般适用于委托银行收款、备用金的借支和报销、商品物资采购等明细分类核算。格式见表 7-19。

表 7-19　　　　　　　　　　　　其他应收款明细分类账(平行式)

户名:备用金

| 借方 | | | | | | 贷方 | | | | | 转销号 |
|---|---|---|---|---|---|---|---|---|---|---|---|
| 2022 年 | | 凭证 | | 摘要 | 金额 | 2013 年 | | 凭证 | | 摘要 | 金额 | |
| 月 | 日 | 字 | 号 | | | 月 | 日 | 字 | 号 | | | |
| 1 | 5 | 现付 | 16 | 王华借差旅费 | 800.00 | 1 | 22 | 转 | 48 | 王华报销差旅费 | 800.00 | √ |
| 1 | 20 | 现付 | 38 | 刘婧借差旅费 | 2 000.00 | | | | | | | |

## 四、总分类账和明细分类账的平行登记

总分类账和明细分类账所记录的经济业务的内容相同,登记的依据相同,所不同的只是提供核算资料的详细程度的差别。

总分类账提供的是总括核算资料,对其所属明细分类账起着统驭的作用,对其进行综合和控制;而明细分类账提供的是详细核算资料,对总分类账起着补充说明的作用。

因此,在会计核算中,为了便于进行账户记录的核对,保证核算资料的完整性和正确性,总分类账与其所属的明细分类账必须采取平行登记的方法。

所谓平行登记,就是每一项经济业务发生之后,一方面要在有关的总分类账户中进行登记,另一方面必须在其所属的明细分类账中进行登记。平行登记的要点可概括如下:

(1)登记的依据相同。每项经济业务发生以后,都要根据审核无误的会计凭证,一方面记入有关的总分类账,另一方面记入该总账所属的明细分类账。

（2）登记的方向一致。总分类账及其所属明细分类账登记的方向必须一致。即如果在总分类账中登记借方，则在其所属明细账中也应登记在借方；如果在总分类账中登记贷方，则在其所属明细账中也应登记在贷方。

（3）登记的金额相等。对每一项经济业务，记入总分类账户的金额与记入其所属明细分类账的金额必须相等。如果同时涉及几个明细分类账户，则记入总分类账的金额与其所属的几个明细分类账的金额之和应当相等。总分类账和明细分类账平行登记之后可产生如下数量关系：

总分类账户本期发生额 = 所属明细分类账户本期发生额合计数
总分类账户期末余额 = 所属明细分类账户期末余额合计数

在会计核算过程中，通常利用这种数量相等关系来检查总分类账和明细分类账记录的完整性和正确性。

**例 7-2** ZH 公司 12 月发生下列部分业务：

（1）12 月 8 日，为安装设备领用钢材 2 吨，单价 2 000 元。

（2）12 月 8 日，购入钢材一批，共 30 吨，单价 2 000 元，增值税率 13%，材料已运到，并验收入库。货款以开出转账支票付讫。

（3）12 月 9 日，向天地公司购入甲、乙两种材料分别为 2 000 吨和 3 000 吨，单价分别为 48.5 元/吨和 58.5 元/吨，增值税率 13%，款项尚未支付。

（4）12 月 12 日，甲、乙材料同时运到，随同材料转来运输部门运费、保险费收据所列金额 7 500 元，以银行存款支付，材料已验收入库。运费、保险费按所购材料数量分配。

（5）12 月 12 日，已付货款购买的甲材料已运到，并验收入库，增值税专用发票上注明价款 50 000 元，增值税 6 500 元，与对方办理结算。

（6）12 月 13 日，为生产 A、B 两种产品，各部门领用材料如表 7-20 所示，基本生产车间本月共投产 A 产品 2 000 件，B 产品 1 000 件。

表 7-20

| 领用部门 | 钢材 | 甲材料 | 乙材料 | 合　计 |
| --- | --- | --- | --- | --- |
| 生产产品<br>　A 产品<br>　B 产品 | 80 000 | 40 000<br>60 000 | 60 000<br>80 000 | 180 000<br>140 000 |
| 车间一般耗用 | 10 000 |  |  | 10 000 |
| 管理部门耗用 | 8 000 |  | 4 000 | 12 000 |
| 合　计 | 98 000 | 100 000 | 144 000 | 342 000 |

（7）12 月 20 日，销售给华翔公司 B 产品 800 件，单价 400 元，增值税率 13%，代垫运费 4 000 元，货款尚未收到。

（8）12 月 25 日，销售给宇力公司 A 产品 700 件，单价 300 元，B 产品 500 件，单价 400 元，已开出增值税专用发票，税率 13%，货税款均未收到。

根据上述业务编制凭证，以会计分录替代：

(1) 借：在建工程　　　　　　　　　　　　　　　　　　　　　　4 000
　　　贷：原材料——钢材　　　　　　　　　　　　　　　　　　　　　4 000
(2) 借：在途物资——钢材　　　　　　　　　　　　　　　　　　60 000
　　　应交税费——应交增值税(进项税额)　　　　　　　　　　　7 800
　　　贷：银行存款　　　　　　　　　　　　　　　　　　　　　　　67 800
　　借：原材料——钢材　　　　　　　　　　　　　　　　　　　60 000
　　　贷：在途物资——钢材　　　　　　　　　　　　　　　　　　　60 000
(3) 借：在途物资——甲材料　　　　　　　　　　　　　　　　　97 000
　　　　　　　——乙材料　　　　　　　　　　　　　　　　　175 500
　　　应交税费——应交增值税(进项税额)　　　　　　　　　　35 425
　　　贷：应付账款——天地公司　　　　　　　　　　　　　　　　307 925
(4) 借：在途物资——甲材料　　　　　　　　　　　　　　　　　 3 000
　　　　　　　——乙材料　　　　　　　　　　　　　　　　　  4 500
　　　贷：银行存款　　　　　　　　　　　　　　　　　　　　　　　 7 500
　　借：原材料——甲材料　　　　　　　　　　　　　　　　　100 000
　　　　　　　——乙材料　　　　　　　　　　　　　　　　　180 000
　　　贷：在途物资——甲材料　　　　　　　　　　　　　　　　　100 000
　　　　　　　　　——乙材料　　　　　　　　　　　　　　　　　180 000
(5) 借：原材料——甲材料　　　　　　　　　　　　　　　　　 50 000
　　　贷：在途物资——甲材料　　　　　　　　　　　　　　　　　 50 000
(6) 借：生产成本——A产品　　　　　　　　　　　　　　　　　180 000
　　　　　　　——B产品　　　　　　　　　　　　　　　　　140 000
　　　制造费用　　　　　　　　　　　　　　　　　　　　　　 10 000
　　　管理费用　　　　　　　　　　　　　　　　　　　　　　 12 000
　　　贷：原材料——钢材　　　　　　　　　　　　　　　　　　　 98 000
　　　　　　　——甲材料　　　　　　　　　　　　　　　　　100 000
　　　　　　　——乙材料　　　　　　　　　　　　　　　　　144 000
(7) 借：应收账款——华翔　　　　　　　　　　　　　　　　　365 600
　　　贷：主营业务收入　　　　　　　　　　　　　　　　　　　　320 000
　　　　　应交税费——应交增值税(销项税额)　　　　　　　　　 41 600
　　　　　银行存款　　　　　　　　　　　　　　　　　　　　　　  4 000
(8) 借：应收账款——宇力公司　　　　　　　　　　　　　　　463 300
　　　贷：主营业务收入　　　　　　　　　　　　　　　　　　　　410 000
　　　　　应交税费——应交增值税(销项税额)　　　　　　　　　 53 300

根据上述记账凭证,登记"原材料"和"应收账款"两个总分类账户及其所属的明细分类账户,并分别计算本期发生额和期末余额。

登账结果分别见表7-21—表7-27。总账与明细账的核对见表7-28、表7-29。

表 7-21　　　　　　　　　　　　　　　　原材料总分类账

| 2022年 | | 凭证号 | 摘　要 | 借　方 | 贷　方 | 借或贷 | 余　额 |
|---|---|---|---|---|---|---|---|
| 月 | 日 | | | | | | |
| 12 | 1 | （略） | 期初余额 | | | 借 | 230 000 |
| | 8 | | 安装设备领用 | | 4 000 | | |
| | 8 | | 购入 | 60 000 | | | |
| | 12 | | 购入 | 280 000 | | | |
| | 12 | | 购入 | 50 000 | | | |
| | 13 | | 生产领用 | | 342 000 | | |
| | 31 | | 本月合计 | 390 000 | 346 000 | 借 | 274 000 |

表 7-22　　　　　　　　　　　　　　　　原材料明细分类账

材料名称：钢材　　　　　　　　　　　　　　　　　　　　　　　　　　　　　单位：吨

| 2022年 | | 凭证号 | 摘　要 | 收　入 | | | 发　出 | | | 结　存 | | |
|---|---|---|---|---|---|---|---|---|---|---|---|---|
| 月 | 日 | | | 数量 | 单价 | 金额 | 数量 | 单价 | 金额 | 数量 | 单价 | 金额 |
| 12 | 1 | （略） | 期初余额 | | | | | | | 25 | 2 000 | 50 000 |
| | 8 | | 安装设备领用 | | | | 2 | 2 000 | 4 000 | 23 | 2 000 | 46 000 |
| | 8 | | 购入 | 30 | 2 000 | 60 000 | | | | 53 | 2 000 | 106 000 |
| | 13 | | 生产领用 | | | | 49 | 2 000 | 98 000 | 4 | 2 000 | 8 000 |
| | 31 | | 本月合计 | 30 | 2 000 | 60 000 | 51 | 2 000 | 102 000 | 4 | 2 000 | 8 000 |

表 7-23　　　　　　　　　　　　　　　　原材料明细分类账

材料名称：甲材料　　　　　　　　　　　　　　　　　　　　　　　　　　　　单位：吨

| 2022年 | | 凭证号 | 摘　要 | 收　入 | | | 发　出 | | | 结　存 | | |
|---|---|---|---|---|---|---|---|---|---|---|---|---|
| 月 | 日 | | | 数量 | 单价 | 金额 | 数量 | 单价 | 金额 | 数量 | 单价 | 金额 |
| 12 | 1 | 略 | 期初余额 | | | | | | | 1 800 | 50 | 90 000 |
| | 12 | | 购入 | 2 000 | 50 | 100 000 | | | | 3 800 | 50 | 190 000 |
| | 12 | | 购入 | 1 000 | 50 | 50 000 | | | | 4 800 | 50 | 240 000 |
| | 13 | | 生产领用 | | | | 2 000 | 50 | 100 000 | 2 800 | 50 | 140 000 |
| | 31 | | 本月合计 | 3 000 | 50 | 150 000 | 2 000 | 50 | 100 000 | 2 800 | 50 | 140 000 |

表 7-24

原材料明细分类账

材料名称：乙材料　　　　　　　　　　　　　　　　　　　　　　　　单位：吨

| 2022年 | | 凭证号 | 摘要 | 收入 | | | 发出 | | | 结存 | | |
|---|---|---|---|---|---|---|---|---|---|---|---|---|
| 月 | 日 | | | 数量 | 单价 | 金额 | 数量 | 单价 | 金额 | 数量 | 单价 | 金额 |
| 12 | 1 | 略 | 期初余额 | | | | | | | 1 500 | 60 | 90 000 |
| | 12 | | 购入 | 3 000 | 60 | 180 000 | | | | 4 500 | 60 | 270 000 |
| | 12 | | 生产领用 | | | | 2 400 | 60 | 144 000 | 2 100 | 60 | 126 000 |
| | 31 | | 本月合计 | 3 000 | 60 | 180 000 | 2 400 | 60 | 144 000 | 2 100 | 60 | 126 000 |

表 7-25

应收账款总账

| 2022年 | | 凭证号 | 摘要 | 借方 | 贷方 | 借或贷 | 余额 |
|---|---|---|---|---|---|---|---|
| 月 | 日 | | | | | | |
| 12 | 1 | 略 | 期初余额 | | | 借 | 110 000 |
| | 20 | | 销货 | 365 600 | | | 475 600 |
| | 25 | | 销货 | 463 300 | | | 938 900 |
| | 31 | | 本月合计 | 828 900 | | 借 | 938 900 |

表 7-26

应收账款明细分类账

公司名称：华翔公司　　　　　　　　　　　　　　　　　　　　　　　　单位：元

| 2022年 | | 凭证号 | 摘要 | 借方 | 贷方 | 借或贷 | 余额 |
|---|---|---|---|---|---|---|---|
| 月 | 日 | | | | | | |
| 12 | 1 | 略 | 期初余额 | | | 借 | 40 000 |
| | 20 | | 销货 | 365 600 | | 借 | 405 600 |
| | 31 | | 本月合计 | 365 600 | | 借 | 405 600 |

表 7-27

应收账款明细分类账

公司名称：宇力公司　　　　　　　　　　　　　　　　　　　　　　　　单位：元

| 2022年 | | 凭证号 | 摘要 | 借方 | 贷方 | 借或贷 | 余额 |
|---|---|---|---|---|---|---|---|
| 月 | 日 | | | | | | |
| 12 | 1 | 略 | 期初余额 | | | 借 | 70 000 |
| | 25 | | 销货 | 463 300 | | 借 | 533 300 |
| | 31 | | 本月合计 | 463 300 | | 借 | 533 300 |

表 7-28　　　　　　　　　　　原材料总账与明细账的核对

| 原材料账户 | 计量单位 | 期初余额 | | 本期发生额 | | | | 期末余额 | |
|---|---|---|---|---|---|---|---|---|---|
| | | | | 收入（借方） | | 发出（贷方） | | | |
| | | 数量 | 金额 | 数量 | 金额 | 数量 | 金额 | 数量 | 金额 |
| 钢材 | 吨 | 25 | 50 000 | 30 | 60 000 | 51 | 102 000 | 4 | 8 000 |
| 甲材料 | 吨 | 1 800 | 90 000 | 3 000 | 150 000 | 2 000 | 100 000 | 2 800 | 140 000 |
| 乙材料 | 吨 | 1 500 | 90 000 | 3 000 | 180 000 | 2 400 | 144 000 | 2 100 | 126 000 |
| 总分类账 | | | 230 000 | | 390 000 | | 346 000 | | 274 000 |

表 7-29　　　　　　　　　　　应收账款总账与明细账的核对

| 应收账款账户 | 期初余额 | | 本期发生额 | | 期末余额 | |
|---|---|---|---|---|---|---|
| | 借方 | 贷方 | 借方 | 贷方 | 借方 | 贷方 |
| 华翔公司 | 40 000 | | 365 600 | | 405 600 | |
| 宇力公司 | 70 000 | | 463 300 | | 533 300 | |
| 总分类账 | 110 000 | | 828 900 | | 938 900 | |

## 五、其他辅助性账簿

其他辅助性账簿是对某些在日记账和分类账中未能记录或记录不全的经济业务进行补充登记的账簿。它可以为某些经济业务的内容提供必要的补充资料。其他辅助性账簿一般没有固定的格式，各单位可根据实际工作的需要来设置和登记。其他辅助性账簿的记录不列入本单位的会计报表。格式见表 7-30。

表 7-30　　　　　　　　　　　租入固定资产登记账簿

| 固定资产名称及规格 | 租约合同编号 | 租出合同名称 | 租入日期 | 租金 | 使用记录 | | 归还日期 | 备注 |
|---|---|---|---|---|---|---|---|---|
| | | | | | 单位 | 日期 | | |
| ABC—设备 | 3450—56 | 大和公司 | 2022－05－05 | 40 000.00 | 二车间 | 2022－05－10 | 2022－11－05 | |

## 任务 3　理解记账规则与更正错账

### 一、账簿的登记规则（手工登记账簿）

为了保证账簿记录的真实性、合法性，保证账簿资料的完整性、准确性，明确记账责任，在手工登记账簿时，应当遵守下列规则：

（1）登记会计账簿时，会计人员应当以审核无误的会计凭证为依据进行登记。应当将会计凭证日期、编号、业务主要内容摘要、金额和其他有关资料逐项记入对应的会计账簿中，做到数字准确、摘要清楚、登记及时、字迹工整。每一会计事项，一方面要记入有关的总账，另一方面要记入该总账所属的明细账。

（2）账簿登记完毕后，要在记账凭证上签名或盖章，并在记账凭证"过账"栏内注明账簿的页数或划"√"符号，表示已经登账，以免重登和漏登，便于查阅。

（3）账簿中书写的文字和数字上面要留有适当的空格，不要写满格，一般应占格距的二分之一，以便留有改错的空间。

（4）为了保证账簿记录的持久性，防止涂改，登记账簿必须使用蓝、黑墨水或碳素墨水并用钢笔记账，不得使用圆珠笔（银行的复写账簿除外）或者铅笔书写。

**即学即思** 为什么不得使用圆珠笔（银行的复写账簿除外）或者铅笔书写？

（5）下列情况，可以用红色墨水记账：
① 根据红字记账凭证，冲销错误的账簿记录；
② 在不设借贷等栏的多栏式账页中，登记减少数；
③ 在未设"借/贷"余额方向栏的账页中，在"余额"栏内登记负数余额；
④ 根据国家有关规定，可以用红字登记的其他会计记录。

**即学即思** 请举例说明上述四种情况的具体业务。

（6）登记账簿时，应按页次顺序连续登记，不得跳行、隔页。如果发生跳行、隔页，应当将空行、空页划线注销，或者注明"此行空白""此页空白"字样，并由记账人员签名或盖章。

（7）凡需要结出余额的账户，在结出账户余额后，应在"借或贷"栏内注明"借"或者"贷"字样，表示余额的方向，若余额为零，应在"借或贷"栏内注明"平"字，并在余额栏用"0"表示。库存现金日记账和银行存款日记账，必须逐日结出余额。

（8）每一账页登记完毕结转下页时，应当结出本页合计数及余额，写在本页最后一行和下页第一行有关栏内，并在摘要栏注明"过次页"和"承前页"字样；也可以将本页合计数及金额只写在下页的第一行有关栏内，并在摘要栏内注明"承前页"字样。

对于需要结计本月发生额的账户（如库存现金日记账、银行存款日记账等），结计"过次页"的本页合计数，应当为自本月起至本页末止的发生额合计数；需要结计本年累计发生额的账户（如年末总账），结计"过次页"的本页合计数应当为自年初起至本页末止的累计数；对于既不需要结计本月发生额，也不需要结计本年累计发生额的账户（如财产物资明细账），可以只将每页末的余额结转次页。

**即学即思** 请详细举例哪些账户需要结计本年累计发生额，哪些账户不需要结计本年累计发生额。

（9）会计账簿记录发生错误时，不准涂改、挖补、刮擦或者用药水消除字迹，也不能将本页撕毁或重新抄写，应按照规定的方法进行更正。

## 二、会计账簿的错账更正

会计人员在手工登记账簿时,必须严肃认真、一丝不苟,按照有关手续与规定进行。在实际工作中,由于各种原因会造成登账不慎,出现错记、漏记等现象。发现错误记录,应即时查明原因,按照错账更正的具体方法进行更正。

### (一) 画线更正法

画线更正法是指用画线方式注销原有记录,以更正错账的一种方法。在结账前发现账簿记录有文字或数字错误,而其所依据的记账凭证没有错误,即纯属笔误或计算错误的应采用画线更正法予以更正。

> **重要提示**
>
> **更正方法**
>
> 首先将错误的文字或数字画一条红色横线注销,但必须保持原有字迹仍可辨认,以备查考;然后,在画线的上方用蓝、黑字记入正确的文字或数字,并由更正人员在更正处签字盖章,以明确责任。画线时,要将错误的数字全部划掉,不能只画其中的错误字码。例如:记账人员李凡将5 130.00 误记为5 730.00,应先在5 130.00 上画一条红线以示注销,然后在其上方空白处填写正确的数字。但文字错误略有不同,可以只画去错误部分。

**例7-3** 记账人员在根据记账凭证登记账簿时,将86 370元错误地登记为86 730元。更正如表7-31所示。

**表7-31** 正误更正错账对照表

| 正确更正法 | | | | | | | 错误更正法 | | | | | | |
|---|---|---|---|---|---|---|---|---|---|---|---|---|---|
| 万 | 仟 | 佰 | 拾 | 元 | 角 | 分 | 万 | 仟 | 佰 | 拾 | 元 | 角 | 分 |
| 8 | 6 | 3 | 7 | 0 | 0 | 0 | | | 3 | 7 | | | |
| ~~8~~ | ~~6~~ | ~~7~~ | ~~3~~ | ~~0~~ | ~~0~~ | ~~0~~ | 8 | 6 | ~~7~~ | ~~3~~ | 0 | 0 | 0 |
| | | | | | | | | | | | | | |

### (二) 红字更正法

红字更正法是用红字冲销或冲减原记数额,以更正和调整账簿记录的一种方法,它适用于以下两种情况。

(1) 记账后,发现记账凭证中的应借、应贷会计科目或记账方向有错误,且记账凭证同账簿记录的金额一致。

> **重要提示**
>
> **更正方法**
>
> 先用红字金额填制一张与原错误记账凭证内容完全相同的记账凭证,并用红字登记入账,冲销原有错账("摘要"栏需注明"冲销×年×月×日×号凭证");然后,再用蓝字填制一张正确的记账凭证("摘要"栏需注明"更正×年×月×日×号凭证"),据以登记入账。

**例7-4** ZH公司生产车间生产产品直接耗用材料一批,价值10 000元。该企业误编制如下会计分录:

借:制造费用　　　　　　　　　　　　　　　　　　　　　　10 000
　　贷:原材料　　　　　　　　　　　　　　　　　　　　　　　　10 000

该企业更正时,应当填制一张与原记账凭证内容完全相同的红字金额凭证登记入账,冲销错账。

借:制造费用　　　　　　　　　　　　　　　　　　　　　　|10 000|
　　贷:原材料　　　　　　　　　　　　　　　　　　　　　　　　|10 000|

同时,再用蓝字填制一张正确的记账凭证并据以登记入账。

借:生产成本　　　　　　　　　　　　　　　　　　　　　　10 000
　　贷:原材料　　　　　　　　　　　　　　　　　　　　　　　　10 000

根据以上记账凭证记账后账户记录如下:

| 借 | 原材料 | 贷 |   | 借 | 制造费用 | 贷 |
|---|---|---|---|---|---|---|
|   | 10 000 |   | 原记 | 10 000 |   |   |
|   | |10 000| |   | 冲销 | |10 000| |   |   |
|   |   |   |   | 借 | 生产成本 | 贷 |
|   | 10 000 |   | 更正 | 10 000 |   |   |

(2)记账以后,如果发现记账凭证中应借、应贷会计科目正确,只是所记金额大于应记金额,并已登记入账,则可以采用红字更正法。

> **重要提示**
>
> **更正方法**
>
> 按多记金额用红字编制一张与原记账凭证应借、应贷科目一致的记账凭证,并在"摘要"栏注明"冲销×年×月×日×字第×号凭证多记金额"字样,然后登记入账,以便将多记金额冲销。

**例7-5** 3月12日,ZH公司用银行存款支付销售产品广告费10 000元,编制如下银付

字第 2 号记账凭证,并已登记入账:

借:销售费用　　　　　　　　　　　　　　　　　　　　100 000
　　贷:银行存款　　　　　　　　　　　　　　　　　　　　　100 000

更正时,按多记金额 90 000 元用红字编制记账凭证,在摘要栏注明"冲销 3 月 12 日银付字第 2 号凭证多记金额",并用红字登记入账,将多记金额冲销。

借:销售费用　　　　　　　　　　　　　　　　　　　　90 000
　　贷:银行存款　　　　　　　　　　　　　　　　　　　　　90 000

根据以上记账凭证记账后账户记录如下:

| 借 | 银行存款 | 贷 |   |  | 借 | 销售费用 | 贷 |
|---|---|---|---|---|---|---|---|
|  | 100 000 |  | 原记 |  | 100 000 |  |  |
|  | 90 000 |  | 冲销 |  | 90 000 |  |  |

### (三)补充登记法(补充更正法)

记账以后,发现记账凭证和账簿记录中应借、应贷会计科目正确,只是所记金额小于应记金额的,可以采用补充登记法进行更正。

**重要提示**

**更正方法**

按少记金额重新填制一张与原记账凭证应借、应贷会计科目完全相同的记账凭证,并在"摘要"栏注明"补记×年×月×日×字第×号凭证少记金额"字样,并据以登账。

**例 7-6**　3 月 22 日,某企业用现金购买厂部办公用品 600 元,编制如下现付字第 6 号记账凭证,并已登记入账:

借:管理费用　　　　　　　　　　　　　　　　　　　　60
　　贷:库存现金　　　　　　　　　　　　　　　　　　　　　60

发现上述错误后,按少记金额 540 元,再编制一张记账凭证,在摘要栏注明"补记 2013 年 3 月 22 日现付字第 6 号凭证少记金额"字样并登记入账,补充少记金额。

借:管理费用　　　　　　　　　　　　　　　　　　　　540
　　贷:库存现金　　　　　　　　　　　　　　　　　　　　　540

根据以上记账凭证记账后账户记录如下:

| 借 | 库存现金 | 贷 |   |  | 借 | 管理费用 | 贷 |
|---|---|---|---|---|---|---|---|
|  | 60 |  | 原记 |  | 60 |  |  |
|  | 540 |  | 补记 |  | 540 |  |  |

**重要提示**

错账类型及其适用的更正方法归纳：

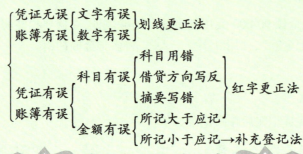

如果上年已经结账或转账的账簿中出现错账，应如何更正？

**案例资料7-3**

ZH公司12月发生下列部分业务：

（1）2日，用银行存款支付前欠某单位的货款200 000元。根据记账凭证登记的账簿记录如下：

| 银行存款 | | 应付账款 | |
|---|---|---|---|
| 期初余额 1 500 000 | | | 期初余额 800 000 |
| | 2日 20 000 | 2日 20 000 | |

（2）15日，以现金直接支付车间设备修理费500元。根据记账凭证登记的账簿记录如下：

| 库存现金 | | 制造费用 | |
|---|---|---|---|
| 期初余额 2 000 | 15日 500 | 15日 500 | |

（3）16日，收回上月的销货款5 000元。根据记账凭证登记的账簿记录如下：

| 银行存款 | | 应收账款 | |
|---|---|---|---|
| 16日 50 000 | | | 16日 50 000 |

（4）20日，开出支票购入一台需要安装的设备，价值180 000元。会计人员编制的记账凭证为：

借：在建工程　　　　　　　　　　　　　　　　　　　　　　180 000
　　贷：银行存款　　　　　　　　　　　　　　　　　　　　　　180 000
根据记账凭证登记的账簿记录如下：

| 银行存款 | 在建工程 |
|---|---|
| 20 日　18 000 | 20 日　18 000 |

写出所采用的错账更正方法，编制更正分录并记入相关的"T"型账户。

案例资料 7-3
参考答案

## 任务 4　对账与结账

### 一、对账

所谓对账，就是核对账目，是指会计人员在结账之前对账簿记录进行核对的工作。

对账的作用是，可以及时发现记账过程中的错误，以保证账簿记录的真实、完整和正确，最终为编制会计报表提供可靠的依据。

> **重要提示**
>
> 各单位应当定期将会计账簿记录的有关资料与有关账簿记录、会计凭证和实物资产、货币资金、单位或个人的往来结算款项进行相互核对，保证做到账证、账账和账实相符。

 以原材料账为例，你认为如何对账？

#### （一）账证核对

账证核对就是将各种账簿记录与原始凭证、记账凭证的时间、凭证字号、内容、金额、记账方向等进行核对，看其是否一致。账证核对要求会计人员在编制凭证和记账过程中认真进行复核，并通过定期或不定期的复查进行核对，以保证账证相符。

#### （二）账账核对

账账核对即核对不同会计账簿之间的账簿记录是否相符，一般是在账证核对的基础上进行的，其目的是保证账账相符。

> **重要提示**
>
> **账账核对内容**
>
> (1) 总分类账各账户的期末借方余额合计数与贷方余额合计数核对相符。这种核对是通过编制总账账户试算平衡进行的。
>
> (2) 总分类账中的库存现金和银行存款账户的期末余额分别与库存现金日记账和银行存款日记账的期末余额核对相符。
>
> (3) 总分类账各账户的期末余额与其所属的明细分类账的期末余额合计数核对相符。
>
> (4) 会计部门的各种财产物资明细分类账的期末余额与财产物资保管和使用部门的有关明细分类账的期末余额核对相符。

**即学即思** 1. 说明上述总账和明细账核对的方法是什么。
2. 上述四种核对是想查什么问题呢?

### (三) 账实核对

账实核对是指各种财产物资的账面余额与实存数的核对,即各项财产物资与实有数额之间的核对。

> **重要提示**
>
> **账实核对内容**
>
> (1) 库存现金日记账的账面余额与库存现金数额核对相符。
> (2) 银行存款日记账的账面余额与银行对账单的余额核对相符。
> (3) 各种债权、债务明细账的账面余额与有关单位的账面记录核对相符。
> (4) 各种财产物资明细账的账面余额与其实存数额核对相符。

**即学即思** 1. 有哪些财产物资明细账需与其实存数额核对?
2. 如果核对后发现账实不符怎么办?

## 二、结账

结账就是把一定时期内(月份、季度、年度)应记入账簿的经济业务全部登记入账后,计算并记录各个账户的本期发生额和期末余额并将余额转入下期或新账的工作。

### (一) 结账前所做的工作

(1) 必须将本期内发生的经济业务,不漏、不缺地全部登记入账。
(2) 必须做好对账工作,在核对无误的基础上才能结账。
(3) 为了保证会计资料真实、可靠,不得提前或推迟结账。

**即学即思** 通过结账的学习,请你明确两个问题:一是为什么要结账;二是哪些账户的期末余额转入下期,哪些账户要建立新账。

## (二)结账的具体方法

结账工作通常是按月进行的,分为月结、季结和年结3种。结账的时间应该在会计期末进行,即以公历每月最后一个工作日终了作为结账时间。在会计实务中,一般采用划线结账的方法进行结账,结账的标志是画线。月结时通栏画单红线,年结时通栏画双红线。具体方法为:

(1)月结。每月结账时,应在各账户本月份最后一笔记录下面画一条通栏红线,表示本月结束;然后,在红线下面结出本月发生额和月末余额,如果没有余额,在余额栏内写上"平"或"0"符号,同时,在摘要栏内注明"本月合计"或"×月份发生额及余额"字样;最后,再在下面画一条通栏红线,表示完成月结工作。

(2)季结。季结的结账方法与月结基本相同,但在摘要栏内注明"本季合计"或"第×季度发生额及余额"字样。

(3)年结。办理年结时,应在12月份月结下面(需办理季结的,应在第四季度的季结下面)结算填列全年12个月的月结发生额和年末余额,如果没有余额,在余额栏内写上"平"或"0"符号,并在摘要栏内注明"本年合计"或"年度发生额及余额"字样;然后,将年初借(贷)方余额抄列于下一行的借(贷)方栏内,并在摘要栏内注明"年初余额"字样,同时将年末借(贷)方余额再列入下一行的贷(借)方栏内,在摘要栏内注明"结转下年"字样;最后,分别加计借贷方合计数,并在合计数下面画通栏双红线表示封账,完成年结工作。需要更换新账的,应在新账有关账户的第一行摘要栏内注明"上年结转"或"年初余额"字样,并将上年的年末余额以相同方向记入新账中的余额栏内。如表7-32所示。

表7-32　　　　　　　　　　　　主营业务收入总账

| 2022年 | | 凭证 | | 摘要 | 借方 | 贷方 | 借或贷 | 余额 |
|---|---|---|---|---|---|---|---|---|
| 月 | 日 | 字 | 号 | | | | | |
| 1 | 8 | | | 销售产品 | | 370 000 | 贷 | 370 000 |
| | 15 | | | 销售产品 | | 692 000 | 贷 | 1 062 000 |
| | 28 | | | 销售产品 | | 520 000 | 贷 | 1 582 000 |
| | 31 | | | 本月合计 | | 1 582 000 | 贷 | 1 582 000 |
| | 31 | | | 转入本年利润 | 1 582 000 | | 平 | 0 |
| 12 | 31 | | | 本月合计 | | 2 000 000 | 贷 | 2 000 000 |
| | 31 | | | 转入本年利润 | 2 000 000 | | 平 | 0 |
| | 31 | | | 本年累计 | 42 600 000 | 42 600 000 | 平 | 0 |

(4)总账账户一般不需要结计本月发生额,只需要结出月末余额即可。年末时为了对账,须在最后一笔记录下一行的"摘要"栏内写上"本年合计"字样。在"发生额"栏内填写全年合计数。在"本年合计"下面画两条红线,同样表示本年到此为止。

需要结出本月发生额的账户,如果一个月内只有一笔发生额,则本月就不存在合计问题。此时,只需要在这笔记录下面画一条线,表示本月到此为止即可。

凡需要结出余额的账户,结出余额后,应在"借或贷"等栏内写明"借"或"贷"的字样;没有余额的账户,应在"借或贷"等栏内写"平"字并在余额内用"0"表示。年度终了,凡有余额的账户,余额都须转入下年的新账之内。有些账簿可以跨年度使用,如固定资产和往来账。凡是跨年度连续使用的账簿,第二年使用时,直接在上年的双红线下面记录发生额,不必写"上年转来"字样。如表7-33所示。

表7-33　　　　　　　　　　　原材料总账　　　　　　　　　　　第　页

| 2022年 | | 凭证 | | 摘 要 | 借 方 | 贷 方 | 借或贷 | 余额 |
|---|---|---|---|---|---|---|---|---|
| 月 | 日 | 字 | 号 | | | | | |
| 1 | 1 | | | 年初余额 | | | 借 | 3 726 380 |
| | 3 | | | 购入材料 | 250 000 | | | |
| | 5 | | | 生产领料 | | 130 000 | | |
| | 7 | | | 生产领料 | | 29 000 | | |
| | …… | | | …… | …… | …… | | …… |
| | 31 | | | 本月合计 | 1 286 000 | 2 900 000 | 借 | 2 112 380 |
| 12 | 31 | | | 本月合计 | 1 083 000 | 979 780 | 借 | 3 829 600 |
| | 31 | | | 本季合计 | 3 607 500 | 3 504 280 | 借 | 3 829 600 |
| | 31 | | | 本年合计 | 14 782 670 | 14 679 450 | 借 | 3 829 600 |
| | | | | 结转下年 | | | 借 | 3 829 600 |

🔊 **重要提示**

结账时,会计实践中,在摘要栏内有两种注明字样可供选择:如月结时为"本月合计"或"×月份发生额及余额"字样;季结时为"本季合计"或"×季发生额及余额"字样;年结时为"本年合计"或"年度发生额及余额"字样。为方便学习,本书本项目以前所涉及的结账,在摘要栏内注明的是"××合计";本项目之后所涉及的结账采用的是"本期发生额及余额"字样。

## 任务5　管理账簿

### 一、会计账簿的启用规则

为了保证账簿的合规性和账簿资料的完整性,明确记账责任,各类账簿的登记都要有专人负责。

(1)启用会计账簿时,应在账簿封面上写明单位名称和账簿名称,并在账簿扉页上详细填写"账簿启用和经管人员一览表"(表7-9),加盖单位公章,并由会计主管人员和记账人员签章。

(2) 在账簿扉页的次页上填写账户目录,并列示各账户的名称和起讫页数。启用订本式账簿,应当从第一页到最后一页顺序编定(印好)页数,不得跳页、缺页;使用活页式账页时,应当按账户顺序编号,并须定期装订成册,装订后,再按实际使用的账页顺序编定页码,另加目录,注明每个账户的名称和页次。

> **重要提示**
>
> 手工记账的企业,库存现金日记账和银行存款日记账必须采用订本式账簿,不得用银行对账单或者其他方法代替日记账;实行会计电算化的单位,用计算机打印的会计账簿必须连续编号,经审核无误后装订成册,并由记账人员和会计机构负责人、会计主管人员签字或者盖章。

## 二、账簿更换

会计账簿的更换是指在会计年度终了时将上年旧账更换为次年新账。

更换新账的程序是:年度终了,在本年有余额的账户"摘要"栏内注明"结转下年"字样。在更换新账时,注明各账户的年份,在第一行"日期"栏内写明1月1日;"记账凭证"栏空置不填;将各账户的年末余额直接抄入新账余额栏内,并注明余额的借贷方向。过入新账的有关账簿余额的转让事项,不需要编制记账凭证。在新的会计年度建账并不是所有的账簿都更换为新的。一般来说,现金日记账、银行存款日记账、总分类账、大多数明细分类账应每年更换一次。但是有些财产物资明细账和债权债务明细账,由于材料品种、规格和往来单位较多,更换新账,重抄一遍,工作量较大,因此,可以跨年度使用,不必每年更换一次。第二年使用时,可直接在上年终了的双线下面记账。各种备查簿也可以连续使用。

## 三、账簿保管

### (一) 平时账簿管理

各种账簿要分工明确,指定专门人员负责。账簿经管人员既要负责记账、对账、结账等工作,又要负责保证账簿的安全。会计账簿未经单位领导和会计负责人或有关人员批准,不能随意翻阅查看。会计账簿除需要与外单位核对外,一般不能携带外出,对携带外出的账簿,一般应由经管人员或会计主管人员指定专人负责。会计账簿不能随意交与其他人员管理,防止任意涂改账簿等问题发生,以保证账簿资料的安全。

### (二) 归档保管

年度终了更换并启用新账后,对更换下来的旧账要整理装订,造册归档保存。

1. 归档前旧账的整理

旧账整理包括检查和补齐应办手续,如改错盖章、注销空行空页、结转余额等。活页账应撤出未使用的空白账页再装订成册,并将各账页连续编号。

2. 旧账装订

活页账一般按账户分类装订成册,一个账户订一册或数册。某些账户账页较少,也可以合并装订成一册。装订时应检查账簿扉页的内容是否填写齐全。装订后应由经办人员、装订人员、会计主管在封口处签名或盖章。

3. 旧账归档

旧账装订完毕后应编制目录和编写移交清单,然后按期移交档案部门保管。

各种账簿同会计凭证和会计报表一样,都是重要的经济档案,必须按照制度统一规定的保存年限妥善保管,不得丢失和任意销毁。保管期满后,应按照规定的审批程序报经批准后才能销毁,销毁时应派人监销。

# 项目八

# 实施财产清查

 项目目标

理解财产清查基本知识,熟知实施财产清查的不同方法的适用范围,会进行财产清查结果的账务处理,初步树立财务会计财产价值观,具有运用财产清查方法处理案例资料的基本能力。

 解决问题

财产清查的含义、意义和各种方法;财产物资的盘存制度;各种清查方法;清查结果的账务处理;我国会计基本工作规范中与财产清查相关的内容。

 技能训练

进行财产清查方法的运用及结果处理的案例综合测试,能编制"银行存款余额调节表"。

 案例资料8-1

某企业的副总经理吴某,将企业在用的机器设备借给其亲属使用,但未办理任何手续。年底清查人员盘点时发现盘亏了一台设备,原值500 000元,已提折旧100 000元,净值为400 000元。经调查得知是吴副总经理所为,于是派人向其亲属索要。但借方称该设备已被偷走。当问及吴副总经理对此事的处理意见时,他建议按正常报废处理。

 议一议

盘亏的设备按正常报废处理是否符合规定?企业应该怎样正确处理盘亏的资产?

案例资料8-1
参考答案

## 任务1　认知财产清查

### 一、财产清查的意义

财产清查是指通过对货币资金、实物资产和往来款项的盘点或核对,确定其实存数,查明账存数与实存数是否相符的一种专门方法。

加强财产清查工作,对于加强企业管理、充分发挥会计的监督作用具有重要意义。财产清查的重要意义,概括起来有以下几方面:

(1) 确保会计资料真实可靠。可以查明各项财产物资的实存数。将实存数与账存数进行核对,如果发现不符,确定盘盈或盘亏数,及时调整账簿记录,使得账实相符,以保证账簿记录的真实正确,为经济管理提供可靠的数据资料。

(2) 保护财产物资的安全完整。财产清查又是一项行之有效的会计监督措施。通过财产清查,可以发现财产管理上存在的问题,进而采取措施,不断改进财产物资管理工作,健全财产物资的管理制度,确保财产物资的安全、完整。

(3) 促进财产物资的有效使用。通过财产清查,可以查明财产物资的储备和利用情况。对储备不足的,应设法补充,保证生产需要;对积压、呆滞的,应及时处理,避免损失和浪费,以便充分发挥财产物资的潜力,提高其使用效能。

> **重要提示**
>
> 在实际工作中通常会出现下列一些主观与客观的原因,致使账簿记录结存数与实存数不一致:
> (1) 保管人员在收发中发生计算或登记的差错;
> (2) 会计人员记账中出现差错;
> (3) 因管理不善或责任人失职造成了变质、短缺等损失;
> (4) 不法分子贪污盗窃、营私舞弊造成的损失;
> (5) 财产物资在保管过程中发生自然损耗,如挥发、破损、霉烂等;
> (6) 由于计量检验器具不准确,造成财产物资收发时出现数量上的计量错误;
> (7) 遭受了自然灾害,如水灾、火灾等。
> 因此,为了明确经济责任,无论是否出现上述情况,都应该而且必须进行财产清查。

### 二、财产清查的种类

#### (一) 按清查范围分为全面清查和局部清查

全面清查,是指对全部财产进行盘点和核对。全面清查范围广,参加的部门和人员多,一般来说,在以下几种情况下,需要进行全面清查:

(1) 企业编制年度会计报告前,为了确保年终决算会计资料真实、正确,需要全面清查财产、核实债务;

(2) 单位撤销、分立、合并或改变隶属关系,需要进行全面清查;

(3) 中外合资、国内联营,需要进行全面清查;

(4) 开展清产核资,需要进行全面清查;

(5) 单位主要负责人工作调离,需要进行全面清查。

局部清查,是指根据需要对一部分财产物资进行的清查,其清查的主要对象是流动性较大的财产,如库存现金、材料、在产品和产成品等。

局部清查范围小、内容少,涉及的人也少,但专业性较强,一般有:

(1) 对于库存现金应由出纳员在每日业务终了时点清,做到日清月结;

(2) 对于银行存款和银行借款,应由出纳员每月同银行核对一次;

(3) 对于材料、在产品和产成品除年度清查外,应有计划地每月重点抽查,对于贵重的财产物资,应每月清查盘点一次;

(4) 对于债权债务,应在年度内至少核对一至两次,有问题应及时核对、及时解决。在有关人员调动时,也需要进行专题清查。

### (二) 按照财产清查的时间分为定期清查和不定期清查

定期清查,是指根据管理制度的规定或预先计划安排的时间对财产所进行的清查。这种清查的对象不定,可以是全面清查也可以是局部清查。其清查的目的在于保证会计核算资料的真实正确,一般是在年末、季末或月末结账时进行。

不定期清查,是指根据需要所进行的临时清查。不定期清查对象是局部清查,如更换出纳员时对库存现金、银行存款所进行的清查;更换仓库保管员时对其所保管的财产进行的清查;发生自然灾害或意外时所进行的清查;等等。其目的在于查明情况,分清责任。

## 三、财产清查的范围

财产清查的范围包括本单位全部资产和权益,具体有:

(1) 货币资金的清查,主要包括对库存现金和银行存款的清查。

(2) 各种存货的清查,主要包括对库存原材料、燃料、包装物、低值易耗品、库存商品、在产品、自制半成品、外购商品等的清查。

(3) 固定资产的清查,主要包括对机器设备、厂房、办公设备、汽车及在建工程物资等的清查。

(4) 应收、应付、预收、预付等各种往来款项的清查。

## 任务2 理解财产盘存制度

企业财产物资的数量要靠盘存来确定,常用的盘存方法有实地盘存制和永续盘存制两种。

## 一、实地盘存制

实地盘存制也称"定期盘存制",是对各项财产物资平时在账簿中只登记增加数,不登记减少数,月末根据实地盘存的结存数来倒推当月财产物资的减少数,再据以登记有关账簿的一种方法,即:

本期发出数量 = 账面期初结存数量 + 本期账面增加合计数量 – 期末盘点实际结存数量

实地盘存制下账簿登记情况如表 8-1 所示。

表 8-1

| 2022 年 | | 摘　　要 | 收　　入 | | | 发　　出 | | | 结　　存 | | |
|---|---|---|---|---|---|---|---|---|---|---|---|
| 月 | 日 | | 数量 | 单价 | 金额 | 数量 | 单价 | 金额 | 数量 | 单价 | 金额 |
| 3 | 1 | 上月结余 | | | | | | | 80 | 10 | 800 |
| | 5 | 购入 | 200 | 9 | 1 800 | | | | | | |
| | 10 | 发出 | | | | | | | | | |
| | 17 | 购入 | 400 | 10 | 4 000 | | | | | | |
| | 25 | 发出 | | | | | | | | | |
| | 31 | 本月合计 | 600 | | 5 800 | 450 | | | 230 | 10 | 2 300 |

表 8-1 采用实地盘存制,本期发出数 450 = 账面期初结存数 80 + 本期账面增加合计数 600 – 期末盘点实际结存数 230。因此,采用实地盘存制,关键是确定期末财产物资的库存数量。

**即学即思** 请将表 8-1 发出栏的单价和金额填全。

> **重要提示**
>
> 期末财产物资库存数量的确定,一般分为两个步骤:首先进行实地盘点,确定盘存数量,盘点的结果要填制"盘存单",列明各种存货的盘存数量;其次是调整盘存数量,即如果月末有已经销售但尚未提运出库的存货或已经提运出库但尚未做销售入账的存货,都要进行调整,以确定实际库存数量。调整计算公式为:
>
> 实际库存数量 = 盘点数量 + 已提未销数量 – 已销未提数量

采用实地盘存制,核算工作比较简单。其缺点是:无法结算出日常的账面余额,不能及时了解和掌握日常财产物资的账面结存额和财产物资的溢缺情况,且手续不严密,不利于管理。该制度一般适用于一些价值低、品种杂、进出频繁的商品或材料物资。

**即学即思** 超市、副食品商店、服装厂、鲜活商店等经营的库存商品,是否适合采用实地盘存制?说说理由。

**例 8-1** ZH 公司 10 月份甲材料期初结存和本期购进情况如表 8-2 所示。

表 8-2　　　　　　　　　　　甲材料期初结存和本期购进情况表

| 日 | 期 | 摘　要 | 数量/千克 | 单价/元 | 金额/元 |
|---|---|---|---|---|---|
| 10 | 1 | 期初结存 | 1 500 | 10 | 15 000 |
|  | 5 | 购入 | 1 000 | 11.75 | 11 750 |
|  | 17 | 购入 | 1 500 | 11.50 | 17 250 |
|  | 31 | 合　计 | 4 000 |  | 44 000 |

假定甲材料期末实际盘点 1 000 千克，本期发出材料 3 000 千克。用加权平均法计算期末库存材料和本期发出材料金额如下：

$$加权平均单价 = \frac{15\,000 + 29\,000}{1\,500 + 2\,500} = 11(元)$$

$$期末库存材料金额 = 1\,000 \times 11 = 11\,000(元)$$

$$本期材料发出金额 = 3\,000 \times 11 = 33\,000(元)$$

或：　　本期材料销售成本 = 期初结存额 + 本期收入额 − 期末结存额
　　　　　　　　　　　　= 15 000 + 29 000 − 11 000 = 33 000(元)

**知识链接**

加权平均法是指发出存货和期末结存存货的单价均以本期收入数和期初结存数进行加权平均计算。计算公式如下：

$$加权平均单价 = \frac{期初存货金额 + 本期收入存货金额合计}{期初存货数量 + 本期收入存货数量合计}$$

$$期末存货金额 = 期末库存存货数量 \times 加权平均单价$$

$$本期销售金额 = 本期销售存货数量 \times 加权平均单价$$

##  二、永续盘存制

永续盘存制也称"账面盘存制"，是对各项财产物资的增加或减少，都必须根据会计凭证逐笔或逐日在有关账簿中进行连续登记，并随时结算出该项物资的结存数的一种方法。

账面期末数量 = 账面期初结存数量 + 本期账面增加合计数量 − 本期账面发出合计数量

永续盘存制下账簿登记情况如表 8-3 所示。

表 8-3

| 2022 年 | | 摘　要 | 收　入 | | | 发　出 | | | 结　存 | | |
|---|---|---|---|---|---|---|---|---|---|---|---|
| 月 | 日 | | 数量 | 单价 | 金额 | 数量 | 单价 | 金额 | 数量 | 单价 | 金额 |
| 3 | 1 | 上月结余 |  |  |  |  |  |  | 80 | 10 | 800 |
|  | 5 | 购入 | 200 | 9 | 1 800 |  |  |  | 280 |  |  |
|  | 10 | 发出 |  |  |  | 200 |  |  | 80 |  |  |

续表

| 2022年 | | 摘　　要 | 收　　入 | | | 发　　出 | | | 结　　存 | | |
|---|---|---|---|---|---|---|---|---|---|---|---|
| 月 | 日 | | 数量 | 单价 | 金额 | 数量 | 单价 | 金额 | 数量 | 单价 | 金额 |
| | 17 | 购入 | 400 | 10 | 4 000 | | | | 480 | | |
| | 25 | 发出 | | | | 150 | | | 330 | | |
| | 31 | 月末结存 | 600 | | 5 800 | 350 | | | 330 | | |

采用永续盘存制,可随时反映财产物资的收入、发出和结余情况,从数量和金额上进行双重控制,加强了对财产物资的管理,在实际工作中广泛应用该方法。其缺点是:在财产品种复杂、繁多的企业,其明细分类核算工作量较大。

采用这种制度,也可能发生账实不符的情况,如变质、损坏、丢失等,所以仍需对各种财产物资进行清查盘点,以查明账实是否相符和账实不符的原因。

> **重要提示**
>
> 需要指出的是,无论永续盘存制还是实地盘存制均需要进行实地盘点,但两者盘点的目的不同,前者是为了达到账实一致,后者是为了倒算出发出数。

**例 8-2** ZH 公司 10 月份甲材料期初结存和本期购进情况如表 8-4 所示。

**表 8-4**　　　　　　　　　　　　　　**原材料明细账**

材料名称:甲材料

| 2022年 | | 摘　　要 | 收　　入 | | | 发　　出 | | | 结　　存 | | |
|---|---|---|---|---|---|---|---|---|---|---|---|
| 月 | 日 | | 数量 | 单价 | 金额 | 数量 | 单价 | 金额 | 数量 | 单价 | 金额 |
| 3 | 1 | 上月结余 | | | | | | | 1 500 | 10 | 15 000 |
| | 5 | 购入 | 1 000 | 11.75 | 11 750 | | | | 2 500 | 10.70 | 26 750 |
| | 10 | 发出 | | | | 1 500 | 10 | 15 000 | 1 000 | 11.75 | 11 750 |
| | 17 | 购入 | 1 500 | 11.50 | 17 250 | | | | 2 500 | 11.60 | 29 000 |
| | 25 | 发出 | | | | 1 500 | 11.67 | 17 500 | 1 000 | 11.50 | 11 500 |
| | 31 | 月末结存 | | | | | | | 1 000 | 11.50 | 11 500 |

该企业采用先进先出法计算发出原材料的成本。

计算过程如下:

10 日发出材料金额 = $1\,500 \times 10 = 15\,000$(元)

25 日发出材料金额 = $1\,000 \times 11.75 + 500 \times 11.50 = 17\,500$(元)

库存材料金额 = $1\,000 \times 11.50 = 11\,500$(元)

> **即学即思**　请上网查一查,在永续盘存制下,企业除采用先进先出法外,还用哪些方法计算发出存货成本?

**知识链接**

先进先出法是指根据先入库先发出的原则,对于发出的存货以先入库存货的单价计算发出存货成本的方法。采用这种方法的具体做法是:先按存货的期初余额的单价计算发出的存货的成本,领发完毕后,再按第一批入库的存货的单价计算,依此从前向后类推,计算发出存货和结存存货的成本。

先进先出法是存货的计价方法之一。它是根据先购入的商品先领用或发出的假定计价的。用先进先出法计算的期末存货额,比较接近市价。

## 任务 3　运用财产清查方法

### 一、货币资金的清查方法

#### (一) 库存现金的清查

库存现金的清查,应采用实地盘点的方法。除现金出纳人员做到日清月结、账款相符外,单位还应组织清查人员对库存现金进行定期或不定期清查,确定库存现金的实存数,并且与库存现金日记账的账面余额核对,以查明账实是否相符和盈亏情况。

清查的方法是:由出纳人员对库存现金逐张清点,清查人员从旁监督,明确现金的实存数。然后进行如下核对:

(1) 将库存现金的实存数与现金日记账的余额进行核对,确定账实是否相符;

(2) 将库存现金的实存数与库存限额核对,确认库存现金是否超过银行核定的库存限额;

(3) 有无"白条"抵库的情况,即有无以未经过合法会计手续的非正式单据抵充现金的情况,查清有无挪用现金的情况。

**重要提示**

在进行库存现金清查时,为了明确经济责任,出纳人员对库存现金逐张清点,清查人员从旁监督。在清查过程中不能用白条抵库,也就是不能用不具有法律效力的借条、收据等抵充库存现金。库存现金盘点后,应根据盘点的结果及与库存现金日记账核对的情况,填制库存现金盘点报告表。库存现金盘点报告表也是重要的原始凭证,它既起到确定实有数的作用,又起到实有数与账面数对比的作用。

**即学即思**　什么是白条?

库存现金盘点报告表应由盘点人和出纳员共同签章方能生效。库存现金盘点报告表的一般格式如表 8-5 所示。

表 8-5　　　　　　　　　　　　库存现金盘点报告表
　　　　　　　　　　　　　　　　　年　　月　　日

| 实存金额 | 账存金额 | 对比结果 | | 备 注 |
| --- | --- | --- | --- | --- |
| | | 盘 盈 | 盘 亏 | |
| | | | | |

盘点人(签章)：　　　　　　　　　　　　　　　　出纳员(签章)：

**案例资料 8-2**

2022 年 1 月 26 日上午 8 时，现金清查小组人员对甲公司的库存现金进行了盘点，盘点结果如下：

（1）1 月 25 日，现金日记账的余额是 2 365 元。

（2）现金实有数 1 850 元。

（3）在保险柜中发现职工李东 11 月 5 日预借差旅费 500 元，已经领导批准；职工胡立借据一张，金额 450 元，未经批准，也未说明其用途；已收款但未入账的凭证 6 张，金额 435 元。

另外，核对 1 月 1 日至 25 日的收付款凭证和现金日记账，核实 1 月 1 日至 25 日的现金收入数为 7 130 元，现金支出数为 7 160 元，正确无误。银行核定的公司库存限额为 2 000 元。

1. 你认为清查小组人员发现了哪些问题？
2. 请上网查找我国对库存现金的管理规定，在此基础上对案例中存在的问题提出处理意见。

案例资料 8-2
参考答案

### （二）银行存款的清查

**1. 银行存款的清查方法**

银行存款的清查与库存现金的清查方法不同，不是采用实地盘点法，而是采用对账单法，通过与企业在开户银行的存款账户核对账目的方法进行。

**重要提示**

银行存款清查的对账单法，是指企业将其银行存款日记账与开户银行开给该企业的对账单进行逐笔核对，查明有无未达账项及其具体情况的财产清查方法。企业在采用对账单法进行银行存款清查之前，应先检查本企业银行存款记录的完整性和余额；然后，将银行开出的对账单上所记录的银行存款收付记录与本企业银行存款日记账中登记的收付记录逐笔核对，查明银行存款的实有数额。

银行存款对账单的格式如表8-6所示。

表8-6  中国工商银行无锡市分行对账单

账号：　　　　　　　　　　单位名称：大宏公司　　　　　　　　第　页

| 日　期 | 交　易 | 凭证号 | 收　入 | 支　出 | 余　额 |
|---|---|---|---|---|---|
| 承上页 | | | | | 300 000 |
| 10月2日 | 取得短期贷款 | #7500 | 200 000 | | |
| 10月3日 | 提取现金 | #7504 | | 2 000 | |
| 10月5日 | 支付采购款 | #7506 | | 3 510 | |
| 10月10日 | 支付采购款 | #7507 | | 50 800 | |
| 10月15日 | 支付广告费 | #7509 | | 3 000 | |
| 10月18日 | 代收销货款 | #7512 | 32 500 | | |
| 10月20日 | 存入利息 | #7513 | 2 930 | | |
| 10月20日 | 代付电费 | #7515 | | 1 000 | |
| 10月26日 | 提取现金 | #7517 | | 48 000 | |
| 10月30日 | 支付专利款 | #7518 | | 60 800 | |

2. 未达账项

实际工作中，企业的银行存款日记账的余额与对账单的余额往往不一致。这种不一致的原因，一是企业与开户银行双方或其中某一方记账有错误；二是存在未达账项。

所谓未达账项是指企业与银行之间对于同一项业务，由于取得凭证的时间不同，而发生的一方已取得凭证并登记入账，但另一方由于尚未取得凭证而尚未入账的款项。

**即学即思**　为什么会产生未达账项？未达账项是错账吗？

未达账项一般有以下四种类型：

第一种，企业已收款记账、银行尚未收款记账。

例如，企业销售产品收到支票，送存银行后即可根据银行盖章、退回的"进账单"回单联登记银行存款的增加，而银行要待款项实际收妥后才能登记企业银行存款的增加，如果此时对账，则形成了"企业已收款记账、银行尚未收款记账"的未达账项。

第二种，企业已付款记账、银行尚未付款记账。

例如，企业开出一张支票支付购货款，企业可以根据支票存根等凭证登记企业银行存款的减少，而此时银行由于尚未接到支付款项的凭证未登记企业银行存款的减少，如果此时对账，则形成了"企业已付款记账、银行尚未付款记账"的未达账项。

第三种，银行已收款记账、企业尚未收款记账。

例如，外地某单位给企业汇来款项，银行收到汇款后登记企业银行存款的增加，而企业此时尚未收到汇款凭证，未登记银行存款的增加，如果此时对账，则形成了"银行已收款记账、企业尚未收款记账"的未达账项。

第四种，银行已付款记账、企业尚未付款记账。

例如，银行代企业支付款项，银行已取得支付款项的凭证并登记企业银行存款的减少，而企业此时尚未收到凭证，未登记银行存款的减少，如果此时对账，则形成了"银行已付款记账、企业尚未付款记账"的未达账项。

上述任何一种未达账项的存在，都会使企业银行存款日记账账面余额与银行对账单余额不符。出现上述第一、第四两种情况会使企业银行存款日记账账面余额大于银行对账单余额；出现上述第二、第三两种情况则会使企业银行存款日记账账面余额小于银行对账单余额。

3. 银行存款余额调节表的编制

在与银行对账时，应首先查明有无未达账项，如果有未达账项就应编制银行存款余额调节表，对企业和开户银行双方的银行存款账面余额进行调整，以消除未达账项的存在对企业银行存款日记账账面余额和银行对账单余额的影响。银行存款余额调节表是为了核对企业与其开户银行双方记录的企业银行存款账面余额而编制，列示双方未达账项的一种表格。现举例说明其格式和编制方法如下：

例 8-3　ZH 公司 2022 年 6 月 25—30 日"银行存款日记账"和银行提供的"对账单"如表 8-7、表 8-8 所示。

表 8-7　　　　　　　　　　　　银行存款日记账

存款种类：基本存款户　　　　　　　　　　　　　　　　　　　　　　　　第 × 页

| 2022 年 | | 凭证号 | | 摘　要 | 结算凭证 | | 收入 | 支出 | 借或贷 | 结余 | √ |
|---|---|---|---|---|---|---|---|---|---|---|---|
| 月 | 日 | 种类 | 号数 | | 种类 | 号数 | | | | | |
| 6 | 25 | 银收 | 8 | 销售产品 | 托收 | 4333 | 20 000 | | 借 | 150 000 | |
| | 25 | 银付 | 11 | 采购 A 材料 | 转支 | 5170 | | 24 000 | 借 | 126 000 | |
| | 26 | 银付 | 12 | 采购运费 | 转支 | 5171 | | 1 000 | 借 | 125 000 | |
| | 27 | 银付 | 13 | 提现 | 现支 | 4293 | | 20 180 | 借 | 104 820 | |
| | 27 | 银付 | 14 | 支付办公费 | 转支 | 5172 | | 720 | 借 | 104 100 | |
| | 28 | 银收 | 9 | 收前欠货款 | 电汇 | | 11 200 | | 借 | 115 300 | |
| | 29 | 银收 | 10 | 销售产品 | 转支 | 6688 | 21 600 | | 借 | 136 900 | |
| | 30 | 银付 | 15 | 付保险费 | 现支 | 4294 | | 8 400 | 借 | 128 500 | |

表 8-8　　　　　　　　　　　　银行对账单

户名：ZH 公司　　　　　　　　　　　　　　　　　　　　　　　　账号：0011233

| 2022 年 | | 结算凭证 | | | 存　入 | 支　出 | 结　余 |
|---|---|---|---|---|---|---|---|
| 月 | 日 | 现金支票 | 转账支票 | 其他 | | | |
| 6 | 24 | | | 托收 | 20 000 | | 150 000 |
| | 25 | | 5170 | | | 24 000 | 126 000 |
| | 26 | | 5171 | | | 1 000 | 125 000 |
| | 27 | 4293 | | | | 20 180 | 104 820 |
| | 27 | | 5172 | | | 720 | 104 100 |
| | 28 | | | 托收 | 37 000 | | 141 100 |
| | 28 | | | 电汇 | 11 200 | | 152 300 |
| | 30 | | | 托收 | | 14 500 | 137 800 |

该企业"银行存款日记账"期末余额为 128 500 元，银行对账单上余额为 137 800 元。

经逐笔核对,查明有以下未达账项:

(1) 该企业销售乙种产品收到货款 21 600 元(转账支票);银行尚未收到单据,没有入账。

(2) 该企业支付保险费 8 400 元(现金支票);银行尚未收到单据,没有入账。

(3) 银行代企业收到嘉华公司款项 37 000 元,已划入企业存款账;企业尚未收到有关凭证,没有入账。

(4) 银行代企业支付水电费 14 500 元,已从企业存款账划出;企业尚未收到有关凭证,没有入账。

根据上述资料,编制银行存款余额调节表,如表 8-9 所示。

表 8-9　　　　　　　　　　　银行存款余额调节表

2013 年 6 月 30 日　　　　　　　　　　　　　　　　　　单位:元

| 项 目 | 金 额 | 项 目 | 金 额 |
| --- | --- | --- | --- |
| 企业银行存款日记账余额 | 128 500 | 银行对账单余额 | 137 800 |
| 加:银行已收、企业未收 | 37 000 | 加:企业已收、银行未收 | 21 600 |
| 减:银行已付、企业未付 | 14 500 | 减:企业已付、银行未付 | 8 400 |
| 调节后存款余额 | 151 000 | 调节后存款余额 | 151 000 |

**重要提示**

经过银行存款余额调节表调节后,如果双方的余额相等,则表明双方记账基本正确,而这个相等的金额表示企业可动用的银行存款实有数;若不符,则表示本单位及开户银行的一方或双方存在记账错误,应进一步查明原因,采用正确的方法进行更正。

企业不应该也不需要根据调节的余额调整银行存款日记账的余额,银行存款余额调节表不能作为记账的原始依据。对于银行已入账而企业尚未入账的未达账项,企业应在收到有关结算凭证后再进行有关账务处理。

 案例资料 8-3

ZH 公司 20××年 9 月 30 日银行存款日记账账面余额为 415 140 元;银行对账单余额为 431 712 元。经查,发现有以下未达账项:

(1) 9 月 28 日企业送存银行一张转账支票,金额 10 904 元,银行尚未入账;

(2) 9 月 29 日企业付款开出一张转账支票 6 540 元,银行尚未入账;

(3) 9 月 30 日企业委托银行收取的华夏公司货款 32 712 元,银行已入账,企业尚未接到收款通知;

(4) 9 月 30 日支付水电费 11 776 元,银行已经入账,企业尚未接到付款通知。

案例资料 8-3
参考答案

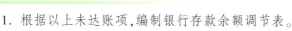

1. 根据以上未达账项,编制银行存款余额调节表。

2. 请说明查出的未达账项会计上应如何处理。

## 二、实物的清查方法

不同种类财产物资的实物形态、重量、体积、堆放的方式各不相同,清查的方法也不尽相同。实物资产清查时,实物资产的保管员必须在场,并参加盘点工作。常见的盘点方法有如下两种:

### (一)实地盘点法

实地盘点法是指在财产物资存放现场逐一清点数量或用计量仪器确定其实存数的方法。如以件或台为计量单位的产成品或机器设备,可以通过点数的方法确定实有数;又如以千克、吨等为计量单位的材料,则可以通过过秤来确定其实有数。

这种方法适用范围较广,大多数财产物资的清查都使用该种方法,但是工作量大,如果事先能按照财产物资的实物形态进行科学的码放,则有助于提高盘点的速度。

### (二)技术推算盘点法

技术推算盘点法是指利用技术方法推算财产物资实存数的方法。该方法主要适应于那些大量成堆、价廉笨重且不能逐项清点的物资,如露天堆放的煤、砂石、焦炭等。使用这种方法时,必须做到测定标准重量比较准确,整理后的形状符合规定要求。只有这样,计算出的数额才能接近实际。

无论采取何种方法清查实物,都应按计划有步骤地进行,以免遗漏或重复。

为了明确经济责任,各项财产物资盘点结果,应如实登记在盘存单上,并由盘点人员和实物保管人员同时签章,作为各项财产物资实存数额的书面证明。其格式如表 8-10 所示。

表 8-10

盘 存 单

单位名称:　　　　　　　　　盘点时间:　　　　　　　　　编号:
财产类别:　　　　　　　　　存放地点:

| 序号 | 名称 | 规格 | 计量单位 | 实存数量 | 单价 | 金额 | 备注 |
|---|---|---|---|---|---|---|---|
|  |  |  |  |  |  |  |  |

盘点人(签章):　　　　　　　　　　　　　　　保管人(签章):

盘点结束后,将盘存单的实存数额与账面结存数额核对。若发现某些财产物资账实不符,应填制实存账存对比表(也称"盘盈或盘亏报告表"),用以确定财产物资盘盈或盘亏的数额。实存账存对比表是财产清查的重要报表,是调整账簿记录的原始凭证,也是分析差异原因、明确经济责任的重要依据,应认真填报。其格式如表 8-11 所示。

表 8-11　　　　　　　　　　　实存账存对比表

单位名称：　　　　　　　　　　年　　月　　日

| 序号 | 名称 | 规格 | 计量单位 | 单价 | 实存 | | 账存 | | 盘盈 | | 盘亏 | | 备注 |
|---|---|---|---|---|---|---|---|---|---|---|---|---|---|
| | | | | | 金额 | 数量 | 金额 | 数量 | 金额 | 数量 | 金额 | 数量 | |
| | | | | | | | | | | | | | |

盘点人（签章）：　　　　　　　　　　　　　　　　　会计（签章）：

**即学即思**　对于委托外单位加工、保管的财产物资，应通过什么办法证实呢？

## 三、往来款项清查的方法

往来款项是指单位与其他单位或个人之间的各种应收账款、应付账款、预收账款、预付账款及其他应收、应付款项。为了保证往来款项账目的正确性，并促使其及时清算，防止长期拖欠，应对往来款项及时清查。

往来款项的清查一般采取发函询证的方法进行核对，即派人或以通讯的方式，向往来结算单位核实账目。清查单位应在检查本单位各项往来款项正确性的基础上，按每一往来单位编制往来款项对账单一式两份，派人或发函送达对方。对方应在回单联上加盖公章退回，表示核对相符；如经核对不符，对方应在回单联上注明情况，或者另抄账单退回，以便进一步核对。核查过程中，如有未达账项，双方都应采用调节余额的方法，如有必要，可编制应收款项余额调节表或应付款项余额调节表，核对是否相符。

往来款项对账单一般格式和内容见表 8-12。

表 8-12　　　　　　　　　　　往来款项对账单

×××单位：
　　你单位 20××年 10 月 18 日在我公司购入甲材料 1 000 千克，货款 12 800 元尚未支付，请核对后将回联单寄回。

　　　　　　　　　　　　　　　　　　　　　　　清查单位：（盖章）
　　　　　　　　　　　　　　　　　　　　　　　20××年 12 月 25 日

沿此虚线裁开，将以下回联单寄回！

往来款项对账单（回联）

×××清查单位：
　　你单位寄来的"往来款项对账单"已收到，经核对相符无误。

　　　　　　　　　　　　　　　　　　　　　　　×××单位：（盖章）
　　　　　　　　　　　　　　　　　　　　　　　20××年 12 月 29 日

往来款项清查结束后，应将清查结果编制往来款项清查结果报告表。对其中有财务纠纷的款项，以及无法收回或无法清偿的款项，应详细说明情况，报请财产清查小组或上级处理，以便尽快了结逾期的债权、债务。

往来款项清查结果报告表的格式见表 8-13。

表8-13　　　　　　　　　　往来款项清查结果报告表

总账名称：　　　　　　　　　　　年　月　日

| 明细账 | | 清查结果 | | 核对不符原因 | | | 备注 |
|---|---|---|---|---|---|---|---|
| 名称 | 账面余额 | 核对相符金额 | 核对不符金额 | 未达账项金额 | 有争议款金额 | 其他 | |
| | | | | | | | |

清查人员签章：　　　　　　　　　　　　　　　　记账人员签章：

往来款项清查结果经研究后，应按规定和批准意见处理。该收回的款项应积极催收，该归还的款项要及时主动归还；对有争议的账款要共同协商及时处理，不能协商解决的，可以通过法律途径进行调解或裁决；对确实无法收回或无法支付的款项应进行核销处理，但应在备查簿上进行记录。

**即学即思**　财产清查的原始凭证有哪些？其作用如何？

## 任务4　处理财产清查结果

财产清查后，会出现两种可能，即账实相符或不相符。如果实存数与账存数不一致，会出现两种情况：实存数大于账存数，称为盘盈；实存数小于账存数，称为盘亏。当实存数与账存数一致，但实存的财产物资有质量问题，不能按正常的财产物资使用时，称为毁损。不论是盘盈，还是盘亏、毁损，都需要进行账务处理，调整账存数，使账存数与实存数一致，以保证账实相符。

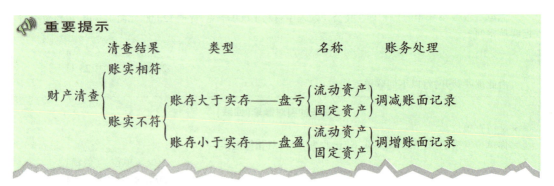

### 一、财产清查结果的处理步骤

对于财产清查中发现的各种差异分两步进行处理：

（1）审批之前的处理。财产清查中发现的盘盈、盘亏，在报经有关领导审批之前，根据盘存单、实存账存对比表等已经查实的资料，编制会计分录，在账簿上如实反映，使各项财产物资的账存数同实存数完全一致。同时，根据企业的管理权限，将处理建议报股东大会或董事会,或者经理(厂长)会议或类似机构批准。

(2)审批之后的处理。经批准后根据差异发生的原因和批准处理意见,进行差异处理,调整账项,并据以登记有关账簿。

## 二、财产清查结果的核算

### (一)账户设置

"待处理财产损溢"账户:在该账户下设置"待处理固定资产损溢"和"待处理流动资产损溢"两个明细账户。

"待处理财产损溢"账户属双重性质账户,借方用来登记各项财产物资发生的盘亏、毁损数和经批准处理盘盈财产物资的转销数,贷方登记各项财产物资发生的盘盈数和经批准处理的盘亏、毁损财产物资转销数;期末如为借方余额,表示尚待处理的净损失,如为贷方余额,表示尚待处理的净溢余。对于等待批准处理的财产盘盈、盘亏,会计年终前应处理完毕。会计年度终了,该账户无余额。"待处理财产损溢"账户的基本结构如图8-1所示。

**即学即思** "待处理财产损溢"账户期末出现余额说明什么问题?

| 借方 | 待处理财产损溢 | 贷方 |
|---|---|---|
| 期初余额:尚待处理的财产物资净损失数<br>发 生 额:财产物资发生盘亏、毁损数或经批准转销的盘盈数 | | 期初余额:尚待处理的财产物资的净溢余数<br>发 生 额:财产物资盘盈数或经批准转销的盘亏、毁损数 |
| 期末余额:尚待处理的财产物资的净损失数 | | 期末余额:尚待处理的财产物资的净溢余数 |

图 8-1 待处理财产损益

### (二)财产清查结果的核算

1. 库存现金盘盈、盘亏的核算

对库存现金清查的结果,应分别情况处理:如属于违反库存现金管理有关规定的,应及时予以纠正。如属于账实不相符的,应查明原因,并将短款或长款先记入"待处理财产损溢"科目,待查明原因后分别情况处理:

(1)属于记账差错的应及时予以更正。

(2)无法查明原因的长款应计入营业外收入;无法查明原因的短款应计入管理费用。

(3)由出纳人员失职造成的短款应由出纳人员赔偿,计入其他应收款。

例 8-4 2022 年 11 月 30 日,ZH 公司在财产清查中发现库存现金溢余 50 元。库存现金盘点报告表及批准处理书如表 8-14、图 8-2 所示。

表 8-14

库存现金盘点报告表

2022 年 11 月 30 日　　　　　　　　　　　　　　　单位：元

| 实存金额 | 账存金额 | 对比结果 | | 备 注 |
|---|---|---|---|---|
| | | 盘 盈 | 盘 亏 | |
| 550 | 500 | 50 | | |

盘点人(签章)：　　　　　　　　　　　　　　　出纳员(签章)：

会计部门根据库存现金盘点报告表编制会计分录如下：

借：库存现金　　　　　　　　　　　　　　　　　　　　　　　　50

　　贷：待处理财产损溢——待处理流动资产损溢　　　　　　　　　　50

---

**库存现金长款批准处理书**

11 月 30 日盘点库存现金长款 50 元，无法查明具体原因，转作营业外收入。

批准人：　　总经理　王强

2022 年 12 月 3 日

---

图 8-2　库存现金长款批准处理书

会计部门根据批准处理意见，编制会计分录如下：

借：待处理财产损溢——待处理流动资产损溢　　　　　　　　　　50

　　贷：营业外收入　　　　　　　　　　　　　　　　　　　　　　50

**例 8-5**　2022 年 12 月 31 日，ZH 公司在财产清查中发现库存现金短缺 200 元。其中原始凭证库存现金盘点报告表及批准处理书如表 8-15、图 8-3 所示。

表 8-15

库存现金盘点报告表

2022 年 12 月 31 日　　　　　　　　　　　　　　　单位：元

| 实存金额 | 账存金额 | 对比结果 | | 备 注 |
|---|---|---|---|---|
| | | 盘 盈 | 盘 亏 | |
| 300 | 500 | | 200 | |

盘点人(签章)：　　　　　　　　　　　　　　　出纳员(签章)：

会计部门根据"库存现金盘点报告表"编制会计分录如下：

借：待处理财产损溢——待处理流动资产损溢　　　　　　　　　　200

　　贷：库存现金　　　　　　　　　　　　　　　　　　　　　　　200

**库存现金短款批准处理书**

12月31日盘点库存现金短款200元,经查明库存现金短缺中100元属于出纳员的责任,应由出纳员钱某赔偿;另外100元无法查明原因,转作期间费用。

批准人： 总经理 王强
2022年12月31日

**图8-3 库存现金短款批准处理书**

会计部门根据批准处理意见,编制会计分录如下:

借:其他应收款——钱某　　　　　　　　　　　　　　　　　　　　100
　　管理费用　　　　　　　　　　　　　　　　　　　　　　　　　100
　　贷:待处理财产损溢——待处理流动资产损溢　　　　　　　　　　　　200

2. 存货盘盈、盘亏和毁损的核算

企业财产清查中发现的存货盘盈,一般转入"管理费用"。发现的存货盘亏和毁损,在报经批准前,应按其成本转入待处理财产损溢,贷记存货类账户,使账实相符。报经批准以后,再根据造成盘亏和毁损的原因,分别以下情况进行处理:属于自然损耗产生的定额损耗,经批准后转作管理费用;属于计量收发差错和管理不善等原因造成的超定额损耗,应先扣除残料价值和过失人的赔偿,然后将净损失计入管理费用;属于自然灾害或意外事故造成的存货毁损,应先扣除残料价值和可以收回的保险赔偿,然后将净损失转作营业外支出。

**例8-6** 11月30日,ZH公司盘点财产物资,发现盘盈丙材料0.3吨,实际总成本150元,原因不明;盘亏甲材料0.5千克,实际总成本25元,丁材料0.7吨,实际总成本1 400元。实存账存对比表如表8-16所示。

会计部门根据实存账存对比表编制会计分录如下:

借:原材料——丙材料　　　　　　　　　　　　　　　　　　　　　150
　　贷:待处理财产损溢——待处理流动资产损溢　　　　　　　　　　　　150
借:待处理财产损溢——待处理流动资产损溢　　　　　　　　　　　　1 425
　　贷:原材料——甲材料　　　　　　　　　　　　　　　　　　　　　25
　　　　　　——丁材料　　　　　　　　　　　　　　　　　　　　　1 400

**表8-16　　　　　　　　　　　　　实存账存对比表**

单位名称:ZH公司　　　　　　　　2022年11月30日　　　　　　　　单位:元

| 名称 | 规格 | 计量单位 | 单价 | 实存 | | 账存 | | 盘盈 | | 盘亏 | | 备注 |
|------|------|---------|------|------|------|------|------|------|------|------|------|------|
|      |      |         |      | 金额 | 数量 | 金额 | 数量 | 金额 | 数量 | 金额 | 数量 |      |
| 甲材料 |    | 千克   | 50   | 475  | 9.5  | 500  | 10   |      |      | 25   | 0.5  |      |
| 丙材料 |    | 吨     | 500  | 10 150 | 20.3 | 10 000 | 20 | 150  | 0.3  |      |      |      |
| 丁材料 |    | 吨     | 2 000 | 8 600 | 4.3 | 10 000 | 5  |      |      | 1 400 | 0.7 |      |

盘点人(签章):　　　　　　　　　　　　　　　　　会计(签章):

**例 8-7**　12 月 31 日,经 ZH 公司主管部门批准,上述盘盈盘亏的材料物资批复意见如表 8-17 所示。

表 8-17　　　　　　　　　　　流动资产清查报告单

2022 年 12 月 31 日

| 类别 | 名称 | 单位 | 单价 | 账面数量 | 实存数量 | 盘盈 | | 盘亏 | | 盈亏原因 |
|---|---|---|---|---|---|---|---|---|---|---|
| | | | | | | 数量 | 金额 | 数量 | 金额 | |
| | 甲材料 | 千克 | 50.00 | 10 | 9.5 | | | 0.5 | 25.00 | 定额内损耗冲减管理费用;管理不当,预计可收回残料 400 元;向保管人员索赔 100 元 |
| | 丙材料 | 吨 | 500.00 | 20 | 20.3 | 0.3 | 150.00 | | | |
| | 丁材料 | 吨 | 2 000.00 | 5 | 4.3 | | | 0.7 | 1 400.00 | |
| 合　计 | | | | | | | | | | |

制表:×××　　　　　会计主管:×××　　　　　企业主管:×××

会计部门根据批准处理意见,编制会计分录如下:

　　借:待处理财产损溢——待处理流动资产损溢　　　　　　　　　　　　　150
　　　　贷:管理费用　　　　　　　　　　　　　　　　　　　　　　　　　150
　　借:管理费用　　　　　　　　　　　　　　　　　　　　　　　　　　　925
　　　　其他应收款——×××　　　　　　　　　　　　　　　　　　　　　100
　　　　原材料　　　　　　　　　　　　　　　　　　　　　　　　　　　　400
　　　　贷:待处理财产损溢——待处理流动资产损溢　　　　　　　　　　　1 425

3. 固定资产盘盈和盘亏的核算

对于企业在清查中盘盈的固定资产,应按其同类或类似固定资产的市场价值,减去该项固定资产按新旧程度估计的价值损耗后的余额,借记"固定资产"账户,贷记"以前年度损益调整"账户。

企业发生固定资产盘亏时,按盘亏固定资产的净值,借记"待处理财产损溢"账户,按已计提的累计折旧,借记"累计折旧"账户,按固定资产的原价,贷记"固定资产"账户。报经批准后处理时,按可收回的保险赔偿或过失人赔偿,借记"其他应收款"账户,按净损失记入"营业外支出"账户的借方。

**例 8-8**　12 月 31 日,ZH 公司盘点财产物资,发现盘亏一台电机。固定资产盘点盈亏报告表如表 8-18 所示。

表 8-18　　　　　　　　　　　固定资产盘点盈亏报告表

部门:99 型车间　　　　　清查日期:2022 年 12 月 31 日

| 设备编号 | 设备名称 | 设备型号 | 数量 | 盘盈 | | 盘亏 | | 备注 |
|---|---|---|---|---|---|---|---|---|
| | | | | 重置价值 | 估计折旧 | 原值 | 累计折旧 | |
| 0015 | 电机 | DA11R | 1 台 | | | 2 500.00 | 2 000.00 | |
| 合　计 | | | | | | | | |

车间主任:×××　　　　　　　　　　　　　　清查人员(签章):×××

会计部门根据固定资产盘点盈亏报告表编制会计分录如下：

借：待处理财产损溢——待处理固定资产损溢　　　　　　　　　　　　500
　　累计折旧　　　　　　　　　　　　　　　　　　　　　　　　　2 000
　　贷：固定资产　　　　　　　　　　　　　　　　　　　　　　　　2 500

**例 8-9**　12 月 31 日，经批准，上述盘亏的固定资产批复意见如表 8-19 所示。

表 8-19　　　　　　　　　　　　　固定资产清查报告单

2022 年 12 月 31 日

| 固定资产编号 | 固定资产名称 | 盘 盈 | | | 盘 亏 | | | 原因 |
|---|---|---|---|---|---|---|---|---|
| | | 数量 | 重置价值 | 估计计提折旧 | 数量 | 原始价值 | 已提折旧 | |
| 0015 | 电机 | | | | 1 | 2 500.00 | 2 000.00 | 意外损失 |
| | | | | | | | | |
| 合　　　计 | | | | | 1 | 2 500.00 | 2 000.00 | |
| 处理意见 | 使用部门 | 清查小组 | | | 审批部门 | | | |
| | 机加工车间使用 | 转入营业外支出 | | | 同意 | | | |

制表：×××　　　　　会计主管：×××　　　　　企业主管：×××

会计部门根据批准处理意见，编制会计分录如下：

借：营业外支出　　　　　　　　　　　　　　　　　　　　　　　　　500
　　贷：待处理财产损溢——待处理固定资产损溢　　　　　　　　　　　500

# 项目九

# 编制财务会计报告

 项目目标

熟悉企业的财务会计报告体系,能把握资产负债表、利润表的结构、内容、编制方法,能根据所给的资料编制简化的资产负债表、利润表,能阅读会计报表的基本财务信息,初步形成财务会计信息价值观和诚信为本理念。

 解决问题

财务报告的含义、意义、种类;资产负债表的含义、作用、结构、编制方法;利润表的含义、作用、结构、编制方法;财产负债表、利润表的信息阅读。

 技能训练

1. 编制简化的资产负债表、利润表;
2. 初步解读资产负债表、利润表的基本信息。

 案例资料 9-1

表 9-1、表 9-2 是 WXHY 股份有限公司 2022 年 12 月对外公布的部分财务报告资料。

表 9-1　　　　　　　　　　　资产负债表　　　　　　　　　　　会企 01 表

编制单位:WXHY 公司　　　　　2022 年 12 月 31 日　　　　　　　　单位:元

| 资产 | 上年年末余额 | 期末余额 | 负债和所有者权益（或股东权益） | 上年年末余额 | 期末余额 |
|---|---|---|---|---|---|
| 流动资产: | | | 流动负债: | | |
| 货币资金 | 88 000.00 | 103 000.00 | 短期借款 | 113 900.00 | 140 000.00 |
| 交易性金融资产 | | | 交易性金融负债 | | |
| 衍生金融资产 | | | 衍生金融负债 | | |
| 应收票据 | | | 应付票据 | | |

续表

| 资　产 | 上年年末余额 | 期末余额 | 负债和所有者权益（或股东权益） | 上年年末余额 | 期末余额 |
|---|---|---|---|---|---|
| 应收账款 | 69 000.00 | 78 000.00 | 应付账款 | 61 200 | 48 600.00 |
| 应收款项融资 | | | 预收款项 | 6 600.00 | 7 500.00 |
| 预付款项 | 7 600.00 | 9 800.00 | 合同负债 | | |
| 其他应收款 | 5 900.00 | 6 400.00 | 应付职工薪酬 | 14 690.00 | 15 410.00 |
| 存货 | 371 300.00 | 395 400.00 | 应交税费 | 6 970.00 | 8 430.00 |
| 合同资产 | | | 其他应付款 | 30 040.00 | 30 160.00 |
| 持有待售资产 | | | 持有待售负债 | | |
| 一年内到期的非流动资产 | | | 一年内到期的非流动负债 | 15 000.00 | 20 000.00 |
| 其他流动资产 | | | 其他流动负债 | | |
| 　流动资产合计 | 541 800.00 | 592 600.00 | 　流动负债合计 | 248 400.00 | 270 100.00 |
| 非流动资产： | | | 非流动负债： | | |
| 债权投资 | | | 长期借款 | 185 000.00 | 210 000.00 |
| 其他债权投资 | | | 应付债券 | | |
| 长期应收款 | | | 租赁负债 | | |
| 长期股权投资 | | | 长期应付款 | | |
| 其他权益工具投资 | | | 预计负债 | | |
| 其他非流动金融资产 | | | 递延收益 | | |
| 投资性房地产 | | | 递延所得税负债 | | |
| 固定资产 | 378 000.00 | 396 000.00 | 其他非流动负债 | | |
| 在建工程 | | | 　非流动负债合计 | 185 000.00 | 210 000.00 |
| 生产性生物资产 | | | 　负债合计 | 433 400.00 | 480 100.00 |
| 油气资产 | | | 所有者权益(或股东权益) | | |
| 使用权资产 | | | 实收资本(或股本) | 480 000.00 | 480 000.00 |
| 无形资产 | 20 000.00 | 18 000.00 | 其他权益工具 | | |
| 开发支出 | | | 资本公积 | 2 000.00 | 2 000.00 |
| 商誉 | | | 减：库存股 | | |
| 长期待摊费用 | | | 其他综合收益 | | |
| 递延所得税资产 | | | 专项储备 | | |
| 其他非流动资产 | | | 盈余公积 | 21 050.00 | 37 130.00 |
| 　非流动资产合计 | 398 000.00 | 414 000.00 | 未分配利润 | 3 350.00 | 7 370.00 |
| | | | 所有者权益（或股东权益）合计 | 506 400.00 | 526 500.00 |
| 资产总计 | 939 800.00 | 1 006 600.00 | 负债和所有者权益（或股东权益）总计 | 939 800.00 | 1 006 600.00 |

表 9-2　　　　　　　　　　　　　　　利　润　表　　　　　　　　　　　　会企02 表
编制单位：WXHY 公司　　　　　　　　　2022 年 12 月　　　　　　　　　　　　单位：元

| 项　　目 | 本期金额 | 上期金额 |
|---|---:|---:|
| 一、营业收入 | 1 250 000.00 | |
| 　减：营业成本 | 891 800.00 | |
| 　　　税金及附加 | 4 200.00 | |
| 　　　销售费用 | 48 610.00 | |
| 　　　管理费用 | 148 080.00 | |
| 　　　研发费用 | | |
| 　　　财务费用 | 28 130.00 | |
| 　　　　其中：利息费用 | | |
| 　　　　　　　利息收入 | | |
| 加：其他收益 | | |
| 　　投资收益(损失以"－"号填列) | | |
| 　　　其中：对联营企业和合营企业的投资收益 | | |
| 　　　　以摊余成本计量的金融资产终止确认收益(损失以"－"号填列) | | |
| 　　净敞口套期收益(损失以"－"号填列) | | |
| 　　公允价值变动收益(损失以"－"号填列) | | |
| 　　信用减值损失(损失以"－"号填列) | | |
| 　　资产减值损失(损失以"－"号填列) | 4 500.00 | |
| 　　资产处置收益(损失以"－"号填列) | | |
| 二、营业利润(亏损以"－"号填列) | 124 680.00 | |
| 　加：营业外收入 | 15 370.00 | |
| 　减：营业外支出 | 20 050.00 | |
| 三、利润总额(亏损总额以"－"号填列) | 120 000.00 | |
| 　减：所得税费用 | 30 000.00 | |
| 四、净利润(净亏损以"－"号填列) | 90 000.00 | |
| 　（一）持续经营净利润(净亏损以"－"号填列) | | |
| 　（二）终止经营净利润(净亏损以"－"号填列) | | |
| 五、其他综合收益的税后净额 | | |
| 　（一）不能重分类进损益的其他综合收益 | | |
| 　（二）将重分类进损益的其他综合收益 | | |
| 六、综合收益总额 | 90 000.00 | |
| 七、每股收益 | | |
| 　（一）基本每股收益 | | |
| 　（二）稀释每股收益 | | |

案例资料 9-1
参考答案

1. 根据上面的资产负债表，我们可以了解到 WXHY 股份有限公司的流动资产是多少？总资产是多少？企业的举债是多少？企业所有者权益是多少？

2. 根据项目二学习的内容，请分析上述报表反映的会计要素增减变动的相关信息。

3. 根据利润表,我们可以了解到 WXHY 股份有限公司最终经营的总利润(或亏损)是多少?

4. 根据上面的报表,你能看懂或了解企业提供了哪些方面的信息?

## 任务 1  认知财务会计报告

### 一、财务会计报告的概念

财务会计报告是财务报告的核心内容,是指单位根据经过审核的会计账簿记录和有关资料编制并对外提供的反映单位某一特定日期财务状况和某一会计期间经营成果、现金流量及所有者权益的总结性书面文件。它是企业根据日常会计核算资料归集、加工和汇总后形成的,是企业会计核算的最终结果,也是会计核算工作的总结。

财务会计报告主要包括会计报表及文字报告部分。其中会计报表包括主表和附表,主表包括资产负债表、利润表、现金流量表等。

### 二、财务会计报告的使用者

财务会计报告的使用者如图 9-1 所示。

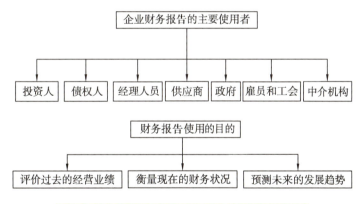

图 9-1  财务会计报告的使用者及使用目的

### 三、财务会计报告的使用

财务会计报告是提供企业会计信息的重要手段,是企业内部经营管理者和企业外部有关方面进行经济决策的重要工具。具体来说,财务报告列报的使用主要表现在以下几个方面:

(1) 投资者:了解企业的获利能力和经营风险,评价其投资的获利水平。

(2) 潜在的投资者:了解企业的获利能力和经营风险,评价其投资的获利水平及企业的发展潜力。

(3) 债权人：了解企业的财务结构和支付能力，以便控制其风险。

(4) 潜在的债权人：做出是否放贷、放贷规模、利率高低等决策。

 什么是潜在的投资者？什么是潜在的债权人？请举例说明。

 知识链接

风　　险

风险指某一特定危险情况发生的可能性和后果的组合，即"未来结果的不确定性或损失"。风险具有客观性、偶然性、损害性、不确定性、可变性等特征。如何判断风险、选择风险、规避风险继而运用风险，在风险中寻求机会创造收益，是投资者、经营者、债权人关心的首要决策内容。

(5) 企业管理当局：了解企业的生产经营活动、财务状况和经营成果，做出决策，采取措施，改善管理。

(6) 政府：财务会计报告是经济管理和调控的重要依据，以促进社会资源的合理配置。

## 四、财务会计报告的分类

(1) 按照服务对象的不同，分为对外报告和对内报告两种。

对外报告，是指必须定期编制，定期向上级部门、银行、财税部门报送或者按照规定向社会公布的财务会计报告。

对内报告，是指单位根据内部经营管理的需要而编制的，供内部管理人员使用的财务会计报告。仅为企业内部服务。

财务会计报告主要是指对外财务会计报告。

(2) 对外财务会计报告按编制与报送时间的不同，可分为月度会计报告、季度会计报告、半年度会计报告和年度会计报告。

半年度、季度和月度财务会计报告又称为中期财务会计报告。

(3) 企业的对外会计报告按其所反映的经济内容进行分类，可以分为反映经营成果的会计报告和反映财务状况及其变动情况的会计报告。

反映经营成果的会计报告如利润表，反映财务状况的会计报告如资产负债表、现金流量表。

## 五、财务会计报告的编制要求

为了充分发挥财务报告的作用，保证财务报告的质量，企业编制财务报告时，应遵循以下四个要求：

### (一) 数字真实

财务报告是一个信息系统，填列的各项数字必须真实可靠，以反映企业的实际生产经营状况和经营业绩，不得匡计数字，更不得弄虚作假，隐瞒谎报，篡改数字。

### （二）计算准确

财务报告必须在账证相符、账账相符和账实相符的基础上编制，并对报告中的各项指标要认真计算，注意报表有关项目之间存在着一定的数量勾稽关系，做到账表相符，以保证会计信息的准确性。

### （三）内容完整

财务报告必须按照《企业会计准则——应用指南》统一规定的报告种类、格式和内容进行编制，不应漏编、漏报报告，也不应漏填、漏列表上项目。对于报告中需要加以说明的项目，应在报告附注中用文字简要说明，以便于报告使用者理解和利用。

### （四）报送及时

财务报告必须在规定的期限内及时报送，使投资者、财政、税务和上级主管部门及时了解企业的财务状况、经营成果和现金流量，以保证会计信息使用者进行决策的时效性。

## 任务2　编制资产负债表

### 一、资产负债表的概念

资产负债表是指反映企业在某一特定日期（如月末、季末、年末）财务状况的报告。资产负债表反映了企业所掌握的各种资产的分布和结构，企业所承担的各种负债，以及投资者在企业中所拥有的权益。

### 二、资产负债表的格式和内容

资产负债表一般有表首、正表两部分。其中，表首概括地说明报表的名称、编制单位、编制日期、报表编号、货币名称、计量单位等，正表则列示了用以说明企业财务状况的各个项目。它一般有两种格式：报告式资产负债表和账户式资产负债表。在我国，资产负债表采用账户式。其格式如表9-1所示。

> **重要提示**
>
> 我国会计报表的具体格式和项目内容是由财政部确定的。因会计信息管理需要，企业、行政事业单位的会计报表格式和项目内容是不同的，企业会计报表格式和内容也因执行不同企业会计准则和会计制度而有所差异，不同时期的会计报表格式和内容项目也有所调整或改变，但会计报表基本项目内容大体一致。因此，本书所展示的企业会计报表所体现的是基本格式和项目内容。

## （一）资产负债表的结构

资产负债表是根据资金运动的规律，即"资产 = 负债 + 所有者权益"的平衡原理设计的。它采用账户式的结构，即将报表分为左右两方，左方反映企业拥有资产的分布状况，右方反映企业所负的债务和所有者拥有权益的情况。

资产负债表在"金额"栏分设"期末数"和"年初数"两栏，以便于报告的使用者通过期末数与年初数的比较，掌握和分析企业的财务状况及其变化发展趋势。

## （二）资产负债表的内容

资产负债表由资产、负债和所有者权益三个部分组成。具体内容如表 9-1 所示。

## 三、资产负债表的编制

### （一）"上年年末余额"各栏的编制方法

"上年年末余额"栏内各项数字，应根据上年末资产负债表的"期末余额"栏内所列数字填列。

### （二）"期末余额"各栏的编制方法

"期末余额"栏主要有以下几种填列方法。

1. 根据总账账户余额直接填列

主要有"交易性金融资产""长期待摊费用""短期借款""应付票据""应付利息""应付职工薪酬""其他应付款""实收资本""资本公积""盈余公积"等项目。

一般情况下，资产类项目直接根据其总账账户的借方余额填列，负债及所有者权益类项目直接根据其总账账户的贷方余额填列。

2. 根据几个总账账户的期末余额分析计算填列

（1）"货币资金"项目。需要根据"库存现金""银行存款""其他货币资金"三个总账账户的期末余额的合计数填列。

（2）"存货"项目。需要根据"原材料""材料采购""库存商品""包装物""低值易耗品"和"生产成本"等账户的期末余额合计数填列。

（3）"未分配利润"项目。年度终了，该项目根据"利润分配"账户的期末余额填列。余额在贷方的，直接填列；余额在借方的，以"－"号填列。

3. 根据有关总账所属的明细账的期末余额分析计算填列

（1）"应付账款"项目。需要根据"应付账款"和"预付账款"两个账户所属的相关明细账户的期末贷方余额计算填列。

（2）"预付账款"项目。需要根据"预付账款"和"应付账款"两个账户所属的相关明细账户的期末借方余额计算填列。

（3）"应收账款"项目。需要根据"应收账款"和"预收账款"两个账户所属的相关明细账户的期末借方余额计算填列。

(4)"预收账款"项目。需要根据"预收账款"和"应收账款"两个账户所属的相关明细账户的期末贷方余额计算填列。

> **重要提示**
>
> 应收账款项目期末余额=应收账款明细账户期末借方余额合计+预收账款明细账户期末借方余额合计
>
> 预收账款项目期末余额=应收账款明细账户期末贷方余额合计+预收账款明细账户期末贷方余额合计
>
> 应付账款项目期末余额=应付账款明细账户期末贷方余额合计+预付账款明细账户期末贷方余额合计
>
> 预付账款项目期末余额=应付账款明细账户期末借方余额合计+预付账款明细账户期末借方余额合计

**即学即思** 应收账款明细账中存在贷方余额应填制哪一个报表项目？一般在什么情况下应收账款会存在贷方余额？

4. 根据有关总账和明细账的期末余额分析计算填列

如"长期借款"项目，需要根据"长期借款"总账账户余额扣除"长期借款"账户所属的明细账户中将在一年内到期的长期借款后的金额计算填列。"一年内到期的长期负债"则根据"长期借款"该长期负债账户的期末余额分析填列。

5. 根据有关资产类账户与其备抵账户抵消后的净额填列

如资产负债表中的"应收账款""固定资产"等项目，应当根据"应收账款""固定资产"等账户的期末余额减去"坏账准备""累计折旧"等余额后的金额填列。比如"固定资产"项目，应当根据"固定资产"账户的期末余额减去"累计折旧"备抵科目余额后的金额填列。

**例 9-1** WXHY 公司 2022 年 12 月 31 日总分类账户和有关明细分类账户的余额如下：

(1)"应收账款——A 公司"借方余额 78 000 元；"应收账款——B 公司"贷方余额 5 000 元。

(2)"应付账款——C 公司"借方余额 6 000 元；"应付账款——D 公司"贷方余额 48 600 元。

(3)"预收账款——甲工厂"贷方余额 2 500 元。

(4)"预付账款——乙工厂"借方余额 3 800 元。

(5)"长期借款"账户中有 20 000 元系一年内到期借款。

(6)总分类账户余额如表 9-3 所示。

表 9-3 　　　　　　　　　　总分类账户余额表

单位：元

| 账户名称 | 借方余额 | 账户名称 | 贷方余额 |
| --- | --- | --- | --- |
| 库存现金 | 1 000.00 | 短期借款 | 140 000.00 |
| 银行存款 | 102 000.00 | 应付账款 | 42 600.00 |

续表

| 账户名称 | 借方余额 | 账户名称 | 贷方余额 |
|---|---|---|---|
| 应收票据 | 10 000.00 | 预收账款 | 2 500.00 |
| 应收账款 | 73 000.00 | 应付职工薪酬 | 15 410.00 |
| 预付账款 | 3 800.00 | 应交税费 | 8 430.00 |
| 其他应收款 | 6 400.00 | 应付股利 | 25 960.00 |
| 原材料 | 161 400.00 | 其他应付款 | 4 200.00 |
| 生产成本 | 86 200.00 | 累计折旧 | 70 000.00 |
| 库存商品 | 147 800.00 | 长期借款 | 240 000.00 |
| 固定资产 | 466 000.00 | 实收资本 | 480 000.00 |
| 无形资产 | 18 000.00 | 资本公积 | 2 000.00 |
| 利润分配 | 73 030.00 | 盈余公积 | 37 130.00 |
|  |  | 本年利润 | 80 400.00 |
| 合　　计 | 1 148 630.00 |  | 1 148 630.00 |

"资产负债表"部分项目的编制如下：

货币资金 = 1 000 + 102 000 = 103 000（元）

应收账款 = 78 000 + 0 = 78 000（元）

预收账款 = 2 500 + 5 000 = 7 500（元）

应付账款 = 48 600 + 0 = 48 600（元）

预付账款 = 3 800 + 6 000 = 9 800（元）

存货 = 161 400 + 86 200 + 147 800 = 395 400（元）

未分配利润 = 80 400 - 73 030 = 7 370（元）

长期借款 = 240 000 - 20 000 = 220 000（元）

一年内到期的长期负债 = 20 000（元）

表9-4　　　　　　　　　　　　　资产负债表　　　　　　　　　　　　会企01表

编制单位：WXHY 公司　　　　　　　2022 年 12 月 31 日　　　　　　　　　单位：元

| 资产 | 上年年末余额 | 期末余额 | 负债和所有者权益（或股东权益） | 上年年末余额 | 期末余额 |
|---|---|---|---|---|---|
| 流动资产： |  |  | 流动负债： |  |  |
| 货币资金 | 88 000.00 | 103 000.00 | 短期借款 | 113 900.00 | 140 000.00 |
| 交易性金融资产 |  |  | 交易性金融负债 |  |  |
| 衍生金融资产 |  |  | 衍生金融负债 |  |  |
| 应收票据 |  | 10 000.00 | 应付票据 |  |  |
| 应收账款 | 69 000.00 | 78 000.00 | 应付账款 | 61 200.00 | 48 600.00 |
| 应收款项融资 |  |  | 预收款项 | 6 600.00 | 7 500.00 |
| 预付款项 | 7 600.00 | 9 800.00 | 合同负债 |  |  |
| 其他应收款 | 5 900.00 | 6 400.00 | 应付职工薪酬 | 14 690.00 | 15 410.00 |
| 存货 | 371 300.00 | 395 400.00 | 应交税费 | 6 970.00 | 8 430.00 |
| 合同资产 |  |  | 其他应付款 | 30 040.00 | 30 160.00 |

续表

| 资　　产 | 上年年末余额 | 期末余额 | 负债和所有者权益（或股东权益） | 上年年末余额 | 期末余额 |
| --- | --- | --- | --- | --- | --- |
| 持有待售资产 | | | 持有待售负债 | | |
| 一年内到期的非流动资产 | | | 一年内到期的非流动负债 | 15 000 | 20 000 |
| 其他流动资产 | | | 其他流动负债 | | |
| 　流动资产合计 | 541 800.00 | 602 600.00 | 流动负债合计 | 248 400.00 | 270 100.00 |
| 非流动资产： | | | 非流动负债： | | |
| 债权投资 | | | 长期借款 | 185 000.00 | 220 000.00 |
| 其他债权投资 | | | 应付债券 | | |
| 长期应收款 | | | 租赁负债 | | |
| 长期股权投资 | | | 长期应付款 | | |
| 其他权益工具投资 | | | 预计负债 | | |
| 其他非流动金融资产 | | | 递延收益 | | |
| 投资性房地产 | | | 递延所得税负债 | | |
| 固定资产 | 378 000.00 | 396 000.00 | 其他非流动负债 | | |
| 在建工程 | | | 非流动负债合计 | 185 000.00 | 220 000.00 |
| 生产性生物资产 | | | 负债合计 | 433 400.00 | 490 100.00 |
| 油气资产 | | | 所有者权益(或股东权益) | | |
| 使用权资产 | | | 实收资本(或股本) | 480 000.00 | 480 000.00 |
| 无形资产 | 20 000.00 | 18 000.00 | 其他权益工具 | | |
| 开发支出 | | | 资本公积 | 2 000.00 | 2 000.00 |
| 商誉 | | | 减：库存股 | | |
| 长期待摊费用 | | | 其他综合收益 | | |
| 递延所得税资产 | | | 专项储备 | | |
| 其他非流动资产 | | | 盈余公积 | 21 050.00 | 37 130.00 |
| 　非流动资产合计 | 398 000.00 | 414 000.00 | 未分配利润 | 3 350.00 | 7 370.00 |
| | | | 所有者权益（或股东权益）合计 | 506 400.00 | 526 500.00 |
| 资产总计 | 939 800.00 | 1 016 600.00 | 负债和所有者权益（或股东权益）总计 | 939 800.00 | 1 016 600.00 |

**案例资料 9-2**

完成表 9-5 中资产负债表填列的金额。

案例资料 9-2
参考答案

会计基础（第四版）

**表 9-5** 资产负债表填列

|  | 总账余额 |  | 明细账余额 |
|---|---|---|---|
| 应收账款 | 60 000.00（借方） | A 公司 | 80 000.00（借方） |
|  |  | B 公司 | 20 000.00（贷方） |
| 预收账款 | 40 000.00（贷方） | C 公司 | 85 000.00（贷方） |
|  |  | D 公司 | 45 000.00（借方） |
| 长期借款 | 520 000.00（贷方） | 建行 | 400 000.00 |
|  |  | 农行 | 120 000.00（下月到期） |
| 本年利润 | 680 000.00（贷方） |  |  |
| 利润分配 | 290 000.00（借方） |  |  |
| 资产负债表上应填列的金额为： | | | |
| 应收账款　　　　元， | | 长期借款　　　　元 | |
| 预收账款　　　　元， | | 未分配利润　　　　元 | |
| 一年内到期的长期负债　　　　元 | | | |

## 任务 3　编制利润表

### 一、利润表的概念

利润表是反映企业在一定会计期间（如月度、季度、年度）经营成果的报表。它是以"收入 – 费用＝利润"这一会计等式为编制依据的。

**即学即思**　资产负债表是反映企业在某一特定日期财务状况的报告，利润表是反映企业在一定会计期间经营成果的报表。"某一特定日期"和"一定会计期间"的区别是什么？从这个角度去分析，两张报表的区别是什么？

**重要提示**

利润表提供的主要会计信息：
　　企业在一定会计期间的收入、成本、费用及净利润（或亏损）的实现及构成情况；企业的获利能力及利润的未来趋势；投资者投入资本的保值增值情况等。

### 二、利润表的格式和内容

利润表一般由表首、正表及附注说明三部分组成。

## （一）表首部分

应列明企业的名称和计算损益的会计期间、货币单位和报表编号。其中利润表的"会计期间"一般为公历月、季、半年和年。企业应按期编制利润表。

## （二）正表部分

我国企业目前利润表采用多步式利润表格式,即采用多步骤分段计算损益的方法,将企业净利润的形成与其项目构成情况分层次,按项目和计算顺序列示反映。

第一步,以营业收入为基础,减去营业成本、营业税金及附加、销售费用、管理费用、财务费用、资产减值损失,加上公允价值变动收益(减去公允价值变动损失)和投资收益(减去投资损失),计算出营业利润。

其中：营业收入 = 主营业务收入 + 其他业务收入

营业成本 = 主营业务成本 + 其他业务成本

第二步,以营业利润为基础,加上营业外收入,减去营业外损失,计算出利润总额。

第三步,以利润总额为基础,减去所得税费用,计算出净利润(或亏损)。

利润表各项目均须填列"本期金额"和"上期金额"两栏。

> **重要提示**
>
> 营业利润 = 营业收入 − 营业成本 − 税金及附加 − 销售费用 − 管理费用 − 财务费用 − 资产减值损失 + 公允价值变动收益(或 − 公允价值变动损失) + 投资收益(或 − 投资损失)
>
> 利润总额 = 营业利润 + 营业外收入 − 营业外支出
>
> 净利润 = 利润总额 − 所得税费用

## 三、利润表的编制

### （一）"本期金额"栏的编制

编制月度利润表与年度利润表的方法有所不同。

月度利润表的"本期金额"栏反映各项目的本月实际发生数；在编制年度利润表时,"本期金额"栏反映各项目自年初起至本月末止的累计发生数。

其填列方法有三种：

1. 根据损益类账户的本期发生净额直接或加计填列

（1）根据损益类账户的贷方发生净额填列：为表内项目的"加"项,即收入收益类项目。主要有：

① "营业收入"项目：反映企业经营主要业务和其他业务所取得的收入总额。

"营业收入"项目填列额 = "主营业务收入"账户的贷方发生净额 + "其他业务收入"账户的贷方发生额

② "投资收益"项目：反映企业以各种方式对外投资所取得的收益。应根据"投资收

益"账户的贷方发生净额填列。如为借方发生净额,即投资损失,以"-"号填列。

③"营业外收入"项目:反映企业发生的与经营业务无直接关系的各项收入。应根据"营业外收入"账户的贷方发生额填列。

(2) 根据损益类账户的借方发生净额填列:为表内项目的"减"项,即成本、费用、税金、支出等项目。主要有:

① "营业成本"项目:反映企业经营主要业务和其他业务所发生的成本总额。

"营业成本"项目填列额="主营业务成本"账户的借方发生净额+"其他业务成本"借方发生额

② "税金及附加"项目:根据"税金及附加"账户的借方发生额填列。

③ "销售费用""管理费用""财务费用"项目:分别根据"销售费用""管理费用""财务费用"账户的借方发生额填列。

④ "营业外支出""所得税费用"项目:应根据"营业外支出""所得税费用"账户的借方发生额填列。

2. 根据表内有关项目计算后填列

它包括表内各层次的利润指标,如"营业利润""利润总额""净利润"等项目。

### (二)"上期金额"栏的编制

编制月度利润表与年度利润表的方法有所不同。

月度利润表的"上期金额"栏的数字,可根据上月利润表的"本期金额"栏的数字,填入相应的项目内;在编制年度利润表时,"上期金额"填列上年全年累计实际发生数,从而与"本期金额"各项目进行比较。如果上年度利润表的项目名称和内容与本年度不一致,应对上年度的报表项目的名称和数字按本年度的规定进行调整,填入"上期金额"栏内。

**例 9-2**  WXHY 公司 2022 年损益类账户本年累计发生额(单位:元)如表 9-6 所示。

表 9-6　　　　　　　　　　　损益类账户累计发生额　　　　　　　　单位:元

| 账户名称 | 12 月数 | 1—11 月数 |
| --- | --- | --- |
| 主营业务收入 | 98 000.00 | 1 150 000.00 |
| 其他业务收入 | 2 000.00 | |
| 主营业务成本 | 70 000.00 | 820 600.00 |
| 其他业务成本 | 1 200.00 | |
| 税金及附加 | 360.00 | 3 840.00 |
| 销售费用 | 4 050.00 | 44 560.00 |
| 管理费用 | 10 840.00 | 137 240.00 |
| 财务费用 | 2 340.00 | 25 790.00 |
| 资产减值损失 | 2 100.00 | 2 400.00 |
| 营业外收入 | 1 200.00 | 14 170.00 |
| 营业外支出 | 1 310.00 | 18 740.00 |
| 所得税费用 | 2 250.00 | 27 750.00 |

根据上列资料,编制"利润表"即表9-7,该企业所得税税率为25%。

表9-7　　　　　　　　　　　　　利　润　表　　　　　　　　　　　　会企02表

编制单位：WXHY公司　　　　　　　　2022年12月　　　　　　　　　　　单位：元

| 项　　目 | 本期金额 | 上期金额 |
|---|---|---|
| 一、营业收入 | 1 250 000.00 | |
| 　减：营业成本 | 891 800.00 | |
| 　　　税金及附加 | 4 200.00 | |
| 　　　销售费用 | 48 610.00 | |
| 　　　管理费用 | 148 080.00 | |
| 　　　研发费用 | | |
| 　　　财务费用 | 28 130.00 | |
| 　　　　其中：利息费用 | | |
| 　　　　　　　利息收入 | | |
| 加：其他收益 | | |
| 　　投资收益（损失以"－"号填列） | | |
| 　　　其中：对联营企业和合营企业的投资收益 | | |
| 　　　　　　以摊余成本计量的金融资产终止确认收益（损失以"－"号填列） | | |
| 　　净敞口套期收益（损失以"－"号填列） | | |
| 　　公允价值变动收益（损失以"－"号填列） | | |
| 　　信用减值损失（损失以"－"号填列） | | |
| 　　资产减值损失（损失以"－"号填列） | 4 500.00 | |
| 　　资产处置收益（损失以"－"号填列） | | |
| 二、营业利润（亏损以"－"号填列） | 124 680.00 | |
| 　加：营业外收入 | 15 370.00 | |
| 　减：营业外支出 | 20 050.00 | |
| 三、利润总额（亏损总额以"－"号填列） | 120 000.00 | |
| 　减：所得税费用 | 30 000.00 | |
| 四、净利润（净亏损以"－"号填列） | 90 000.00 | |
| 　（一）持续经营净利润（净亏损以"－"号填列） | | |
| 　（二）终止经营净利润（净亏损以"－"号填列） | | |
| 五、其他综合收益的税后净额 | | |
| 　（一）不能重分类进损益的其他综合收益 | | |
| 　（二）将重分类进损益的其他综合收益 | | |
| 六、综合收益总额 | 90 000.00 | |
| 七、每股收益 | | |
| 　（一）基本每股收益 | | |
| 　（二）稀释每股收益 | | |

上述利润表中的"营业收入""营业成本"和"所得税费用"项目的数字是如何计算出来的？

 **知识链接**

### 现金流量表

会计报表主表中，还有现金流量表。它是反映企业在一定会计期间现金和现金等价物流入和流出的报表。通过现金流量表的编制，可为报表使用者提供的会计信息是：企业在一定会计期间现金和现金等价物流入和流出的信息，企业现金充裕或不足的原因，企业偿还债务及支付投资报酬的能力，企业未来获取现金净流量的能力，等等。

 **案例资料 9-3**

### 提供虚假财会报告　三名被告一致认罪

2002年11月17日上午，在郑州市中级人民法院审判大庭，郑州××股份有限公司（以下简称"郑××公司"）提供虚假财务报告一案开庭审理。上午10时许，郑××公司原董事长李某、原公司总经理兼家电分公司经理卢某、原公司财务处主任都某被带上了审判法庭。

告诉人指出，被告人李某作为郑××公司董事长、法人代表，在听取总经理卢某、财务处主任都某汇报1997年年度经营亏损，并看到1997年年底第一次汇总的财务报表也显示亏损的情况下，仍召集会议，指示财务部门和家电分公司完成年初下达的销售额80个亿、盈利8 000万的"双八"目标。随后，作为财务主管的都某指示总公司财务人员，将各分公司所报当年财务报表全部退回做二次处理。

二次报表出来后，显示公司完成利润指标。为了顺利通过审计，总经理卢某亲赴四川，与厂家签订了两份返利协议，造成虚提返利1 897万元。

对于被指控的犯罪事实，3名被告人在法庭上一致表示认罪，没有做过多辩护。最终，审判长宣布休庭，案件择期宣判。

 **议一议**

本案例中的财会报表提供了哪些虚假的会计信息？这些虚假的会计信息对社会有何危害？

案例资料 9-3
参考答案

# 项目十

# 应用会计处理程序

 项目目标

理解会计处理程序的含义、种类；认知会计事务中较为普遍使用的各种会计处理程序；能辨析记账凭证会计处理程序、科目汇总表会计处理程序的特点、使用的账簿、凭证及账务处理的程序和适用范围。

 解决问题

会计处理程序的概念；会计处理程序的种类；记账凭证会计处理程序的特点、账簿组织及适用范围；科目汇总表会计处理程序的特点、账簿组织及适用范围。

 技能训练

1. 记账凭证会计处理程序下的会计账务技能实训；
2. 科目汇总表会计处理程序下的会计账务技能实训。

### 案例资料 10-1

**会计不是凭想象**

张山和李斯拥有一个面包房，他们做的姜汁面包非常有名。他们都没有接受过会计教育，但他们认为只要在记录时采用复式记账的方法就不会出现错误，于是自己设计了一个用来记录交易的系统，自认为很有效。下面列示的是本月所发生的一些交易：

（1）收到商品的订单，当货物发出后将收到 1 000 元。
（2）发出一份商品订单，订购价值 600 元的商品。
（3）将货物运给顾客并收到 1 000 元。
（4）收到所订的货物并支付 600 元现金。
（5）用现金支付银行借款 400 元利息。
（6）赊购 6 000 元的设备。

张山和李斯对以上业务进行了记录,如表 10-1 所示。

表 10-1　　　　　　　　　　　　　业务记录

| 资产 = | 负债 + 所有者权益 | +（收入 – 费用） |
|---|---|---|
| 收到商品订单　　1 000 | | 销售　　1 000 |
| 发出订购商品的订单　600 | | 存货支出　　–600 |
| 现金　　1 000 | | |
| 将货物发运给顾客　–1 000 | | |
| 收到所订的商品　600 | 应付账款　　–600 | |
| 支付现金　　400 | | 利息支出　　–400 |
| 赊购设备 | 应付账款　　6 000 | 设备支出　　–6 000 |

1. 解释他们对记录交易的错误理解。
2. 改正他们在记录中的错误。

案例资料 10-1
参考答案

## 任务 1　认知会计处理程序

账务处理程序也称会计核算组织程序,是指对会计数据的记录、归类、汇总、列报的步骤和方法。即从原始凭证的整理、汇总,记账凭证的填制、汇总,日记账、明细分类账的登记,到会计报表编制的步骤和方法。不同的记账程序规定了填制会计凭证、登记账簿、编制会计报表的方法和步骤不同。

账务处理程序的基本模式可概括为:原始凭证—记账凭证—会计账簿—会计报表。

### 一、账务处理程序的作用

适用、合理的记账程序在会计核算工作中能起到下列作用:
（1）有利于会计工作程序的规范化。
（2）提高会计核算资料的质量。
（3）提高会计核算工作的效率。

### 二、会计处理程序的种类

根据我国的具体情况,在会计实践中,常见的会计处理程序主要有以下几种:
（1）记账凭证会计处理程序。

（2）汇总记账凭证会计处理程序。
（3）科目汇总表会计处理程序。

  **重要提示**

以上各种会计核算形式既有共性，又有个性。个性表现在哪里？不同的核算形式适应什么类型的企业或单位？它们的核算程序如何？这些是本项目学习的重点内容。

除此之外，会计处理程序还有日记总账会计核算形式、多栏式日记账等会计核算形式。应当指出，会计核算形式有多种多样，目前还在不断发展，这里只介绍几种常见的核算形式。

 **知识链接**

各种会计账务处理程序的主要区别在于登记总分类账的依据和方法不同，但是，出纳业务处理的步骤基本上一致。其基本程序是：

（1）根据原始凭证或汇总原始凭证填制收款凭证、付款凭证。
（2）根据收款凭证、付款凭证逐笔登记现金日记账、银行存款日记账。
（3）现金日记账的余额与库存现金每天进行核对，与现金总分类账定期进行核对；银行存款日记账与开户银行出具的银行对账单逐笔进行核对，至少每月一次，银行存款日记账的余额与银行存款总分类账的余额定期进行核对。
（4）根据现金日记账、银行存款日记账、开户银行出具的银行对账单等，定期或不定期编制出纳报告，提供出纳核算信息。

## 任务2  应用记账凭证会计处理程序

###  一、记账凭证会计处理程序的特点

记账凭证会计处理程序直接根据记账凭证，逐笔登记总分类账，它是最基本的会计核算形式。其他各种会计核算形式都是在此基础上，根据经济管理的需要发展而形成的。

其基本特点是：直接根据记账凭证逐笔登记总分类账。

### 二、记账凭证会计处理程序的账簿设置

一般应设置现金日记账、银行存款日记账、总分类账和明细分类账。现金、银行存款日记账和总分类账均采用三栏式；明细分类账可根据需要用三栏式或数量金额式或多栏式；记账凭证可用一种通用格式，也可将收款凭证、付款凭证和转账凭证同时应用。总分类账一般是按账户设页。

## 三、记账凭证账务处理程序的核算步骤

记账凭证账务处理程序核算步骤如图 10-1 所示。

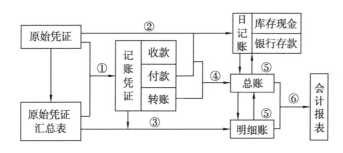

图 10-1　记账凭证账务处理程序核算步骤图示

① 根据原始凭证或原始凭证汇总表填制记账凭证；
② 根据收款凭证、付款凭证逐笔登记现金日记账、银行存款日记账；
③ 根据记账凭证和原始凭证(或原始凭证汇总表)逐笔登记各种明细分类账；
④ 根据记账凭证逐笔登记总分类账；
⑤ 月终,将现金日记账、银行存款日记账的余额及各种明细分类账余额的合计数分别与总分类账中有关账户的余额核对相符；
⑥ 月终,根据总分类账和明细分类账资料编制会计报表。

## 四、记账凭证会计处理程序的优缺点和适用范围

记账凭证会计处理程序的优点是简单明了,在总分类账中可以全面反映各项经济业务的发生情况,便于分析和检查,对经济业务发生较少的科目,总账可代替明细账。但是这种账务处理程序的缺点是登记总账的工作量较大,也不便于会计分工。所以,这种账务处理程序一般只适用于规模较小、经济业务较少的单位。

**即学即思**　为什么说记账凭证账务处理程序记账的工作量大？举例说明哪些是规模小的企业。

# 任务3　应用科目汇总表会计处理程序

## 一、科目汇总表会计处理程序的特点

科目汇总表会计处理程序,是在记账凭证核算形式的基础上,为简化总分类账的登记工作而产生的。其主要特点是：定期(5 天或 10 天)对记账凭证进行汇总,编制科目汇总表,

然后再根据科目汇总表登记总分类账。在科目汇总表核算形式下,记账凭证系统和账簿体系与记账凭证核算形式相同,只是还需要设置科目汇总表。

## 二、科目汇总表的编制

科目汇总表是将全部会计科目按照类别、顺序依次排列,其编制方法是:定期将汇总期的全部记账凭证,按每一会计科目分别加总借方发生额和贷方发生额,填入科目汇总表相关科目的"借方"栏和"贷方"栏内。全部会计科目借方发生额合计数同贷方发生额合计数应当相等。每月编制科目汇总表的次数,视业务量的大小而定,灵活掌握。

## 三、科目汇总表会计处理程序的核算步骤

科目汇总表会计处理程序如图10-2所示。

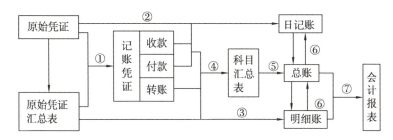

图10-2 科目汇总表会计处理程序示意图

① 根据原始凭证或原始凭证汇总表编制收款凭证、付款凭证和转账凭证;
② 根据收、付款凭证登记库存现金、银行存款日记账;
③ 根据原始凭证或原始凭证汇总表、记账凭证登记明细分类账;
④ 根据记账凭证,每日或定期编制科目汇总表;
⑤ 根据科目汇总表,每日或定期登记总分类账;
⑥ 月终,库存现金、银行存款日记账和明细分类账分别与总分类账核对;
⑦ 月终,根据总分类账和明细分类账资料编制会计报表。

## 四、科目汇总表会计处理程序的优缺点和适用范围

采用这种账务处理程序,由于通过定期汇总可以分几次或月终一次根据汇总数登记总账,从而可以简化登记总账的工作。而且,科目汇总表还能起到试算平衡的作用,利于检查记账工作的准确性。但是,汇总的工作量也是比较繁重的,而且科目汇总表不能反映账户的对应关系,所以不便于了解经济业务的来龙去脉。因此,这种账务处理程序适用于规模较大、经济业务较多的单位。

**即学即思** 试比较记账凭证会计核算形式和科目汇总表会计核算形式的异同。

## 五、科目汇总表会计处理程序应用

采用科目汇总表会计处理程序其应用步骤如下：
（1）登记总账之前的会计业务处理工作与记账凭证会计处理程序完全相同。
（2）月末（或定期）根据记账凭证编制科目汇总表。

### 科目汇总表的编制

红太阳电子实业有限公司采用科目汇总表会计处理程序，对记账凭证每月分三次（一般间隔10天）编制科目汇总表。

（1）20××年12月填制的通用记账凭证（简化格式）如表10-2所示。

表10-2　　　　　　　　　　通用记账凭证　　　　　　　　　单位：元

| 20××年 | | 凭证号 | 摘　要 | 会计科目 | | 金　额 | |
|---|---|---|---|---|---|---|---|
| 月 | 日 | | | 借　方 | 贷　方 | 借　方 | 贷　方 |
| 12 | 2 | 1 | 赊销产品垫付运杂费 | 应收账款 | | 586 450.00 | |
| | | | | | 银行存款 | | 1 450.00 |
| | | | | | 主营业务收入 | | 500 000.00 |
| | | | | | 应交税费 | | 85 000.00 |
| 12 | 3 | 2 | 销售产品 | 银行存款 | | 702 000.00 | |
| | | | | | 主营业务收入 | | 600 000.00 |
| | | | | | 应交税费 | | 102 000.00 |
| 12 | 4 | 3 | 提现金备发工资 | 库存现金 | | 805 520.00 | |
| | | | | | 银行存款 | | 805 520.00 |
| 12 | 4 | 4 | 以现金发放工资 | 应付职工薪酬 | | 805 520.00 | |
| | | | | | 库存现金 | | 805 520.00 |
| 12 | 6 | 5 | 材料验收入库 | 原材料 | | 229 840.00 | |
| | | | | | 在途物资 | | 229 840.00 |
| 12 | 8 | 6 | 采购员报销差旅费退回报销后余额 | 管理费用 | | 3 850.00 | |
| | | | | 库存现金 | | 150.00 | |
| | | | | | 其他应收款 | | 4 000.00 |
| 12 | 10 | 7 | 销售原材料 | 银行存款 | | 11 700.00 | |
| | | | | | 其他业务收入 | | 10 000.00 |
| | | | | | 应交税费 | | 1 700.00 |
| 12 | 10 | 8 | 结转销售材料成本 | 其他业务成本 | | 9 000.00 | |
| | | | | | 原材料 | | 9 000.00 |

续表

| 20××年 | | 凭证号 | 摘 要 | 会计科目 | | 金 额 | |
|---|---|---|---|---|---|---|---|
| 月 | 日 | | | 借方 | 贷方 | 借 方 | 贷 方 |
| 12 | 10 | 9 | 购买打印纸 | 管理费用 | | 300.00 | |
| | | | | | 库存现金 | | 300.00 |
| 12 | 15 | 10 | 支付汽车修理费 | 管理费用 | | 3 810.00 | |
| | | | | | 银行存款 | | 3 810.00 |
| 12 | 18 | 11 | 收到前欠货款 | 银行存款 | | 586 450.00 | |
| | | | | | 应收账款 | | 586 450.00 |
| 12 | 20 | 12 | 从银行借款 | 银行存款 | | 500 000.00 | |
| | | | | | 短期借款 | | 500 000.00 |
| 12 | 20 | 13 | 支付下年度报纸杂志费 | 预付账款 | | 4 800.00 | |
| | | | | | 银行存款 | | 4 800.00 |
| 12 | 20 | 14 | 偿还上月购料款 | 应付账款 | | 306 000.00 | |
| | | | | | 银行存款 | | 306 000.00 |
| 12 | 22 | 15 | 支付购料款,材料入库 | 原材料 | | 325 008.00 | |
| | | | | 应缴税费 | | 55 080.00 | |
| | | | | | 银行存款 | | 380 088.00 |
| 12 | 25 | 16 | 支付广告费 | 销售费用 | | 1 900.00 | |
| | | | | | 银行存款 | | 1 900.00 |
| 12 | 25 | 17 | 接受投资 | 银行存款 | | 600 000.00 | |
| | | | | | 实收资本 | | 600 000.00 |
| 12 | 26 | 18 | 收到罚款 | 库存现金 | | 1 000.00 | |
| | | | | | 营业外收入 | | 1 000.00 |
| 12 | 27 | 19 | 向外捐赠 | 营业外支出 | | 50 000.00 | |
| | | | | | 银行存款 | | 50 000.00 |
| 12 | 31 | 20 | 分配本月材料费用 | 生产成本 | | 1 560 000.00 | |
| | | | | 制造费用 | | 70 000.00 | |
| | | | | 管理费用 | | 20 000.00 | |
| | | | | | 原材料 | | 1 650 000.00 |
| 12 | 31 | 21 | 分配本月工资费用 | 生产成本 | | 705 526.00 | |
| | | | | 制造费用 | | 39 887.00 | |
| | | | | 管理费用 | | 60 107.00 | |
| | | | | | 应付职工薪酬 | | 805 520.00 |
| 12 | 31 | 22 | 计提职工福利费用 | 生产成本 | | 98 773.64 | |
| | | | | 制造费用 | | 5 584.18 | |
| | | | | 管理费用 | | 8 414.98 | |
| | | | | | 应付职工薪酬 | | 112 772.80 |

续表

| 20××年 | | 凭证号 | 摘要 | 会计科目 | | 金额 | |
|---|---|---|---|---|---|---|---|
| 月 | 日 | | | 借方 | 贷方 | 借方 | 贷方 |
| 12 | 31 | 23 | 计提本月固定资产折旧 | 制造费用 | | 39 000.00 | |
| | | | | 管理费用 | | 12 500.00 | |
| | | | | | 累计折旧 | | 51 500.00 |
| 12 | 31 | 24 | 计提银行借款利息 | 财务费用 | | 5 000.00 | |
| | | | | | 应付利息 | | 5 000.00 |
| 12 | 31 | 25 | 支付维修费 | 制造费用 | | 7 600.00 | |
| | | | | 管理费用 | | 3 575.00 | |
| | | | | | 银行存款 | | 11 175.00 |
| 12 | 31 | 26 | 分配本月制造费用 | 生产成本 | | 162 071.18 | |
| | | | | | 制造费用 | | 162 071.18 |
| 12 | 31 | 27 | 结转本月完工产品成本 | 库存商品 | | 2 526 370.82 | |
| | | | | | 生产成本 | | 2 526 370.82 |
| 12 | 31 | 28 | 结转本月销售成本 | 主营业务成本 | | 807 951.50 | |
| | | | | | 库存商品 | | 807 951.50 |
| 12 | 31 | 29 | 计算城建税及教育费附加 | 税金及附加 | | 13 362.00 | |
| | | | | | 应交税费 | | 13 362.00 |
| 12 | 31 | 30 | 结转收入 | 主营业务收入 | | 1 100 000.00 | |
| | | | | 其他业务收入 | | 10 000.00 | |
| | | | | 营业外收入 | | 1 000.00 | |
| | | | | | 本年利润 | | 1 111 000.00 |
| 12 | 31 | 31 | 结转成本费用 | 本年利润 | | 999 770.48 | |
| | | | | | 主营业务成本 | | 807 951.50 |
| | | | | | 税金及附加 | | 13 362.00 |
| | | | | | 其他业务成本 | | 9 000.00 |
| | | | | | 营业外支出 | | 50 000.00 |
| | | | | | 管理费用 | | 112 556.98 |
| | | | | | 财务费用 | | 5 000.00 |
| | | | | | 销售费用 | | 1 900.00 |
| 12 | 31 | 32 | 计算应交所得税 | 所得税费用 | | 27 807.38 | |
| | | | | | 应缴税费 | | 27 807.38 |
| 12 | 31 | 33 | 结转所得税 | 本年利润 | | 27 807.36 | |
| | | | | | 所得税费用 | | 27 807.38 |
| 12 | 31 | 34 | 提取法定盈余公积 | 利润分配 | | 8 342.21 | |
| | | | | | 盈余公积 | | 8 342.21 |

续表

| 20××年 | | 凭证号 | 摘要 | 会计科目 | | 金额 | |
|---|---|---|---|---|---|---|---|
| 月 | 日 | | | 借方 | 贷方 | 借方 | 贷方 |
| 12 | 31 | 35 | 分配投资者利润 | 利润分配 | | 33 368.86 | |
| | | | | | 应付股利 | | 33 368.86 |
| 12 | 31 | 36 | 结转净利润 | 本年利润 | | 83 422.14 | |
| | | | | | 利润分配 | | 83 422.14 |

（2）根据记账凭证编制科目汇总表，如表10-3所示。

表10-3　　　　　　　　　　　　科目汇总表　　　　　　　　　　　　单位：元

| 会计科目 | 1—10日发生额 | | 11—20日发生额 | | 21—31日发生额 | | 合计 | |
|---|---|---|---|---|---|---|---|---|
| | 借方 | 贷方 | 借方 | 贷方 | 借方 | 贷方 | 借方 | 贷方 |
| 库存现金 | 805 670.00 | 805 820.00 | | | 1 000.00 | | 806 670.00 | 805 820.00 |
| 银行存款 | 713 700.00 | 806 970.00 | 1 086 450.00 | 314 610.00 | 600 000.00 | 443 163.00 | 2 400 150.00 | 1 564 743.00 |
| 应收账款 | 586 450.00 | | | 586 450.00 | | | 586 450.00 | 586 450.00 |
| 其他应收款 | | 4 000.00 | | | | | | 4 000.00 |
| 在途物资 | | 229 840.00 | | | | | | 229 840.00 |
| 原材料 | 229 840.00 | 9 000.00 | | | 325 008.00 | 1 650 000.00 | 554 848.00 | 1 659 000.00 |
| 应交税费 | | 188 700.00 | | | 55 080.00 | 41 169.38 | 55 080.00 | 229 869.38 |
| 应付职工薪酬 | 805 520.00 | | | | | 918 292.80 | 805 520.00 | 918 292.80 |
| 主营业务收入 | | 1 100 000.00 | | | 1 100 000.00 | | 1 100 000.00 | 1 100 000.00 |
| 其他业务收入 | | 10 000.00 | | | 10 000.00 | | 10 000.00 | 10 000.00 |
| 管理费用 | 4 150.00 | | 3 810.00 | | 104 596.98 | | 112 556.98 | 112 556.98 |
| 其他业务成本 | 9 000.00 | | | | | 9 000.00 | 9 000.00 | 9 000.00 |
| 预付账款 | | | 4 800.00 | | | | 4 800.00 | |
| 短期借款 | | | | 500 000.00 | | | | 500 000.00 |
| 应付账款 | | | 306 000.00 | | | | 306 000.00 | |
| 实收资本 | | | | | | 600 000.00 | | 600 000.00 |
| 生产成本 | | | | | 2 526 370.82 | 2 526 370.82 | 2 526 370.82 | 2 526 370.82 |
| 制造费用 | | | | | 162 071.18 | 162 071.18 | 162 071.18 | 162 071.18 |
| 累计折旧 | | | | | | 51 500.00 | | 51 500.00 |
| 财务费用 | | | | | 5 000.00 | | 5 000.00 | 5 000.00 |
| 应付利息 | | | | | | 5 000.00 | | 5 000.00 |
| 库存商品 | | | | | 2 526 370.82 | 807 951.50 | 2 526 370.82 | 807 951.50 |
| 主营业务成本 | | | | | 807 951.50 | | 807 951.50 | 807 951.50 |
| 税金及附加 | | | | | 13 362.00 | | 13 362.00 | 13 362.00 |
| 营业外收入 | | | | | | 1 000.00 | | 1 000.00 |

续表

| 会计科目 | 1—10日发生额 | | 11—20日发生额 | | 21—31日发生额 | | 合 计 | |
|---|---|---|---|---|---|---|---|---|
| | 借 方 | 贷 方 | 借 方 | 贷 方 | 借 方 | 贷 方 | 借 方 | 贷 方 |
| 本年利润 | | | | | 1 111 000.00 | 1 111 000.00 | 1 111 000.00 | 1 111 000.00 |
| 销售费用 | | | | | 1 900.00 | 1 900.00 | 1 900.00 | 1 900.00 |
| 营业外支出 | | | | | 50 000.00 | 50 000.00 | 50 000.00 | 50 000.00 |
| 所得税费用 | | | | | 27 807.38 | 27 807.38 | 27 807.38 | 27 807.38 |
| 利润分配 | | | | | 41 711.07 | 83 422.14 | 41 711.07 | 83 422.14 |
| 盈余公积 | | | | | | 8 342.21 | | 8 342.21 |
| 应付股利 | | | | | | 33 368.86 | | 33 368.86 |
| 合 计 | 3 154 330.00 | 3 154 330.00 | 1 401 060.00 | 1 401 060.00 | 9 470 229.75 | 9 470 229.75 | 14 025 619.75 | 14 025 619.75 |

（3）根据科目汇总表登记总分类账如表10-4、表10-5所示[仅以银行存款、应交税费总分类账为例(简化格式)]。

**表10-4　　　　　　　　　　　银行存款总账**

会计科目：__银行存款__

| 20××年 | | 凭证号 | 摘　要 | 借　方 | 贷　方 | 核对号 | 借或贷 | 余　额 |
|---|---|---|---|---|---|---|---|---|
| 月 | 日 | | | | | | | |
| 12 | 1 | | 期初余额 | | | | 借 | 1 245 400.00 |
| | 10 | 科汇 | 1—10日发生额 | 713 700.00 | 806 970.00 | | | |
| | 20 | 科汇 | 11—20日发生额 | 1 086 450.00 | 314 610.00 | | | |
| | 31 | 科汇 | 21—31日发生额 | 600 000.00 | 443 163.00 | | | |
| | 31 | | 本期发生额及余额 | 2 400 150.00 | 1 564 743.00 | | 借 | 2 080 807.00 |

**表10-5　　　　　　　　　　　应缴税费总账**

会计科目：__应交税费__

| 20××年 | | 凭证号 | 摘　要 | 借　方 | 贷　方 | 核对号 | 借或贷 | 余　额 |
|---|---|---|---|---|---|---|---|---|
| 月 | 日 | | | | | | | |
| 12 | 1 | | 期初余额 | | | | 贷 | 20 000.00 |
| | 10 | 科汇 | 1—10日发生额 | | 188 700.00 | | | |
| | 31 | 科汇 | 21—31日发生额 | 55 080.00 | 41 169.38 | | | |
| | 31 | | 本期发生额及余额 | 55 080.00 | 229 869.38 | | 贷 | 194 789.38 |

**即学即思**　请根据科目汇总表完成登记其他的总分类账。

（4）月终,库存现金、银行存款日记账和明细分类账分别与总分类账核对,与记账凭证会计处理程序相同。

（5）月终,根据总分类账和明细分类账资料编制会计报表,与记账凭证会计处理程序相同。

### 知识链接

#### 其他会计处理程序

汇总记账凭证会计处理程序如图 10-3 所示。根据记账凭证定期按会计科目的对应关系编制汇总记账凭证,然后根据汇总记账凭证登记总分类账。在汇总记账凭证核算形式下,编制的汇总记账凭证有汇总收款、汇总付款和汇总转账凭证三种。账簿体系同记账凭证核算形式相同,只是增设了汇总记账凭证。

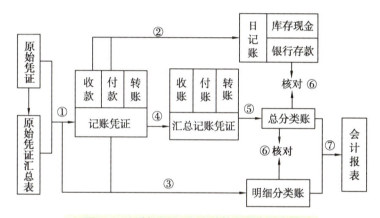

图 10-3　汇总记账凭证会计处理程序示意图

日记总账会计处理程序如图 10-4 所示。这是根据记账凭证直接登记日记总账的一种会计核算形式。其主要特点体现在日记总账上,并把总账和日记账结合起来。在这种核算形式下,记账凭证系统和账簿体系同记账凭证核算形式相同,只是需要设置多栏式日记总账。

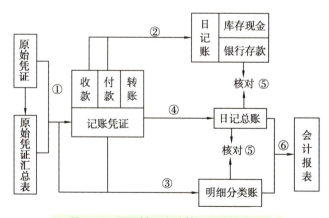

图 10-4　日记总账会计处理程序示意图

# 项目十一

# 理解会计原则与会计法规

 项目目标

认知会计假设条件,理解会计核算的基本原则;把握权责发生制在收支确认中的应用;认识我国会计法规体系,理解会计法规体系的构成内容;初步树立我国财务会计的时空哲学观,初步养成遵法、守法、用法的职业精神。

 解决问题

权责发生制原则与收付实现制原则;我国的会计法规制度体系;会计法规制度的查阅。

 技能训练

权责发生制原则与收付实现制原则的选择运用案例训练;提高阅读会计法规的兴趣和能力。

 案例资料11-1

李丽是新入职中兴有限责任公司的会计人员,对近期发生的下列四笔经济业务进行处理:

1. 中兴有限责任公司向新华公司购入商品一批,价款10 000元,货款未付。李丽做了"应收账款借记10 000元"的账务处理。

2. 收到F公司委托中兴有限责任公司代购甲商品的款项50 000元,李丽做了"主营业务收入贷记50 000元"的账务处理。

3. 中兴有限责任公司向ER公司销售商品一批,售价100 000元,按照合同规定,ER公司应于次年1月10日前付款。李丽认为该笔销售因为未收到销货款,不能做账务处理,待收到款时再做销售处理。

4. 12月份开出转账支票向保险公司支付下年度的公司财产意外损失险保险费18万元,李丽做了"管理费用借记180 000元"的账务处理。

李丽这样处理正确吗？为什么会出现这样的错误？

李丽这四笔经济业务处理是错误的。

第一笔业务处理错误的原因在于她对所服务的会计主体认知不清晰；

第二笔业务处理错误的原因是对会计主体经济业务的空间范围确定有问题；

第三笔业务处理错误的原因是她对会计分期的时间范围没有正确把握；

第四笔业务处理错误的原因是她对"权责发生制"与"收付实现制"的会计确认与计量基础认知不清楚。

从上述四笔经济业务来看，会计处理首先必须正确确定业务发生的空间范围、时间范围、核算基础，这样才能正确地进行会计核算和监督。

## 任务 1　理解会计基本假设

会计基本假设，是企业会计确认、计量和报告的前提，是对会计核算所处时间、空间环境等所做的合理假设。依据这些假设，会计人员才能确定会计确认、计量和报告的时间范围、空间范围、内容以及程序和方法，否则，会计工作无法进行。

> **重要提示**
>
> 正如在交通规则中为了确保交通秩序，要求来往行人和车辆等必须靠右行的道理一样，会计基本假设是会计确认、计量和报告的前提条件。会计基本假设包括：会计主体、持续经营、会计分期、货币计量。

### 一、会计主体

会计主体，是指企业会计确认、计量和报告的空间范围。它是以会计核算或服务的特定的独立经济单位为范围，限定了会计活动的范围。

会计主体假设是组织会计核算工作的首要前提，会计主体应是一个独立经营、自负盈亏、责权利相结合的经济单位。典型的会计主体是企业。

会计主体作为会计工作的基本前提之一，为日常的会计处理提供了依据，主要包括：

第一，明确会计主体，才能划定会计所处理的各项交易与事项的范围。会计工作中通常所讲的资产、负债的增减，收入的取得，费用的发生，都是针对特定会计主体而言的。

第二，明确会计主体，才能将会计主体的交易或事项与会计主体所有者的交易或事项以及其他会计主体的交易或事项区分开来。

**即学即思** 甲企业从乙企业购进一批原材料,货款尚未支付。在该项业务中,甲企业应做何处理?乙企业又将做何处理?

**重要提示**

会计主体与法律主体(即法人)并不完全等同。一般来说,法律主体必然是会计主体,但会计主体不一定是法律主体。作为会计主体,它必须能够控制主体所拥有的经济资源并对此负有法律责任。

**案例资料11-2**

长江集团由5家具有法人地位的子公司组成,长江集团及5家企业均为不同的法律主体,都应当作为会计主体建立财务会计系统,独立反映其财务状况、经营成果和现金流量;但长江集团对每个企业拥有控制权,在编制集团公司的合并报表时,只能把集团公司看作一个会计主体。

**议一议**

长江集团及5家具有法人地位的子公司的会计主体和法律主体的特点。

案例资料11-2
参考答案

## 二、持续经营

持续经营是指在可以预见的未来,会计主体的生产经营活动按既定的经营方针、目标无限地经营下去,不会面临破产清算。

明确这一基本前提,会计主体才能按照既定的用途使用资产,按照既定的合约条件偿还债务,会计人员才能在此基础上选择会计政策和估价方法。如:只有这样,固定资产才可以在其使用年限内,按其取得时的成本及使用情况,选择一定的折旧方法计提折旧,按期将其磨损的价值转移到成本费用中去;债权债务才能正常清偿结算,费用按受益期间合理分配。

**即学即思** 我们前面所学的内容中,还有哪些经济业务的处理是建立在持续经营假设条件上的?

**知识链接**

**会计政策和会计估计**

会计政策,指企业在会计核算时所遵循的具体原则以及企业所采纳的具体会计处理方法。会计政策包括了会计处理方法,它的内涵要比会计处理方法的内涵大。它包括了两个层次的含义:一是政府必须制定可以供企业选择的原则、方法和程序,即政府的会计政策;

二是企业必须根据自己的实际情况,在政府的会计政策范围内,选择适合于自身的原则、方法和程序,即企业的会计政策。

会计估计,指企业对其结果不确定的交易或事项以最近可利用的信息为基础所做的判断。

然而,在市场经济条件下,每个企业都存在经营失败的风险,有些企业会因为无力偿债而被迫宣告破产或进行法律上的改组(如关停并转),这时,持续经营假设对这些企业已不能成立,就应当改变会计核算的原则和方法,并在企业财务报告中做相应披露。

## 三、会计分期

会计分期,是指将一个企业持续的生产经营活动划分为若干个首尾相接、间距相等的期间。

由于企业经营活动是持续进行的,在时间上不具有间断性,为满足企业内外会计信息使用者经营和投资决策的需要,企业把持续不断的生产经营过程划分为若干相等的会计期间,定期进行汇总和编制财务报表,从而及时提供有关企业财务状态和经营成果的会计信息,这就产生了会计分期假设。

会计期间的划分有日历年制和营业年制两种。根据《会计法》《企业会计准则》的规定,我国会计期间分为年度和中期。以日历年度作为企业的会计年度,即每年1月1日至12月31日为一个会计年度,而短于一个完整的会计年度的报告期为中期,包括月度、季度、半年度。

  知识链接

### 世界各国的会计年度

1. 采用历年制(1—12月)的有:中国、德国、罗马尼亚、西班牙、俄罗斯、朝鲜等。
2. 采用4月至次年3月制的有:丹麦、加拿大、英国、日本、新加坡、尼日利亚等。
3. 采用7月至次年6月制的有:瑞典、澳大利亚、苏丹、坦桑尼亚等。
4. 采用10月至次年9月制的有:美国、海地、缅甸、泰国、斯里兰卡等。
5. 其他类型的有:阿富汗——3月21日至次年3月20日;尼泊尔——7月16日至次年7月15日;土耳其——3月至次年2月;埃塞俄比亚——7月8日至次年7月7日;阿根廷——11月至次年10月。

## 四、货币计量

这一假设包含两层含义,一层意思是会计确认、计量、记录和报告均以货币作为计量单位,另一层意思是假定币值是稳定不变的,即货币购买力的波动不予考虑。

**即学即思** 现实活动中还有哪些计量单位?会计核算为什么以货币作为统一的计量单位?

在我国,要求采用人民币作为记账本位币,考虑到一些企业的经营活动更多地涉及外币,同时也规定,业务收支以人民币以外的货币为主的单位,可以选定其中一种货币作为记账本位币,但是,编制的财务报表应当折算为人民币反映。

## 任务2　理解会计核算要求

### 案例资料11-3

ADA有限责任公司财务部共有6位会计人员,近期发生下列事项:

1. 财产物资核算会计员小张近期身体不太好,又不想请假被扣薪酬,于是找到闺蜜出纳员小李,商量让小李代做些记账核算工作,小李予以明确拒绝。

2. 资金往来结算会计员老张近期要为儿子购买房子,准备了30万元现金,因卖方原因延期2天付款,老张找到出纳员小李想将现金暂放单位保险柜2天,遭到了小李明确拒绝。

3. 本公司进行了上年利润分红,出纳员小李将各股东分得的现金股利分别转账汇到各股东指定的个人账户上。董事长向小李私下询问另一股东的汇款账号,小李回答:"我不能告诉您,就像您的账号我也不能告诉他一样。"

4. 公司财务主管找到出纳员小李,要求对一些不开发票、采用现金零售的现金收入,另设小金库账簿记账管理,小李认为这违反会计法规规定,提出反对意见,财务主管说是董事长要求的,必须做,否则就要调整他的工作岗位,小李为保住工作,在向单位写明设小金库违反哪些规定的书面提醒意见后,按照财务主管要求,设立了小金库及其账簿。

案例资料11-3
参考答案

### 议一议

1. 出纳员小李的上述做法对吗?
2. 私设小金库被审计机关查出后,小李是否要承担相应的法律责任?

为了规范企业会计确认、计量和报告行为,保证会计信息质量,我国《企业会计准则》规定了会计核算的一般要求。

## 一、会计信息质量要求

会计信息质量要求是对企业财务报告中所提供的会计信息质量的基本要求,主要包括:可靠性、相关性、可理解性、可比性、实质重于形式、重要性、谨慎性和及时性等。

**即学即思**　想一想,会计信息的载体有哪些?

## （一）可靠性

可靠性要求企业提供的会计信息,应当以实际发生的经济业务及证明经济业务发生的合法凭证为依据,如实反映财务状况和经营成果,做到内容真实、数字准确、资料可靠、内容完整。

可靠性有三层含义：(1)真实性；(2)可靠性；(3)可验证性。

**即学即思** 在会计处理过程中,只有哪些业务不需要以原始凭证为记账依据?

## （二）相关性

相关性原则又称有用性原则,要求企业提供的会计信息应当与财务报告使用者的经济决策相关,有助于财务报告使用者对企业过去、现在或者未来的情况做出评价或者预测。

在会计核算中应坚持该原则,在收集、加工、处理和提供会计信息的过程中,充分考虑会计信息使用者的需求。

**即学即思** 投资者需要哪类信息?债权人最需要哪类信息?

## （三）可理解性

可理解性要求企业提供的会计信息应当清晰明了,便于财务会计报告使用者理解和使用。因此,会计记录和会计报表必须清晰、明了、简明易懂地反映企业的财务状况和经营成果,以便于报表使用者理解会计报表和利用会计信息,同时有利于审计人员进行查账验证。

## （四）可比性

可比性要求企业提供的会计信息应当具有可比性。

可比性包括两层含义：(1)同一企业不同时期发生的相同或者相似的交易或事项,应当采用一致的会计政策,不得随意变更。如有必要变更,应将变更的情况、变更的原因及其对单位的财务状况和经营成果的影响,在财务报告附注中说明。(2)不同企业选择会计处理方法要符合规定,运用的会计指标口径要一致,这样,不同企业提供的会计信息才具有可比性,才能满足国家宏观管理和调控的需要。

**即学即思** 可比性包含的两层含义有什么不同?

## （五）实质重于形式

实质重于形式要求在财务会计核算过程中,某一交易或事项的经济实质重于其法律形式,企业应当按照交易或事项的实质和经济现实进行财务会计核算,而不应当仅仅按照它们的法律形式作为财务会计核算的依据。

**案例资料 11-4**

甲企业以融资租赁方式从租赁公司租入一项固定资产,虽然从法律形式上来讲甲企业并不拥有其所有权,但是在租赁合同中规定的租赁期相当长,接近于该资产的使用寿命;租赁期结束时,甲企业有优先购买该资产的权利;在租赁期内甲企业有权支配资产并从中受益。所有,从经济实质来看,企业能够控制其创造的未来经济利益,则甲企业将该项租入的固定资产视同自有资产进行核算与管理。

融资租赁固定资产的法律形式是什么?经济实质是什么?

### (六)重要性

重要性要求企业提供的会计信息应当反映与企业财务状况、经营成果和现金流量等有关的所有重要交易或者事项。

会计核算在全面反映企业的财务状况和经营成果的同时,对于影响经营决策的重要经济业务应当分别核算、分项反映,力求翔实、准确,并在会计报告中做出重点说明;而对那些次要的会计事项,在不影响会计信息真实性的情况下,则可适当简化,合并反映。

**即学即思** 在前面的学习中,对于库存现金和银行存款既要进行总账登记,又要进行日记账登记,为什么其他资产不进行日记账登记?

### (七)谨慎性

谨慎性要求企业在对交易或者事项进行会计确认、计量和报告时应当保持应有的谨慎,不应高估资产或者收益、低估负债或者费用,以免会计报表反映的会计信息引起报表使用者的盲目乐观。

> **重要提示**
>
> 谨慎性原则的核心是稳健经营,它强调对于可以预见的损失和费用,都应予以记录和确认,而对没有十分把握的收入则不能予以确认和入账。比如,对于某一贷款户欠交利息,在表内挂账还是表外登记,应主要取决于该笔利息在短期内能否收回。能够收回的,则可以列入表内挂账,相应增加利息收入;对近期无望收回的,应本着谨慎性原则,列入表外登记,防止形成虚收。

 知识链接

**谨慎性要求的具体体现**

对应收账款提取坏账准备;对固定资产采用加速折旧法;对存货期末计价采用成本与可变现净值孰低法;或有事项的确认。

### (八)及时性

及时性要求企业对于已经发生的交易或者事项,应当及时进行会计确认、计量和报告,不得提前或者延后。

会计信息的价值在于帮助使用者做出经济决策,因此具有时效性。及时性包括两个方面的要求:(1)会计事项的账务处理应当在当期内进行,不得拖延;(2)会计报表应当在会计期间结束后在规定的日期内报送有关部门。如果会计处理与会计报告的编报不及时,则时过境迁,失去时效,会计信息就难以发挥作用。

### 案例资料 11-5

XAT 公司领导对税费申报核算会计小王及时、准确运用国家和省市优惠税费政策进行通报表扬,其主要成绩有:

1. 小王根据 2022 年出台的《关于进一步减负纾困助力中小微企业发展的若干政策措施》,及时收集、整理本公司能享受到的优惠政策,在向财务主管、公司领导汇报并取得授权的基础上,与当地税务机关主动联系,顺利办理了申请退还增值税留抵税额 23.48 万元。

2. 根据《中小微企业设备器具所得税税前扣除政策》的规定,及时将本公司在 2022 年 1 月 1 日至 2022 年 12 月 31 日期间新购置的设备(单位价值 650 万元)按照 3 年折旧期,100% 在企业当年一次性税前扣除。

3. 根据《制造业中小微企业延缓缴纳部分税费政策》规定,在依法办理纳税申报基础上,及时办理延缓缴纳 2022 年第一季度、第二季度部分税费的手续。

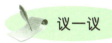

1. 小王及时、准确运用国家和省市优惠税费政策进行税费申报,体现了哪些良好的职业素养?

2. 请查阅"国家税务总局官网",看看近期我国又出台了哪些有关税收的政策。

案例资料 11-5
参考答案

## 二、会计确认和计量的基本要求

会计确认和计量基础有权责发生制和收付实现制。我国《企业会计准则》规定:"企业以权责发生制为基础进行会计确认、计量和报告。"

### (一) 权责发生制

权责发生制是指收入和费用的确认应当以收入和费用的实际发生与影响作为确认和计量的标准。凡是当期已经实现的收入和已经发生或应当负担的费用,不论款项是否收付,都应当作为当期的收入和费用处理;凡是不属于当期的收入和费用,即使款项已在当期收付,也不应当作为当期的收入和费用。

### (二) 收付实现制

与权责发生制相对应的一种会计基础是收付实现制。它是以款项的实际收到或支付作为确认收入和费用等的依据。即凡是在本期收到或支付款项的收入和费用,不论其是否归属于本期,均作为本期的收入和费用处理;凡是没有在本期收到款项的收入和付出款项的费用,即使其归属期属于本期,也不能作为本期的收入和费用处理。

目前,我国政府会计中的预算会计部分使用收付实现制,企业会计、政府会计中的财务会计部分使用权责发生制。

**例 11-1** ZH 公司 6 月份发生的部分经济业务如下:

(1) 销售产品一批,收入 100 000 元,款项已存入银行。
(2) 销售产品一批,收入 50 000 元,款项尚未收回。
(3) 收到上月销售产品的收入 30 000 元,款项存入银行。
(4) 支付本月材料费 20 000 元,用银行存款付讫。
(5) 用银行存款 600 元支付下半年报刊订阅费。
(6) 用银行存款 3 300 元支付本季度银行借款利息。
(7) 预收产品销售款项 80 000 元,存入银行。
(8) 用现金 35 000 元支付本月工资费用。
(9) 预付下月水电费 4 500 元,用银行存款付讫。

根据上述业务分别用权责发生制和收付实现制确认的收入、费用及利润如表 11-1 所示。

表 11-1　　　　　　　　　两种记账基础的收入与费用对比

| 业务 | 权责发生制 | | 收付实现制 | |
| --- | --- | --- | --- | --- |
| | 收入 | 费用 | 收入 | 费用 |
| 1 | 100 000 | | 100 000 | |
| 2 | 50 000 | | | |
| 3 | | | 30 000 | |
| 4 | | 20 000 | | 20 000 |
| 5 | | | | 600 |
| 6 | | 1 100 | | 3 300 |
| 7 | | | 80 000 | |
| 8 | | 35 000 | | 35 000 |
| 9 | | | | 4 500 |
| 合计 | 150 000 | 56 100 | 210 000 | 63 400 |
| 利润 | 93 900 | | 146 600 | |

从表 11-1 可以看出,同样的经济业务,采用不同的记账基础,其收入与费用各不相同,利润也不同。

**案例资料 11-6**

南京华丽达公司 6 月发生以下几项业务:
(1) 销售商品一批,总售价 72 000 元,款项已收到并存入银行。
(2) 预收货款 24 000 元,款存入银行,商品将在下月交付。
(3) 以银行存款预付下季度仓库租金 10 800 元。
(4) 销售商品一批,总售价 84 000 元,货物已发出,发票已开具,销售合同规定货款将于下月结算。

（5）以银行存款支付本月水电费 3 000 元。

（6）以银行存款支付本季度短期借款利息 12 000 元，其中，本月应负担 4 000 元。

（7）本月应负担财产保险费 2 000 元，款项尚未支付。

分别采用权责发生制和收付实现制计算 6 月份收入与费用，并填列表 11-2。

案例资料 11-6
参考答案

表 11-2　　　　　　　　两种记账基础的收入与费用填列

| 业　务 | 权责发生制 | | 收付实现制 | |
| --- | --- | --- | --- | --- |
| | 收　入 | 费　用 | 收　入 | 费　用 |
| 1 | | | | |
| 2 | | | | |
| 3 | | | | |
| 4 | | | | |
| 5 | | | | |
| 6 | | | | |
| 7 | | | | |
| 合　计 | | | | |

## 任务 3　认知会计法律制度体系

目前，我国的会计法规体系基本形成了以《中华人民共和国会计法》（简称《会计法》）为主体的具有中国特色的比较完整的会计法规体系，主要包括四个层次，即会计法律、会计行政法规、国家统一的会计制度和地方性会计法规。

## 一、会计法律

会计法律是指由全国人民代表大会及其常委会经过一定立法程序制定的有关会计工作的法律。我国现行的会计法律是《中华人民共和国会计法》，于 1985 年 1 月 21 日第六届全国人大常委会第九次会议通过。2017 年 11 月 4 日，第十二届全国人民代表大会常务委员会第三十次会议决定，对《中华人民共和国会计法》做出修改，自 2017 年 11 月 5 日起施行。它是会计法规体系的最高层次，是制定其他会计法规的依据，也是指导会计工作的最高准则，是会计机构、会计工作、会计人员的根本。

《会计法》第二条规定："国家机关、社会团体、公司、企业、事业单位和其他组织（以下统称单位）必须依照本法办理会计事务。"

## 二、会计行政法规

会计行政法规是调整经济生活中某些方面会计关系的法律规范。会计行政法规由国务院制定发布或者由国务院有关部门拟订、经国务院批准发布,制定依据是《会计法》,如国务院发布的《总会计师条例》《企业财务会计报告条例》,国务院批准、财政部发布的《企业会计准则》等。会计行政法规在法律效力上仅次于《会计法》。

## 三、国家统一的会计制度

国家统一的会计制度,是指由主管全国会计工作的行政部门——财政部就会计工作中的某些方面所制定的规范性文件,包括规章和规范性文件。国务院其他各部门根据职责权限制定的会计方面的规范性文件也属于国家统一的会计制度,但必须报财政部审核或者备案。国家统一的会计制度的制定依据是《会计法》和会计行政法规,法律效力上低于《会计法》和会计行政法规。

### (一)会计规章

会计规章是根据《立法法》规定的程序,由财政部制定,并由部门领导签署命令予以公布的制度办法,如 2001 年 2 月 20 日以财政部第 10 号令形式发布的《财政部门实施会计监督办法》等。

### (二)会计规范性文件

会计规范性文件是指财政部就会计工作中的某些方面所制定的规范性文件,比如《企业会计制度》《会计基础工作规范》等。财政部与国务院其他部门联合制定的规范会计工作某些方面的规范性文件,也属于会计规范性文件,如财政部与国家档案局联合发布的《会计档案管理办法》等。

## 四、地方性会计法规

地方性会计法规,是指省、自治区、直辖市的人民代表大会及其常务委员会在与宪法、法律和行政法规不相抵触的前提下,根据本地区情况制定、发布的会计规范性文件。根据规定,计划单列市、经济特区的人民代表大会及其常务委员会在宪法、法律和行政法规允许范围内制定的会计规范性文件,也应当属于地方性会计法规。

> **重要提示**
>
> 会计从业人员最重要的职业素养要求就是尊重和维护会计法律权威,知法、懂法、用法。对会计类专业学生所必备的财经法律基本知识和尊法、守法、用法的职业素养培养将贯穿后续开设的各专业课程中,在本课程中仅以列举的方式体现应认知的会计法规体系(表11-3)。

表 11-3 　　　　会计类专业学生需要认知的中国会计法规制度体系

| 项目 | 会计法规体系类别 | 需要认知的中国会计法规具体列举<br>（包括但不局限于下列列举） |
|---|---|---|
| 会计法规制度体系 | 会计法律 | 《中华人民共和国会计法》；<br>《中华人民共和国注册会计师法》 |
| | 会计人员制度规范体系 | 《中华人民共和国总会计师条例》；<br>《会计人员管理办法》；<br>《财政部关于加强会计人员诚信建设的指导意见》；<br>《会计专业技术职务资格考试与认定办法》等 |
| | 会计工作管理规范体系 | 《会计基础工作规范》；<br>《会计档案管理办法》；<br>《代理记账管理办法》；<br>《会计电算化管理办法》；<br>《关于规范电子会计凭证报销入账归档的通知》；<br>《会计信息化发展规划(2021—2025年)》等 |
| | 内部会计控制规范体系 | 《企业内部控制基本规范》及其配套指引；<br>《小企业内部控制规范(试行)》；<br>《行政事业单位内部控制规范(试行)》；<br>《关于全面推进行政事业单位内部控制建设的指导意见》等 |
| | 企业财务会计法规 | 企业会计准则：1个基本准则,41个具体准则,12个修订准则,32个应用指南,15个企业会计准则解释。<br>1个《小企业会计准则》 |
| | 政府会计法规体系 | 政府会计准则：1个基本准则,10个具体准则,2项应用指南。<br>4个政府会计准则制度解释 |
| | 注册会计师法规体系 | 33个中国注册会计师审计准则；<br>3个会计师事务所质量管理准则 |
| | 会计部门规章体系 | 《企业会计制度》《小企业会计制度》《金融企业会计制度》《民间非营利组织会计制度》《村集体经济组织会计制度》《农民合作社财务会计制度》《工会会计制度》《财政部关于加强国家统一的会计制度贯彻实施工作的指导意见》等 |
| | 地方性会计法规 | 各省、自治区、直辖市人民代表大会及其常委会在同宪法和会计法律、行政法规不相抵触的前提下制定发布的会计规范性文件,也是我国会计法律制度的重要组成部分 |
| | 专门事项会计处理制度体系 | 《道路交通事故社会救助基金会计核算办法》《新冠肺炎疫情相关租金减让会计处理规定》《律师事务所相关业务会计处理规定》《机关事业单位职业年金基金相关业务会计处理规定》等 |

续表

| 项目 | 会计法规体系类别 | 需要认知的中国会计法规具体列举<br>（包括但不局限于下列列举） |
|---|---|---|
| 会计法规制度体系 | 专项资金管理办法制度体系 | 《现代职业教育质量提升计划资金管理办法》《特殊教育补助资金管理办法》《城乡义务教育补助经费管理办法》《水利发展资金管理办法》等64个 |
| | 公共会计规范制度体系 | 《会计师事务所执业许可和监督管理办法》《会计师事务所监督检查办法》《会计师事务所一体化管理办法》《会计师事务所从事证券服务业务备案管理办法》等 |
| | 管理会计指引规范体系 | 管理会计指引：1个基本指引，33个应用指引 |
| | 财税法律体系 | 《中华人民共和国企业所得税法》等各税法：10个。<br>税收条例：5个实施条例，9个暂行条例，7个实施细则。<br>税收优惠政策：58个大类优惠政策。<br>政府费用基金体系：6个费用基金等 |
| | 结算法规体系 | 《中华人民共和国票据法》《支付结算办法》《银行账户管理办法》《违反银行结算制度处罚规定》等 |
| | 预算法规体系 | 《中华人民共和国预算法》及其实施条例，以及有关国家预算管理的其他法规制度等 |
| | 政府采购法规体系 | 《中华人民共和国政府采购法》《政府采购招标投标管理暂行办法》《政府采购合同监督暂行办法》《政府采购品目分类表》《政府采购运行规程暂行办法》《政府采购资金财政直接拨付管理暂行办法》《中央单位政府采购管理实施办法》等 |
| | 经济法律体系 | 《中华人民共和国劳动法》《中华人民共和国劳动合同法》《中华人民共和国社会保险法》等 |

## 任务4 认知会计档案

### 一、会计档案的概念

会计档案，是企事业单位和机关团体在经济管理和各项会计核算活动中直接形成的作为历史记录保存下来的会计凭证、会计账簿和会计报表等会计资料。它是记录和反映经济业务、财务收支状况及其结果的重要史料和证据，是国家全部档案的重要组成部分。

## 二、会计档案的内容及保管期限

我国《会计档案管理办法》第三条规定:"会计档案是指单位在进行会计核算等过程中接收或形成的,记录和反映单位经济业务事项的,具有保存价值的文字、图表等各种形式的会计资料,包括通过计算机等电子设备形成、传输和存储的电子会计档案。"会计档案的主要内容和保管期限如表11-4、表11-5 所示。

表11-4　　　　　　　　　企业和其他组织会计档案及保管期限表

| 序号 | 档案名称 | 保管期限 | 备 注 |
|---|---|---|---|
| 一 | 会计凭证 | | |
| 1 | 原始凭证 | 30 年 | |
| 2 | 记账凭证 | 30 年 | |
| 二 | 会计账簿 | | |
| 3 | 总账 | 30 年 | |
| 4 | 明细账 | 30 年 | |
| 5 | 日记账 | 30 年 | |
| 6 | 固定资产卡片 | | 固定资产报废清理后保管 5 年 |
| 7 | 其他辅助性账簿 | 30 年 | |
| 三 | 财务会计报告 | | |
| 8 | 月度、季度、半年度财务会计报告 | 10 年 | |
| 9 | 年度财务会计报告 | 永久 | |
| 四 | 其他会计资料 | | |
| 10 | 银行存款余额调节表 | 10 年 | |
| 11 | 银行对账单 | 10 年 | |
| 12 | 纳税申报表 | 10 年 | |
| 13 | 会计档案移交清册 | 30 年 | |
| 14 | 会计档案保管清册 | 永久 | |
| 15 | 会计档案销毁清册 | 永久 | |
| 16 | 会计档案鉴定意见书 | 永久 | |

表11-5　财政总预算、行政单位、事业单位和税收会计档案保管期限表

| 序号 | 档案名称 | 保管期限 | | | 备注 |
|---|---|---|---|---|---|
| | | 财政总预算 | 行政单位事业单位 | 税收会计 | |
| 一 | 会计凭证 | | | | |
| 1 | 国家金库编送的各种报表及缴库退库凭证 | 10年 | | 10年 | |
| 2 | 各收入机关编送的报表 | 10年 | | | |
| 3 | 行政单位和事业单位的各种会计凭证 | | 30年 | | 包括：原始凭证、记账凭证和传票汇总表 |
| 4 | 财政总预算拨款凭证和其他会计凭证 | 30年 | | | 包括：拨款凭证和其他会计凭证 |
| 二 | 会计账簿 | | | | |
| 5 | 日记账 | | 30年 | 30年 | |
| 6 | 总账 | 30年 | 30年 | 30年 | |
| 7 | 税收日记账（总账） | | | 30年 | |
| 8 | 明细分类、分户账或登记簿 | 30年 | 30年 | 30年 | |
| 9 | 行政单位和事业单位固定资产卡片 | | | | 固定资产报废清理后保管5年 |
| 三 | 财务会计报告 | | | | |
| 10 | 政府综合财务报告 | 永久 | | | 下级财政、本级部门和单位报送的保管2年 |
| 11 | 部门财务报告 | | 永久 | | 所属单位报送的保管2年 |
| 12 | 财政总决算 | 永久 | | | 下级财政、本级部门和单位报送的保管2年 |
| 13 | 部门决算 | | 永久 | | 所属单位报送的保管2年 |
| 14 | 税收年报（决算） | | | 永久 | |
| 15 | 国家金库年报（决算） | 10年 | | | |
| 16 | 基本建设拨、贷款年报（决算） | 10年 | | | |
| 17 | 行政单位和事业单位会计月、季度报表 | | 10年 | | 所属单位报送的保管2年 |
| 18 | 税收会计报表 | | | 10年 | 所属税务机关报送的保管2年 |
| 四 | 其他会计资料 | | | | |
| 19 | 银行存款余额调节表 | 10年 | 10年 | | |

续表

| 序号 | 档案名称 | 保管期限 | | | 备 注 |
|---|---|---|---|---|---|
| | | 财政总预算 | 行政单位事业单位 | 税收会计 | |
| 20 | 银行对账单 | 10 年 | 10 年 | 10 年 | |
| 21 | 会计档案移交清册 | 30 年 | 30 年 | 30 年 | |
| 22 | 会计档案保管清册 | 永久 | 永久 | 永久 | |
| 23 | 会计档案销毁清册 | 永久 | 永久 | 永久 | |
| 24 | 会计档案鉴定意见书 | 永久 | 永久 | 永久 | |

注：税务机关的税务经费会计档案保管期限,按行政单位会计档案保管期限规定办理。

# 附 录

## 需熟记的基本经济业务会计分录

> **重要提示**
> 在基础会计课程学习阶段,难度较大的是对日常经济业务会计分录的掌握。建议在学习本书项目五以后,平时加强训练,熟记下列基本经济业务的会计分录,这对于学习"企业财务会计实务"等其他专业课程可打下坚实的基础。

### 一、筹集资金

1. 收到投资
借:固定资产(设备、房屋)
或:银行存款(货币资金)
　　无形资产(专利权等)
　　贷:实收资本(股本)
2. 向银行借入借款
借:银行存款
　　贷:短期借款(一年以内)
　　或:长期借款(一年以上)

### 二、企业供应过程

3. 购进材料,材料未入库
借:在途物资(包括运杂费)
　　应交税费——应交增值税(进项税额)
　　贷:银行存款(付款或支票)
　　或:应付票据(商业汇票)
　　　　应付账款(款未付)
4. 材料入库
借:原材料——××材料
　　贷:在途物资
5. 偿还欠款或商业汇票到期付款
借:应付账款(应付票据)

贷：银行存款

## 三、企业生产过程

6. 从仓库领用材料
借：生产成本——A产品（A产品领用材料）
　　　　　　——B产品（B产品领用材料）
　　制造费用（车间一般性耗用材料）
　　管理费用（管理部门领用材料）
　贷：原材料——××材料

7. 计算（结转）本月工资
借：生产成本——A产品（生产A产品工人工资）
　　　　　　——B产品（生产B产品工人工资）
　　制造费用（车间管理人员工资）
　　管理费用（厂部管理部门人员工资，含财务人员）
　贷：应付职工薪酬

8. 从银行提取现金，备发工资
借：库存现金
　贷：银行存款

9. 以现金发放职工工资
借：应付职工薪酬
　贷：库存现金

10. 计提（或预提）或支付银行短期借款利息
借：财务费用
　贷：应付利息（或银行存款）

11. 计提本月固定资产折旧
借：制造费用（车间设备折旧）
　　管理费用（厂部固定资产折旧）
　贷：累计折旧

12. 职工报销药费
借：应付职工薪酬（在职职工）
　　管理费用（退休人员）
　贷：库存现金

13. 用现金购买办公用品
借：管理费用（管理部门办公用）
　　制造费用（车间办公用）
　贷：库存现金

14. 出差人员借支差旅费
借：其他应收款——××

贷：库存现金

15. 出差人员归来报销差旅费(多借、退回余款)
借：管理费用(或制造费用)(报销的金额)
　　库存现金(退回的款项)
　　贷：其他应收款——××(原来借支的金额)

16. 出差人员归来报销差旅费(少借、补足款项)
借：管理费用(或制造费用)(报销的金额)
　　贷：其他应收款——××(原来借支的金额)
　　　　库存现金(补足的现金)

17. 月末,分配并结转制造费用
借：生产成本——A产品
　　　　　　——B产品
　　贷：制造费用

18. 月末,结转完工入库产品成本
借：库存商品——××产品
　　贷：生产成本——××产品

## 四、企业销售过程

19. 销售产品,取得收入
借：银行存款(收到支票或存款存入银行)
或：应收票据(收到商业汇票)
或：应收账款(未收到款项)
　　贷：主营业务收入
　　　　应交税费——应交增值税(销项税额)

20. 销售产品,用银行存款代垫运杂费,并向银行办妥托收手续
借：应收账款——××单位
　　贷：主营业务收入
　　　　应交税费——应交增值税(销项税额)
　　　　银行存款(代垫的运杂费)

21. 用银行存款支付广告费、展览费、销售过程运杂费等
借：销售费用
　　贷：银行存款

22. 收回欠款或商业汇票到期收款存入银行
借：银行存款
　　贷：应收账款——××单位(或应收票据)

23. 结转已销售产品的销售(生产)成本
借：主营业务成本
　　贷：库存商品
24. 销售材料
借：银行存款(或"应收账款""应收票据")
　　贷：其他业务收入
　　　　应交税费——应交增值税(销项税额)
25. 结转出售材料的成本
借：其他业务成本
　　贷：原材料——××材料
26. 计算销售税费
借：税金及附加
　　贷：应交税费——应交××税(消费税、城建税、教育费附加)
27. 上缴各种税费
借：应交税费——应交××税
　　贷：银行存款
28. 预付购货款
借：预付账款
　　贷：银行存款
29. 预收销货款
借：银行存款
　　贷：预收账款

## 五、企业利润形成和分配

30. 罚款收入
借：银行存款
　　贷：营业外收入
31. 罚款或对外捐赠支出
借：营业外支出
　　贷：银行存款
32. 结转损益类账户
结转收入类：
借：主营业务收入
　　其他业务收入
　　营业外收入
　　贷：本年利润
结转费用、成本类：
借：本年利润

贷：主营业务成本
　　其他业务成本
　　营业外支出
　　管理费用
　　财务费用
　　销售费用
　　税金及附加

33. 计算所得税
借：所得税费用
　　贷：应交税费——应交所得税

34. 结转所得税
借：本年利润
　　贷：所得税费用

35. 结转本年实现的净利润
借：本年利润
　　贷：利润分配——未分配利润

36. 提取盈余公积
借：利润分配——提取盈余公积
　　贷：盈余公积

37. 向股东分配普通股利或向投资者分配利润
借：利润分配——应付股利或向投资者分配利润
　　贷：应付股利
　　或：应付利润

38. 支付股利或向投资者分配利润
借：应付股利
　　或：应付利润
　　　贷：银行存款(或库存现金)

## 六、财产清查

批准前：

39. 盘盈存货
借：原材料(或库存商品)
　　贷：待处理财产损溢——待处理流动资产损溢

40. 盘盈固定资产
借：固定资产
　　贷：以前年度损益调整

41. 盘亏存货
借：待处理财产损溢——待处理流动资产损溢

贷：原材料(或库存商品)
42. 盘亏固定资产
借：累计折旧
　　　待处理财产损溢——待处理固定资产损溢
　　贷：固定资产
批准后：
43. 盘盈存货的处理
借：待处理财产损溢——待处理流动资产损溢
　　贷：管理费用
44. 盘亏存货的处理
借：管理费用(定额内合理损耗)
　　　其他应收款——××(责任人赔偿)
　　　营业外支出(自然灾害、非常损失)
　　贷：待处理财产损溢——待处理流动资产损溢
45. 盘亏固定资产的处理
借：营业外支出
　　　其他应收款——××(责任人赔偿)
　　贷：待处理财产损溢——待处理固定资产损溢